Comprendre votre client et le faire progresser
dans son parcours d'achat jusqu'à la vente

Acquisition Strategy Design, plan marketing nouvelle génération

Avec la collaboration de
Frédéric Abecassis
Michaël Aguilar
Frédéric Canevet
Benjamin Chrétien
Philippe Deliège
Jérémie Dornbusch
Julia Drupt
Chloé Duval
Antoine Générau
Philippe Guiheneuc
Hervé Kernevez
Christophe Kuhner
Patrice Laubignat
Samuel Levine-Parisi
Coralie Mesnard
Alain Muleris
Éric Robin
Yann Schimmer
Sébastien Tortu
Valérie Vax
Virginie Vivier

Sous la direction de
Gabriel Dabi-Schwebel

Rédaction
Raphaël Théron

1MIN30
PUBLISHING

Table des matières

PARTIE

1

La méthode pour construire vos plans d'acquisition

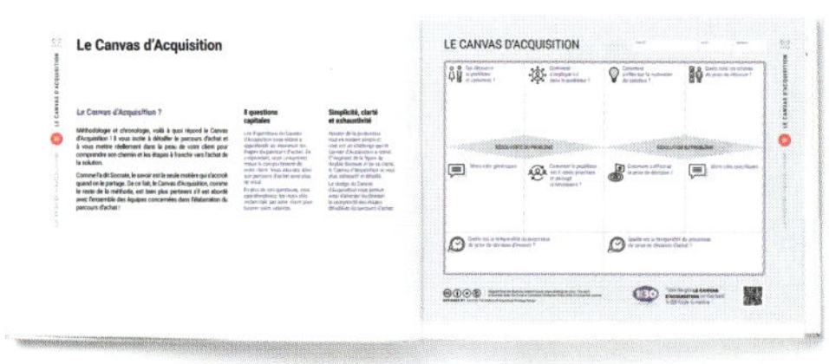

INTRODUCTION

LA MÉTHODE

LE CANVAS D'ACQUISITION
PAGE 32

L'HISTOIRE DE LA VACHE POURPRE

LA CARTOGRAPHIE D'ACQUISITION
PAGE 128

PARTIE

2 La Cartographie d'Acquisition pour déployer efficacement vos plans d'acquisition

LA COMMUNICATION

LE MARKETING

LA VENTE

Parce qu'il n'existait pas
de méthode simple
et structurée pour construire
son plan marketing...

Et encore moins pour coordonner
l'ensemble de sa stratégie d'acquisition
en incluant aussi les ventes
et la communication...

Nous avons inventé l'Acquisition Strategy Design !

Améliorer le ciblage et la compréhension client

Organiser et aligner ses équipes Marketing, Communication et Vente

L'Acquisition Strategy Design,

une approche systémique centrée sur l'évolution du client tout au long de son parcours d'achat

Définir et prioriser ses actions et ses investissements d'acquisition client

Vous allez adorer l'Acquisition Strategy Design si vous êtes...

Dépassé par la multiplicité des leviers d'acquisition

Parfois vous vous dites que...

- Vous souhaitez y voir plus clair entre les différents leviers d'acquisition.
- Le digital introduit plus de leviers et plus de complexité.
- Vous faites des actions simplement parce que les autres le font : communiquer sur les réseaux sociaux, etc.
- Il est difficile de savoir quel levier d'acquisition va fonctionner.
- Il vous manque l'image d'ensemble et vous ne voyez pas comment les pièces du puzzle s'emboîtent les unes dans les autres.

Freiné par des organisations communication, marketing, vente non alignées

Vous connaissez des équipes qui....

- Se dénigrent entre elles et ne respectent pas leur travail respectif.
- Ne communiquent pas autour des bons indicateurs.
- Travaillent sans processus et sans outils définis.
- Font des réunions qui sapent les énergies et ne débouchent sur rien.
- N'avançent pas dans la même direction.
- Ne savent pas quels leviers d'acquisition vont fonctionner.
- N'arrivent pas à prendre l'image d'ensemble en considération et ne voient pas comment les pièces du puzzle s'emboîtent les unes dans les autres.

Impliqué dans des opérations marketing, communication, vente qui n'ont pas donné de résultat

Vous connaissez des opérations…

- Dont les objectifs ne sont pas fixés a priori ni mesurés a posteriori.
- Qui n'ont pas été réfléchies pour adresser les clients au bon moment.
- Qui demandent beaucoup de travail en interne et auprès de prestataires externes.
- Et qui finalement sont des échecs et ont coûté beaucoup d'argent inutilement.

Frustré de ne pas réussir à franchir votre plafond de verre

Amère est la frustration lorsque…

- Votre développement n'est pas parfait.
- Vous n'avez pas fait mieux depuis un certain temps.
- Vous constatez une certaine monotonie dans votre activité.
- Vous mobilisez de l'énergie et du temps sans réel retour.
- Vous trouvez difficile de mettre en place des innovations.

L'Acquisition Strategy Design vous aide à...

Comprendre les parcours d'achat de vos clients pour mieux les cibler

Améliorez votre compréhension des parcours d'achat grâce à une vision détaillée des étapes et actions clés menées par vos clients tout au long de leur parcours. Vous gagnez ainsi en clarté et vous pouvez cibler uniquement ceux ayant une maturité suffisamment avancée pour acheter.

Gagnez en clarté

Construire des stratégies d'acquisition efficaces

Mettez en place des stratégies d'acquisition efficaces après avoir identifié les étapes et actions clés de vos clients lors de leur parcours d'achat. En mettant en œuvre les bons leviers au bon moment, vous gagnez en efficacité et améliorez vos acquisitions.

Développez des stratégies plus efficaces

Rassembler vos équipes autour d'un objectif commun

Cassez les barrières entre vos équipes de la communication, du marketing et de la vente pour appréhender le parcours client dans sa globalité et travailler dans la poursuite d'un objectif commun. Le résultat ? Des réunions plus efficaces, plus productives et plus significatives dans l'amélioration du parcours client !

✔ Fédérez vos équipes

Diversifier vos approches de vente

Développez de nouveaux canaux de distribution après avoir examiné en détail vos circuits actuels. En diversifiant vos points de contact, vous allez accroître vos ventes.Surprenez et informez vos clients de la mise en place de nouvelles approches dans le butw d'être à la hauteur de leurs attentes !

✔ Multipliez vos points de contact

L'Acquisition Strategy Design adapté au modèle B2C...

L'acronyme B2C signifie “Business to consumer”, et désigne l'ensemble des relations entre les entreprises et les consommateurs finaux.

Dans ce modèle de vente, les parcours d'achat sont relativement courts. Les produits ou services sont en général vendus sous forme d'offres packagées, ni modifiables, ni personnalisables.

Par exemple, si vous (le Consumer) voulez acheter un nouveau téléphone, vous vous rendez chez un opérateur mobile ou un revendeur (business) pour en trouver un. Cette démarche constitue un exemple de parcours d'achat B2C.

...et B2B

Le B2B signifie "Business to Business", et pas besoin d'être anglophone pour comprendre qu'il s'agit là d'un modèle de vente qui désigne les relations commerciales entre entreprises.

D'ailleurs, celles-ci représentent la majorité des échanges commerciaux mondiaux et nationaux !

À l'inverse du B2C, les parcours d'achat sont souvent plus longs et plus complexes et avec de multiples interlocuteurs. Les produits ou services vendus font l'objet de personnalisation et de conception sur mesure.

Pour reprendre l'exemple de la téléphonie mobile, une entreprise lambda peut s'adresser à un opérateur mobile pour investir dans un réseau de télécommunication sur-mesure incluant tous les produits associés (appareils téléphoniques, réseau à haut débit...).

Acquisition Strategy Design, un livre et des outils pour...

Les créateurs d'entreprise

Un entrepreneur qui part de zéro n'a pas les mêmes contraintes qu'une équipe ou un responsable de projet au sein d'une organisation déjà existante. Le créateur d'entreprise se focalise sur un lancement rapide et réussi, en cherchant les meilleures solutions du marché.

Principaux défis

- Anticiper le parcours d'achat type de vos clients.
- Utiliser le bon moyen de communication et les bons outils avec un coût d'acquisition raisonnable.
- Faire plus de ventes.
- Gérer la participation d'investisseurs (le cas échéant).

Principales opportunités

- Préparer un pitch clair et impactant auprès des investisseurs pour présenter sa stratégie d'acquisition.
- Prévoir un plan d'acquisition pour optimiser/créer le parcours client idéal.
- Se différencier de la concurrence, tout en renforçant son attractivité client.
- Orienter plus justement la prise de décision par l'anticipation des possibilités.

Principaux défis

- Rassembler et coordonner les équipes impliquées.
- Trouver une place dans l'emploi du temps.
- Surmonter l'aversion au changement.
- Justifier la nécessité d'une approche globale et cohérente.
- Maintenir un bon retour sur investissement pour l'ensemble de ses actions d'acquisition.

Principales opportunités

- Mettre à jour l'existant.
- Connaître les leviers d'acquisition et leurs spécificités.
- Bénéficier d'un accompagnement d'expert.
- Envisager de nouvelles mesures.
- Planifier une nouvelle stratégie.
- Réagir de façon agile aux évolutions concurrentielles.

Les entreprises existantes

Les équipes déjà en place cherchent à augmenter l'acquisition de clients et à améliorer les performances de l'entreprise. Pour ce faire, elles doivent remettre en question leurs méthodes et processus.

L'Acquisition Strategy Design : une approche systémique

Basée sur l'idée de processus...

Nous avons fondé l'Acquisition Strategy Design sur un constat : à l'ère du digital, le marketing n'est plus le résultat d'un savoir-faire artisanal, mais s'industrialise, se transforme en processus (processus d'acquisition, de prospection, de fidélisation...) Avec le digital, la data devient le nerf de la guerre et le carburant de processus auparavant inexistants. L'Acquisition Strategy Design s'inscrit donc dans cette vision de processus, et c'est pourquoi elle est **une véritable méthodologie**.

Nous avons fondé une approche systémique

Ayant la conviction qu'aborder les choses dans leur ensemble et de manière cohérente est indispensable, nous avons fait le choix de construire l'Acquisition Strategy Design selon **une approche généraliste ou systémique**. Cette approche vous aide à appréhender le parcours d'achat du client dans sa globalité et toute sa cohérence pour ainsi le faire évoluer dans son ensemble.

Le parcours d'achat est comme une autoroute ! Si celui-ci est construit étape par étape en isolant les domaines concernés, il risque d'y avoir des incohérences… Pour continuer dans la métaphore de l'autoroute, la présence d'un seul chemin sur une autoroute à plusieurs voies ralentit l'ensemble du trajet.

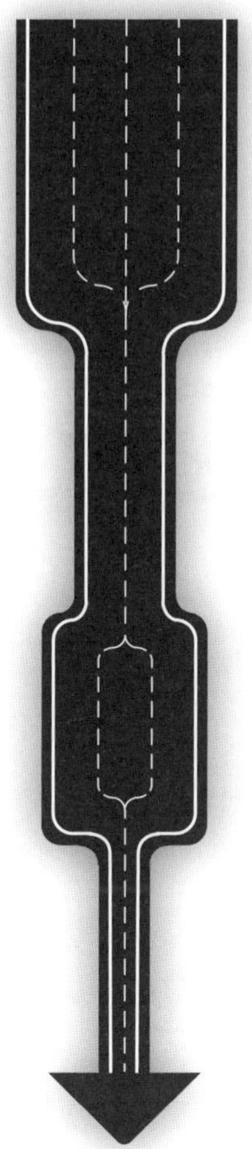

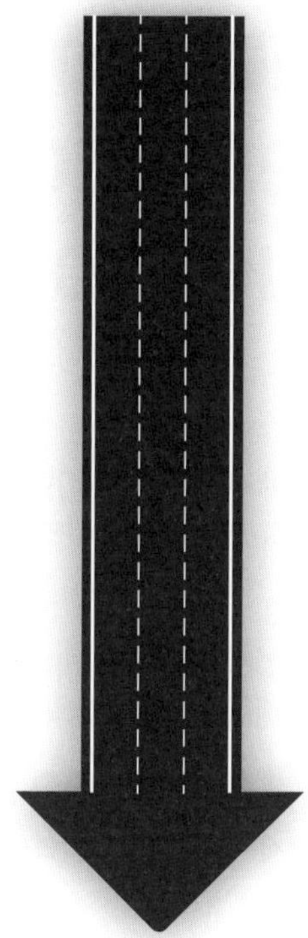

Une approche systémique nous permet de **casser les barrières** entre toutes les disciplines impliquées dans le parcours d'achat, à savoir : la vente, la communication et le marketing pour construire un parcours client global et plus fluide !

Cette approche **facilite l'identification des points de blocage et d'engorgement,** et aide à prioriser les travaux pour résorber les problèmes aux bons endroits.

Au lieu d'une autoroute parsemée d'irrégularités, un chemin fluide est tracé facilitant ainsi la « circulation » du client !

Une méthodologie dans le prolongement de Business Model Generation et de Value Proposition Design

La méthodologie d'Acquisition Strategy Design s'inscrit dans le prolongement des célèbres livres d'Alex Osterwalder.

À travers ce livre, nous souhaitons lui rendre hommage en proposant une méthodologie complémentaire permettant d'adresser les problématiques de marketing opérationnel.

Nous avons construit des outils aussi simples, puissants et efficaces que les siens qui, nous l'espérons, sauront être utiles à autant d'équipes.

Business Model Generation
by Strategyzer
Marketing Stratégique
vous aide à définir la stratégie de votre entreprise

Value Proposition Design
by Strategyzer
Marketing Produit
vous aide à définir votre stratégie produit

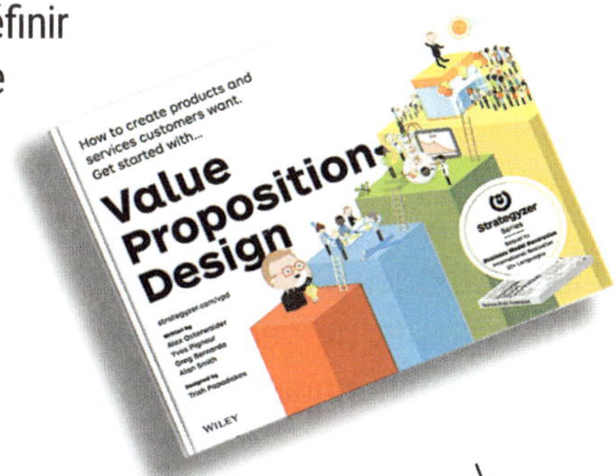

Acquisition Strategy Design
by 1min30
Marketing Opérationnel
vous aide à définir votre stratégie de vente

Un outil qui va plus loin que...

...les méthodes d'acquisition génériques qui ne prennent pas en compte la spécificité de certaines entreprises et de certains parcours d'achat atypiques. Voici quelques méthodes très connues, mais trop génériques :

La méthode AIDA

L'acronyme AIDA signifie Attention/Intérêt/Désir/Action. Cette méthode propose une formule pour décrire les 4 étapes effectuées par un client dans son parcours d'achat. Elle sert généralement de trame pour les entreprises qui souhaitent optimiser leurs publicités et méthodes de vente.

L'AIDA reste cependant beaucoup trop générique.

L'Inbound Marketing

L'Inbound Marketing c'est avant tout attirer les clients, visiteurs, internautes, grâce à des contenus pertinents qui sont en rapport avec leurs problèmes. Connaissez-vous la fameuse formule TOF, MOF, BOF ? Elle correspond aux étapes de Top, Middle et Bottom of the Funnel, représenté par un entonnoir.

À chaque niveau correspondent des contenus différents : à l'étape TOF, des contenus éducatifs qui suscitent l'attention ; à l'étape MOF, des contenus qui entraînent le client à considérer votre offre/produit ; et enfin, à l'étape BOF, des contenus qui poussent l'individu à décider d'acheter votre produit plutôt que celui des concurrents.

En revanche, l'inbound n'est pas toujours adapté et peut être dépassé dans certains contextes d'entreprise particuliers.

Demand Waterfall

Développé par l'entreprise Sirius Décision, le modèle Demand Waterfall ou "cascade de demandes" repose sur le concept de Demand Unit qui traduit le fait qu'un acheteur n'est pas forcément un seul individu, mais un groupe d'individus avec plusieurs problèmes (nous approfondirons par la suite ce concept). Le rôle de ce modèle est dès lors de proposer une identification des étapes de demandes pour d'une part, optimiser leurs suivis, et de l'autre les gérer plus efficacement.

Néanmoins, le Demand Waterfall repose principalement sur une logique d'organisation interne et propose un modèle unique pas adapté à chaque entreprise.

... pour construire une stratégie d'acquisition spécifique à votre activité

L'Acquisition Strategy Design est donc un véritable outil fondé sur une approche systémique qui vous permettra de construire la stratégie d'acquisition spécifique à votre activité grâce à :

1 → Une approche centrée sur VOS clients

La méthodologie vous invite à prendre du recul et examiner en détail le parcours d'achat de vos clients, aussi uniques soient-ils, et les actions qu'ils entreprennent jusqu'à l'acquisition de la solution.

Vous avez ainsi une vue détaillée et claire du parcours d'achat complet de vos clients.

2 → Un plan d'acquisition personnalisé

En parallèle du parcours d'achat, l'Acquisition Strategy Design vous permet d'identifier les bons leviers à utiliser au bon moment, en plus de ceux que vous utilisez déjà, et de les adapter à votre entreprise et à votre stratégie d'acquisition.

3 → Une priorisation adaptée à vos enjeux

Enfin, la méthodologie d'Acquisition Strategy Design vous aide à identifier les actions à prioriser dans la construction de votre plan marketing selon vos atouts existants et vos points faibles.

En résumé : notre proposition de valeur pour vous

Suivez le guide !

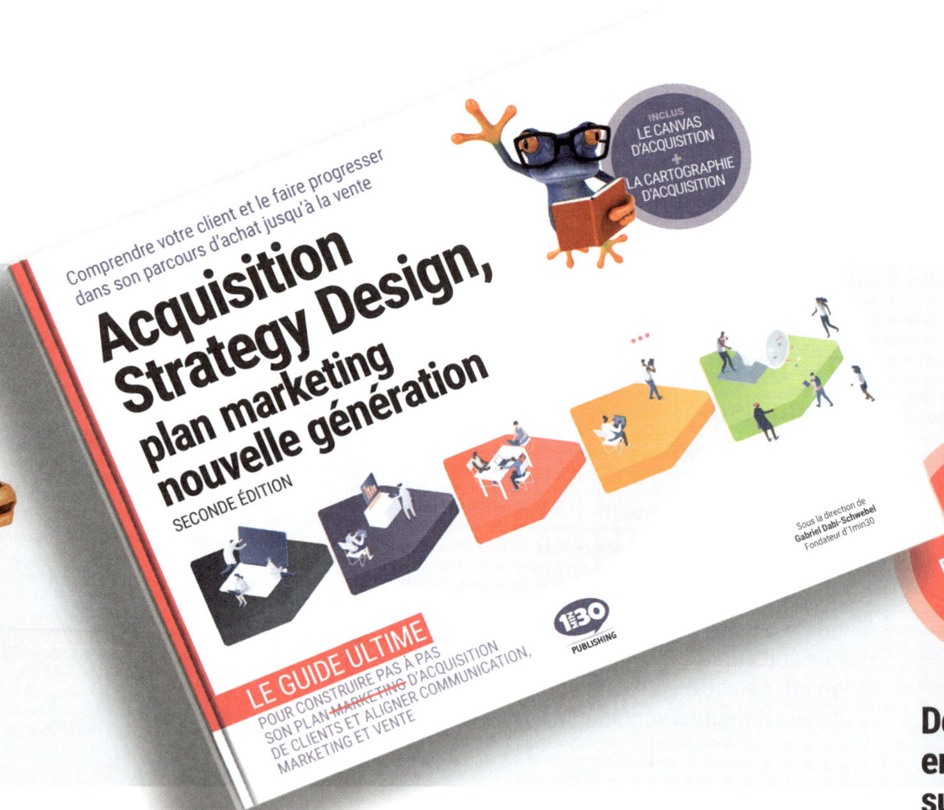

EN OPTION

Des formations en ligne sur 1min30.tv

- Formation complète sur la méthode
- Interviews et animations complémentaires pour approfondir la compréhension
- Financement possible (CPF, FIF-PL, Pôle Emploi et OPCO)

Suivez bien ce picto, car il vous mènera vers des ressources en ligne gratuites !

Remarque : pour avoir accès à ce contenu en ligne exclusif, vous devrez prouver que vous possédez ce livre. Gardez-le à portée de main afin d'y accéder !

Si vous ne souhaitez pas vous lancer tout seul… nos consultants sont là pour vous aider (rendez vous page 308)

- Permet d'être plus autonome par rapport aux agences
- Aide à créer des plans d'action communication, marketing et vente efficaces
- Aide à réduire les coûts d'acquisition
- Aide à prioriser les actions à entreprendre

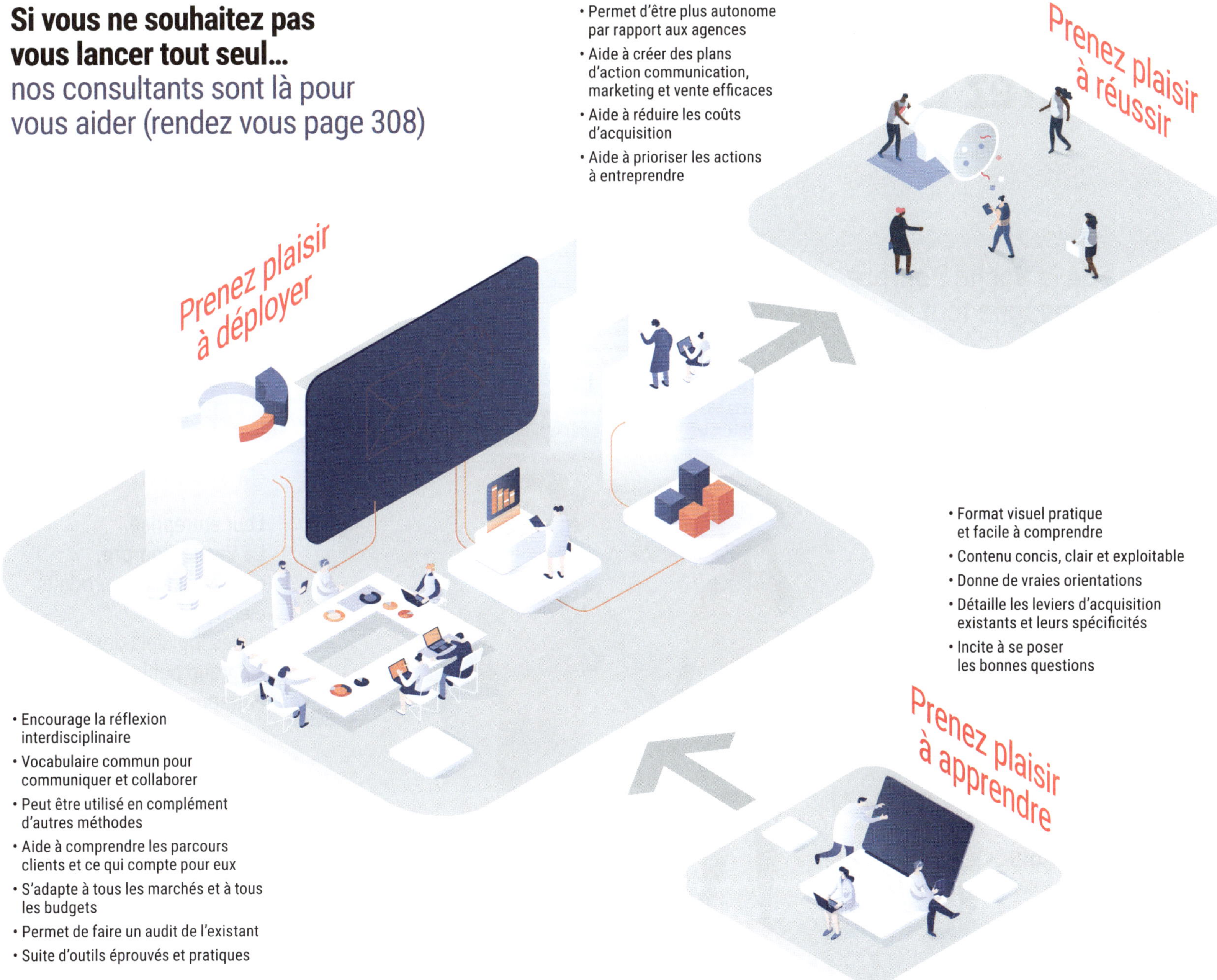

- Format visuel pratique et facile à comprendre
- Contenu concis, clair et exploitable
- Donne de vraies orientations
- Détaille les leviers d'acquisition existants et leurs spécificités
- Incite à se poser les bonnes questions

- Encourage la réflexion interdisciplinaire
- Vocabulaire commun pour communiquer et collaborer
- Peut être utilisé en complément d'autres méthodes
- Aide à comprendre les parcours clients et ce qui compte pour eux
- S'adapte à tous les marchés et à tous les budgets
- Permet de faire un audit de l'existant
- Suite d'outils éprouvés et pratiques

Pour illustrer l'application de la méthode, découvrez La Vache Pourpre

L'équipe de la Vache Pourpre nous accompagne tout au long du livre :

Melanie,
CEO

Arthur,
responsable
de communication

Emma,
responsable
commerciale

Lee,
responsable
marketing

Leur entreprise,
La Vache Pourpre,
crée et vend des produits électroniques
et des logiciels destinés au grand public et aux entreprises.

Fondée en 2010
par Melanie, elle compte aujourd'hui un effectif
de 50 personnes.

Vous reconnaîtrez le clin d'œil à Seth Godin, le gourou du marketing et à son livre éponyme.

Avec des clients en B2C....

Sur ce marché de produits électroniques (smartphones, tablettes) La Vache Pourpre a de nombreux concurrents asiatiques qui pratiquent des prix bas. En revanche, elle arrive à sortir du lot grâce à la qualité de ses produits. Ces derniers combinent performance technique, esthétisme et ergonomie.Ils sont haut de gamme et à prix élevé.

... et en B2B

Pour les entreprises, La Vache Pourpre développe des logiciels sur mesure tirant le meilleur parti de ses produits électroniques avec en particulier des logiciels permettant aux commerciaux de faire des présentations depuis leurs tablettes.

... et pourquoi elle décide d'essayer l'Acquisition Strategy Design !

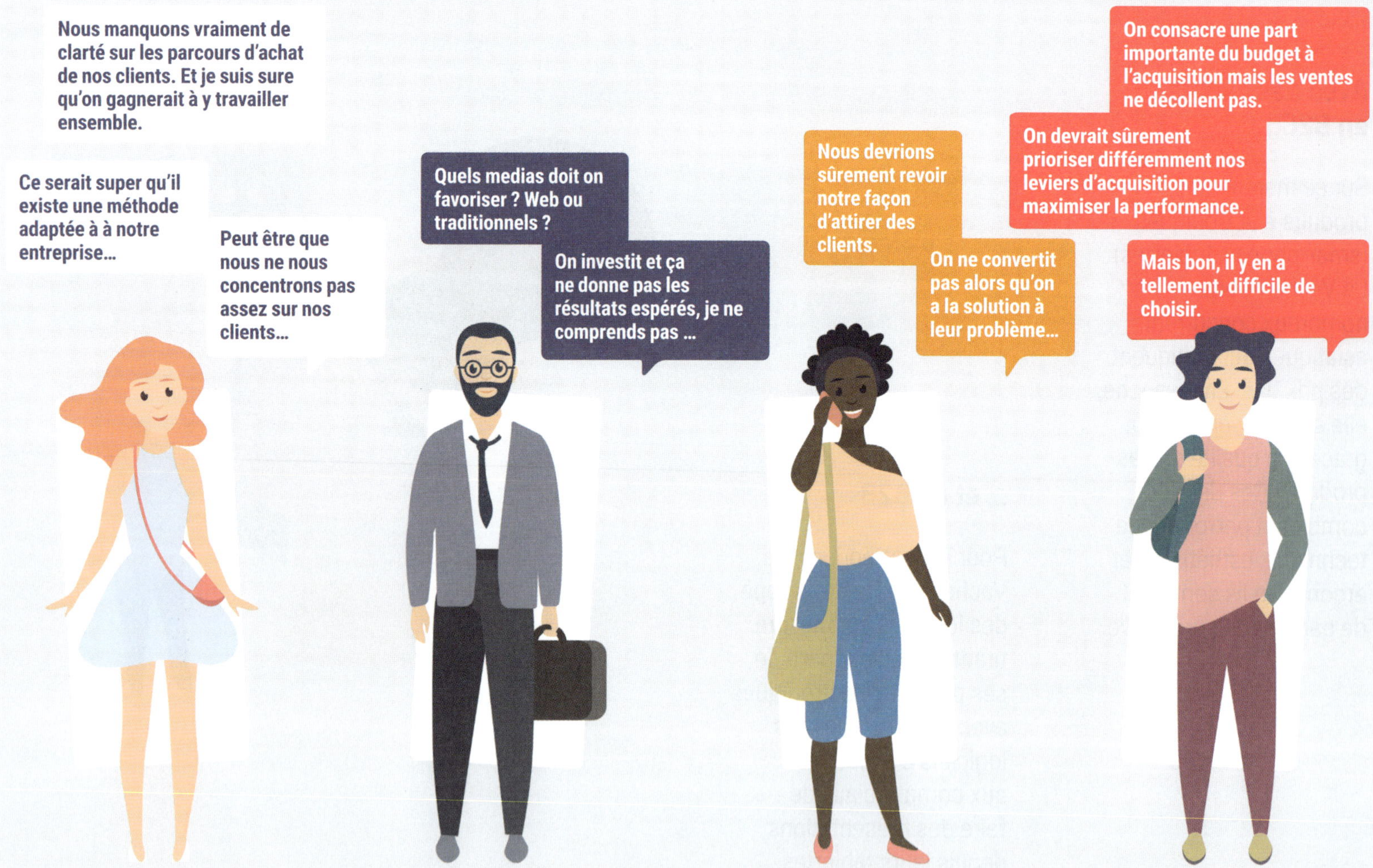

LA VACHE POURPRE

Melanie, CEO

Arthur, responsable de communication

Emma, responsable commerciale

Lee, responsable marketing

Depuis un mois les performances sont vraiment pas à la hauteur. On doit agir.

On m'a parlé de la méthode de l'Acquisition Strategy Design. ca vous dit quelque chose ? Il parait qu'elle peut nous aider à construire un plan d'acquisition performant pour générer des ventes. On devrait essayer.

Franchement Melanie, on a déja essayé plein de méthodes... On perd notre temps. Je dois m'occuper des clients, pas de l'acquisition. Ces méthodes c'est du marketing, pas du commercial. A force de délaisser mes clients, on perd des ventes !

Emma je ne suis pas d'accord! On a travaillé sur des recommandation pour vous aider dans le process de vente mais vous ne les appliquez pas! C'est pour ça que les ventes chutent !

Lee c'est un peu facile de rejeter la faute sur les autres !

Mon équipe a pris en compte tant que possible toutes vos recommandations. Et franchement c'était pas si simple car elles étaient floues et souvent inadaptées !

Personellement je suis plutôt sceptique. Toutes ces méthodes n'inventent rien et je ne vois pas ce qu'on va en faire. Tu vois bien qu'il faudrait déjà qu'on puisse se mettre d'accord non ?

C'est justement un des objectifs Arthur. De ce que j'ai compris la méthode nous fait travailler ensemble. On pourra avoir un plan d'action validé par le marketing, la communication et les ventes. Ca vaut la peine d'essayer ! Essayons sur notre activité B2B pour commencer.

L'Acquisition Strategy Design

pour construire sa stratégie d'acquisition **en 4 étapes**

Les 4 étapes de l'Acquisition Strategy Design

1 **Avec le Canvas d'Acquisition,** vous vous posez les bonnes questions pour vous mettre à la place de votre client.

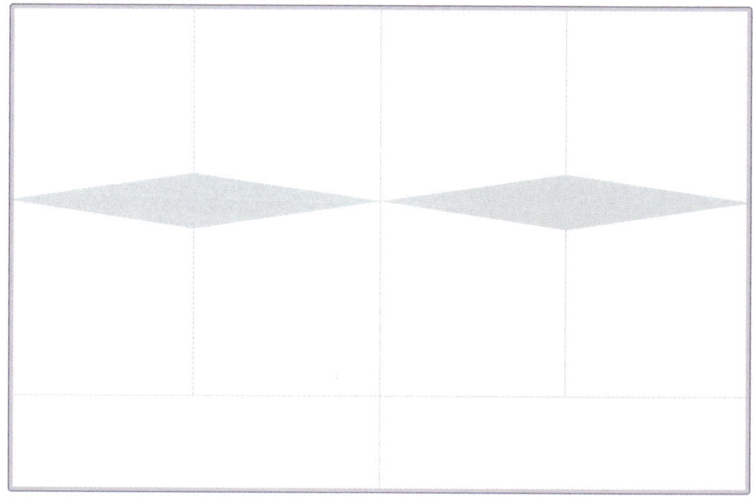

2 **Dans le Parcours d'achat,** vous formalisez en détail les étapes et actions clés menées par le client.

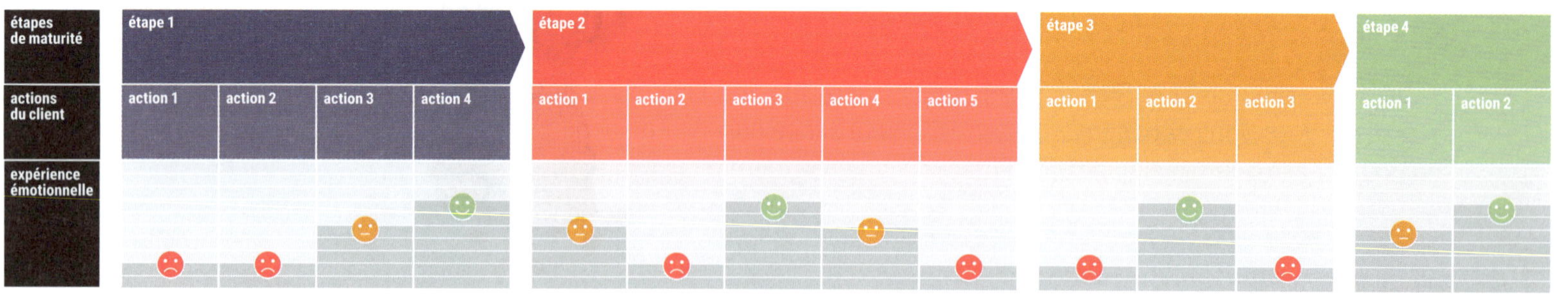

3 Puis, **avec la Matrice d'Acquisition,** vous assignez des actions d'acquisition en fonction des actions du client.

étapes de maturité	étape 1				étape 2					étape 3			étape 4	
actions du client	action 1	action 2	action 3	action 4	action 1	action 2	action 3	action 4	action 5	action 1	action 2	action 3	action 1	action 2
canaux de diffusion	canal 1		canal 2		canal 1	canal 2	canal 3	canal 4	canal 5	canal 1	canal 2	canal 3	canal 1	canal 2
actions d'acquisition	actions d'acquisition 1		actions d'acquisition 2		actions d'acquisition 1	actions d'acquisition 2	actions d'acquisition 3	actions d'acquisition 4	actions d'acquisition 5	actions d'acquisition 1	actions d'acquisition 2	actions d'acquisition 3	actions d'acquisition 1	actions d'acquisition 2
indicateurs intermédiaires	indicateurs intermédiaires 1		indicateurs intermédiaires 2		indicateurs inter-médiaires 1	indicateurs inter-médiaires 2	indicateurs inter-médiaires 3	indicateurs inter-médiaires 4	indicateurs inter-médiaires 5	indicateurs inter-médiaires 1	indicateurs inter-médiaires 2	indicateurs inter-médiaires 3	indicateurs inter-médiaires 1	indicateurs inter-médiaires 2
organisation	organisation 1		organisation 2		organisation 1	organisation 2	organisation 3	organisation 4	organisation 5	organisation 1	organisation 2	organisation 3	organisation 1	organisation 2
outils et supports	outils et supports 1		outils et supports 2		outils et supports 1	outils et supports 2	outils et supports 3	outils et supports 4	outils et supports 5	outils et supports 1	outils et supports 2	outils et supports 3	outils et supports 1	outils et supports 2

4 Enfin, vous construisez **le Plan d'Acquisition** en priorisant les investissements à réaliser. Vous vous concentrez de cette manière sur ce qui doit être accompli en premier lieu, tout en alignant vos équipes marketing, communication et vente.

diagnostic	informations 1	informations 2	informations 1	informations 2	informations 1	informations 2	informations 3	informations 4	informations 5	informations 1	informations 2	informations 3	informations 1	informations 2

Le Canvas d'acquisition

Problème et besoin, quelles différences ?

Dans l'Acquisition Strategy Design, nous préférons le terme "problème"

Avant de découvrir le Canvas d'Acquisition, il est essentiel d'aborder et de différencier deux notions clés : **le problème et le besoin**.

Vous vous dites sûrement qu'un problème peut être un besoin insatisfait et qu'à l'inverse, un besoin peut être, ou devenir un problème. Vous n'avez pas totalement tort mais la notion de problème est plus profonde que ça, et dans notre livre, nous utilisons ce terme pour renvoyer à une certaine conception.

Qu'entend-on par "Problème" ?

Utiliser ce terme revient à définir ce que cherche à faire le client, ce qu'il cherche à résoudre et ce, en faisant abstraction de la solution qu'il entrevoit, de son besoin concret.

La fameuse phrase d'Henry Ford : *«Si j'avais demandé à mes clients ce qu'ils voulaient, ils m'auraient demandé un cheval plus rapide»* prend tout son sens.

Si l'on demande au client ce dont il a besoin, il raisonne en termes de solution (un cheval plus rapide). En revanche, si on lui demande quel est son problème il expliquera ce qu'il cherche à résoudre (voyager plus rapidement) sans pour autant parler de la solution.

D'ailleurs, il se peut que le problème ne soit pas toujours conscientisé dans l'esprit du consommateur. Sans vouloir vous rendre fou, ne pas connaître de problème est une situation différente de ne pas avoir de problème. En effet, ne pas avoir conscience de son problème ne l'annule pas pour autant (et c'est bien dommage) !

Par exemple, vous avez mal garé votre voiture et avez découvert que celle-ci a été embarquée par la fourrière en sortant de votre travail. Vous avez donc pris conscience d'un problème après que celui-ci apparaisse !

Le terme de problème est plus facilement compréhensible en B2B qu'en B2C, car il est plus facilement identifié. Néanmoins, ce concept de problème peut également s'appliquer dans un contexte B2C.

Par ailleurs, le livre Acquisition Strategy Design chevauche les secteurs B2B et B2C : il peut être acheté par une entreprise qui souhaite développer ses ventes, ou par un particulier qui désire se former !

En résumé, le choix du terme "Problème" est un choix assumé car :

1 → **Il est explicite :** on se pose bien la question de la motivation client.

2 → **Il ne porte pas à confusion :** on ne le confond pas avec l'expression d'une solution spécifique.

3 → **Il couvre aussi bien** les problèmes conscientisés et les problèmes non conscientisés.

Vous avez tout compris ? Pas de problème jusque-là ? Très bien ! Passons maintenant à la suite !

Le double diamant

LE SAVIEZ-VOUS ?
À l'origine, la figure du double diamant a été créée en 2004 par l'UK Design Council, dans le but de proposer une méthodologie de l'innovation. Depuis, elle a été déclinée dans de nombreux domaines.

Son adaptation au parcours d'achat

De par sa simplicité et sa clarté, nous avons repris la méthodologie du double diamant pour l'appliquer au parcours d'achat. Elle permet ainsi de refléter visuellement les états du client lors de son parcours.

Les 3 états

1 → Pas de conscience du problème

C'est le point de départ.
Le client n'a pas encore conscience d'avoir un problème. Ce n'est qu'après avoir été confronté à un certain stimulus que le client prendra conscience de son problème.

2 → Décision d'investir

Après avoir pris conscience de son problème, le client réfléchit aux enjeux de celui-ci et décide ensuite d'investir. Il s'ensuit une démarche de recherche des solutions possibles pour répondre au problème.

3 → Acquisition de la solution

Après avoir choisi la solution la plus adéquate, le client acquiert enfin la solution.

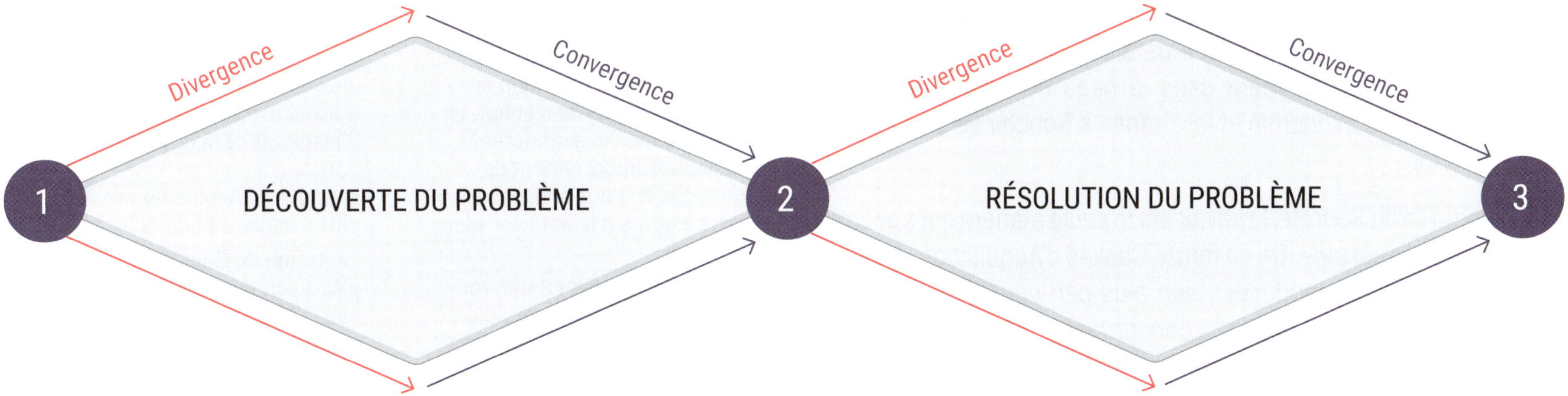

Divergence

Tout comme l'air devient chaud en prenant plus d'espace, la divergence reflète le moment où le champ de vision du client est élargi et où il prend en considération de nombreuses possibilités.

Convergence

Ensuite, vient la convergence : le client se focalise sur une unique décision et se concentre sur la solution.

Le Canvas d'Acquisition

Le Canvas d'Acquisition ?

Méthodologie et chronologie, voilà à quoi répond le Canvas d'Acquisition ! Il vous incite à détailler le parcours d'achat et à vous mettre réellement dans la peau de votre client pour comprendre son chemin et les étapes à franchir vers l'achat de la solution.

Comme l'a dit Socrate, le savoir est la seule matière qui s'accroît quand on le partage. De ce fait, le Canvas d'Acquisition, comme le reste de la méthode, est bien plus pertinent s'il est abordé avec l'ensemble des équipes concernées dans l'élaboration du parcours d'achat !

8 questions capitales

Les 8 questions du Canvas d'Acquisition vous aident à approfondir au maximum les étapes du parcours d'achat. En y répondant, vous comprenez mieux le comportement de votre client. Vous abordez ainsi son parcours d'achat avec plus de recul.

En plus de ces questions, vous approfondissez les mots-clés recherchés par votre client pour trouver votre solution.

Simplicité, clarté et exhaustivité

Ajouter de la profondeur tout en restant simple et clair est un challenge que le Canvas d'Acquisition a relevé. S'inspirant de la figure du double diamant et de sa clarté, le Canvas d'Acquisition se veut plus exhaustif et détaillé.

Le design du Canvas d'Acquisition vous permet ainsi d'aborder facilement la complexité des étapes détaillées du parcours d'achat.

LE CANVAS D'ACQUISITION

PROJET

DATE

VERSION

DÉCOUVERTE DU PROBLÈME

Qui découvre le problème et comment ?

Comment s'implique-t-il dans le problème ?

Mots-clés génériques

Comment le problème est-il rendu prioritaire et partagé si nécessaire ?

RÉSOLUTION DU PROBLÈME

Comment s'effectue la recherche de solution ?

Quels sont les critères de prise de décision ?

Comment s'effectue la prise de décision ?

Mots-clés spécifiques

Quelle est la temporalité du processus de prise de décision d'investir ?

Quelle est la temporalité du processus de prise de décision d'achat ?

Q1 Qui découvre le problème ? Et comment ?

Le problème est découvert par vos personas…

Il s'agit de profils types pour désigner les personnes principales qui achètent, ou sont susceptibles d'acheter vos produits/services. Pour découvrir quels sont vos potentiels personas utilisez le tableau suivant :

Ceux qui	Verbe	Complément

PAR EXEMPLE

Ceux qui	Verbe	Complément
Les personas susceptibles d'envoyer leur candidature à La Vache Pourpre…	n'utilisent pas	d'outils technologiques…
	n'ont pas	de moyens pour partager les données…
	réalisent	des présentations commerciales basiques…

Strategyzer
strategyzer.com

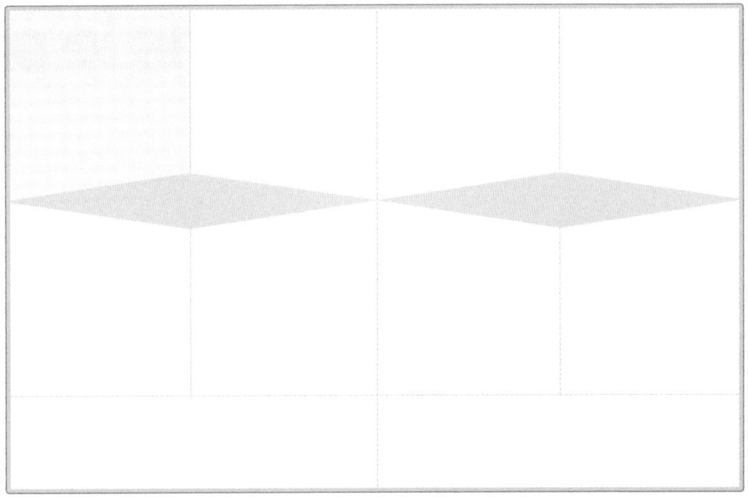

De manière interne ou externe

Le problème de votre persona peut être découvert **en interne ou en externe**. La découverte est interne lorsque votre persona découvre lui-même son problème ou le découvre au sein de son organisation ou de son entourage. À l'inverse, la découverte est externe lorsque la prise de conscience du problème ne s'effectue pas par lui-même, mais avec la participation d'une cause extérieure.

Pour mieux connaître et appréhender les conditions de la découverte de son problème, posez-vous ces quelques questions :

Est-ce une découverte interne ou externe ?

- Dans quelle situation le problème est-il découvert ?
- Le problème dépend-il uniquement de lui ?
- Sera-t-il amené à découvrir lui-même son problème si personne ne l'aide ?
- Quels sont les stimuli extérieurs susceptibles de lui faire découvrir son problème ?

Quelle est son attitude vis-à-vis de cette découverte ?

- Le problème est-il suffisamment grave pour générer une réaction ?
- Est-il résigné face à ce problème car :
  - → il ignore qu'il existe une solution ?
  - → la solution est vue comme trop chère ?
  - → quelqu'un/quelque chose l'empêche d'aborder le sujet ?

Q2 Comment s'implique-t-il dans le problème ?

Cette question vous incite à comprendre comment va réagir votre persona une fois le problème découvert. Il est important de lister toutes les actions envisageables par le persona pour avoir une vue la plus détaillée possible de son problème.

Ce dernier peut par exemple faire des recherches par lui-même, parler de son problème à son entourage, et participer à des événements publics qui concernent son problème.

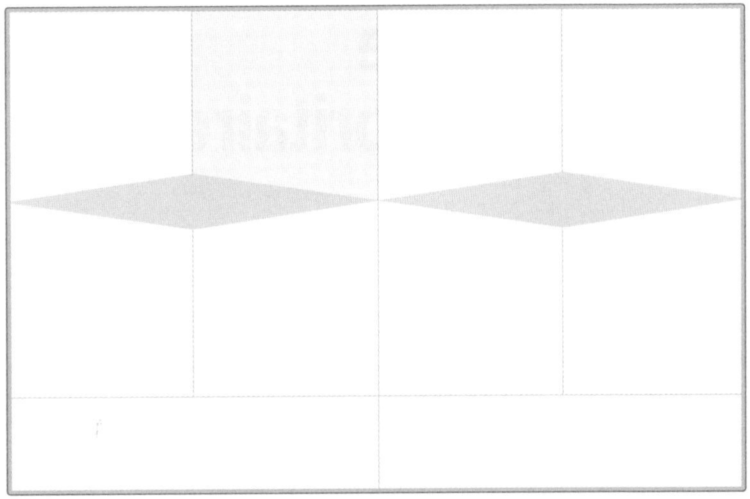

Comment se renseigne le persona sur son problème ?

- Que lit-il ?
- Que regarde-t-il ?
- Qu'écoute-t-il ?
- Préfère-t-il les supports digitaux ou physiques ?
- Quels sont les mots-clés qu'il utilise pour faire ses recherches ? (mot-clé générique voir question 7)

Avec qui échange-t-il à ce sujet ?

- Est-ce un problème qu'il peut facilement partager avec son entourage ?
- Est-ce difficile pour lui d'en parler ?
- Vers qui se tourne-t-il ?
- En parle-t-il avec sa famille ?
- Communique-t-il avec ses amis ?
- Partage-t-il son problème avec ses collègues ?
- Comment en parle-t-il avec son entourage ?

Quelles actions mène-t-il ?

- Participe-t-il à des évènements publics ?
- Réalise-t-il des démonstrations gratuites ?
- Cherche-t-il la solution auprès de son entourage ?
- Suit-il des cours ou des formations ?

Q3 Comment le problème est-il partagé et rendu prioritaire ?

À travers cette question, vous découvrez quels sont les moyens que le persona met en œuvre pour partager son problème. Elle vous incite à découvrir également comment le persona priorise ou non son problème.

Le B2B est très concerné…

Dans le B2B, plusieurs critères expliquent le partage et la priorisation d'un problème notamment, l'enjeu, le coût ou estimation du coût d'achat et enfin la structure organisationnelle et hiérarchique.

Ces critères doivent être analysés et approfondis pour comprendre au mieux comment la décision d'investir sera prise.

… le B2C aussi ?

Bien que les prises de décision s'effectuent de façon moins structurée que dans un contexte B2B, certains problèmes B2C peuvent être partagés et rendus prioritaires.

Par exemple au sein d'une famille, l'achat d'une nouvelle voiture est généralement une prise de décision collective. Bien qu'au fond de vous-même vous souhaitiez sûrement acheter une superbe Ferrari, votre conjoint(e) sera là pour vous ramener sur la voie de la raison, et vous convaincre que cet achat n'est pas le plus judicieux…

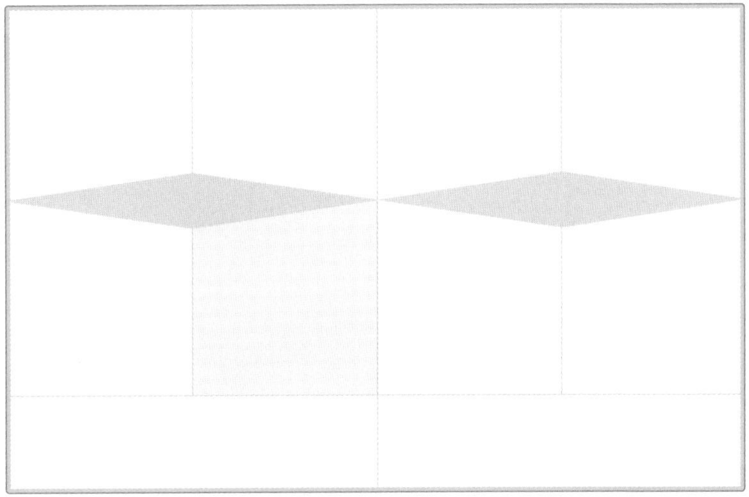

Qui prend part au problème ?

- Qui est impacté par le problème ?
- Qui est impliqué dans la prise de décision d'investir ?

→ Le pouvoir décisionnel ?
→ Le pouvoir consultatif ?
→ Le problème est-il transmis à d'autres acteurs ?

- Quelles actions sont menées auprès des personnes identifiées ?
- Comment se prend la décision d'investir ?

Q4 Comment s'effectue la recherche de solution ?

Après avoir pris la décision d'investir, **le persona se transforme ainsi en cible,** et commence à rechercher des solutions à son problème. Cette question vous amène à lister un inventaire de solutions que votre persona pourrait envisager.

Il est important de connaître toutes les possibilités de votre persona pour évaluer si vous répondez au mieux à sa demande.

Cela vous permet non seulement de prendre conscience qu'il existe des alternatives à vos solutions, mais aussi de faire une veille concurrentielle.

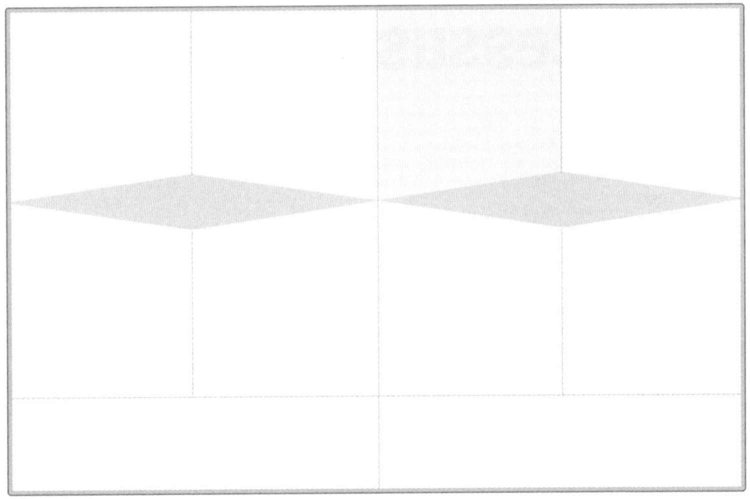

Existe-t-il des alternatives à ma solution ?

- Quels sont les produits ou services de substitution à ma solution ?
- Sont-ils une menace ?
- Pourquoi choisirait-il ces produits de substitution plutôt que ma solution ?
- Quels sont les avantages de ces produits de substitution pour mon persona ?

Qui sont mes concurrents directs ?

- Qui sont mes principaux concurrents sur mon marché ?
- Sont-ils connus ?
- Que proposent-ils de mieux que ma solution ?
- Comment mes concurrents font-ils connaître leur solution ?

Comment mon persona recherche-t-il la solution ?

- Effectue-t-il des recherches sur Internet ?
- Quels sont les mots-clés qui traduisent ses recherches ? (mot-clé spécifique voir question 7bis)
- Se renseigne-t-il auprès de son entourage ?
- Quelqu'un d'influent lui recommande-t-il des solutions ?

Q5 Quel est le processus de prise de décision ?

Cette question vous amène à réfléchir à la manière dont la décision d'achat est prise, mais également à découvrir qui intervient dans ce processus de décision.

B2C et B2B, des frontières à nuancer...

Tout comme à la question 3, il est important de prendre en compte le secteur dans lequel s'inscrit l'achat. En B2C, le processus de prise de décision sera sûrement moins complexe qu'en B2B où les enjeux sont généralement plus importants. Néanmoins, il existe des cas particuliers qui floutent la frontière entre les deux secteurs.

À titre d'exemple, vous avez acheté ce livre, car vous avez entendu dire que notre ouvrage était génial. Vous vouliez vous former sur une nouvelle méthode d'acquisition de votre propre chef. Vous vous inscrivez donc dans un cadre B2C.

Il est également possible que vous ayez acheté ce livre, car il représente une solution à un problème de votre entreprise. Vous l'avez donc obtenu aux frais de l'entreprise et inscrivez donc cet achat dans un contexte B2B.

ZMOT...kézako ?

Ce concept inventé par Google, qui signifie *Zero Moment of Truth*, s'inscrit dans la lignée des Moments of Truth ou étapes du parcours d'achat. Il traduit l'action de recherche d'informations liées au produit/service que votre persona envisage comme solution à son problème. Cette étape prend place entre le stimulus publicitaire et le premier contact avec la solution en point de vente.

Mais quel est le lien avec le processus de décision me direz-vous ?

Tout simplement le fait qu'il soit d'une influence majeure dans la prise de décision de vos clients.

Dans l'analyse du processus de prise de décision de vos cibles, gardez donc cette étape en tête !

RFI, RFP

Les deux acronymes RFI *(Request for Information)* et RFP *(Request for Proposal)* signifient en français "demande d'information" et "appel d'offres".

Généralement, ces deux actions prennent place dans un contexte B2B.

Il peut être intéressant de savoir si votre cible entreprend de telles actions pour résoudre son problème.

Dans l'affirmative, cela constitue un moyen d'agir pour vous.

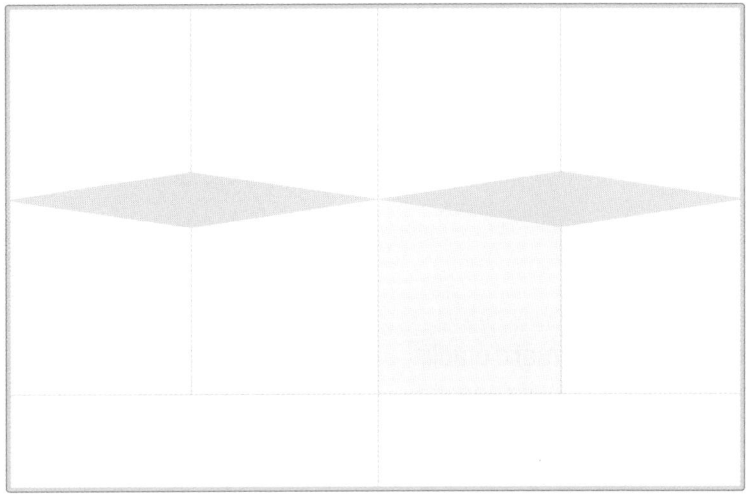

Qui est impliqué dans la prise de décision ?

Ma cible effectue-t-elle seule sa prise de décision ?

Dans le cas contraire, qui intervient dans la prise de décision ?

Ma cible a-t-elle le pouvoir de décision le plus important parmi les personnes impliquées ?

Quelles sont les étapes du processus ?

Quelles sont les étapes clés dans le processus ?

Y a-t-il une date limite au processus ?

Quels sont les éventuels freins dans la prise de décision ?

Quelque chose peut-il bloquer le processus et faire revenir la cible en arrière ?

Comment expliquer ces barrières éventuelles ?

Q6 Quels sont les critères de décision ?

Cette question est très importante, car elle vous permet d'établir sur quoi votre cible va orienter sa décision. Vous pouvez ensuite analyser ce qui compte réellement pour elle.

Voici 5 critères de décision à prendre en compte dans votre analyse !

La raison, le cœur et… l'habitude !

Est-ce un achat mûrement réfléchi ? Spontané ? La personne achète-t-elle la solution, car elle se sent connectée avec votre entreprise ? Ou est-ce simplement par habitude ?

L'analyse de ce critère vous permettra de mettre en avant tel ou tel aspect de votre solution.

Pour un achat où la réflexion est primordiale, les bénéfices techniques et avantages fonctionnels sont mis en avant, tandis que lorsque l'achat est justifié émotionnellement, il faut jouer sur le lien relationnel et émotionnel entre vous et vos cibles.

Concurrents directs et alternatives

Qui sont vos concurrents directs ? Des alternatives à votre produit / service peuvent-elles résoudre le problème de votre cible ?

Exception faite du marché de niche, vous n'êtes probablement pas seul sur votre marché actuel. Il est donc important de connaître les offres de vos concurrents directs pour avoir une vue globale de votre marché.

Votre cible peut choisir des alternatives à votre solution qui répondent aussi à ses problèmes.

La qualité et le prix

Vos cibles accordent-elles de l'importance à la qualité et sont-elles prêtes à dépenser une certaine somme pour se l'accorder ? Ou au contraire, recherchent-elles une solution à moindre coût au détriment de la qualité ? Enfin cherchent-elles le meilleur rapport qualité / prix ?

Selon votre marché et votre offre, vous mettez en avant ce qui compte pour vos cibles.

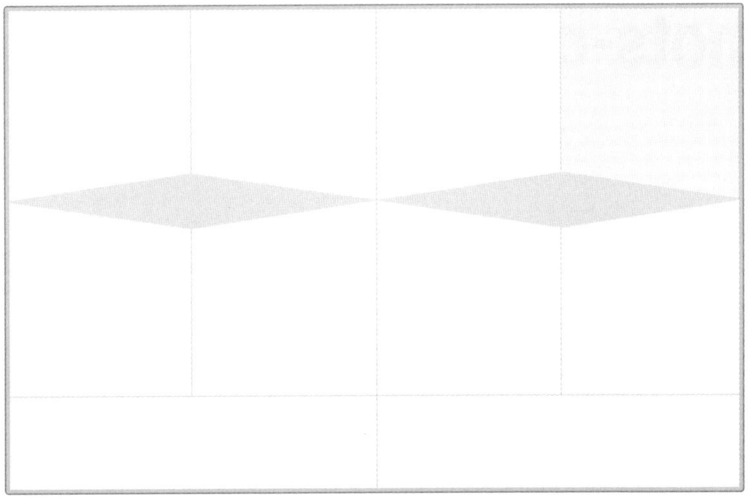

L'influence de la marque

Votre image de marque a-t-elle une influence sur le choix de vos cibles ?

Votre solution peut-elle être mise en avant par votre image de marque ?

Certains consommateurs, à choix égal de solutions, choisissent une marque en raison de son image.

Le luxe est par exemple un marché où l'image de marque a toute son importance.

Les préoccupations sociétales et environnementales

Vos cibles accordent-elles de l'importance à l'environnement ? Au lieu de fabrication ? S'inscrivent-elles dans des démarches écologiques ?

Avec la montée générale des préoccupations environnementales dans notre société, les comportements des consommateurs ont changé. De plus en plus de personnes font désormais attention à leurs achats et essayent de limiter leur impact sur l'environnement.

Beaucoup d'entreprises s'inscrivent dans ce mouvement et mettent en avant leurs actions, notamment via leur Responsabilité sociétale des entreprises (RSE). Si c'est votre cas, mettre en avant votre démarche est un atout pour attirer vos cibles qui y accordent de l'importance.

Q7 Q7 bis Les mots-clés

Génériques

Avant toute chose, sachez que les mots-clés de vos cibles sont d'une importance capitale. Ils reflètent la manière dont vos clients actuels et potentiels recherchent la solution à leurs problèmes. **Ce sont donc de précieuses informations que vous pouvez utiliser !**

Les mot-clés génériques sont ceux recherchés par les ignorants et les personnes qui cherchent à s'informer sur le sujet.

Enquêter sur les mots-clés génériques de votre persona vous permet de comprendre ce qu'il recherche dans ses premiers pas, et d'éventuellement **vous positionner au début** de son parcours.

Les mots-clés génériques renvoient aussi aux mots-clés de courte traîne qui sont assez larges.

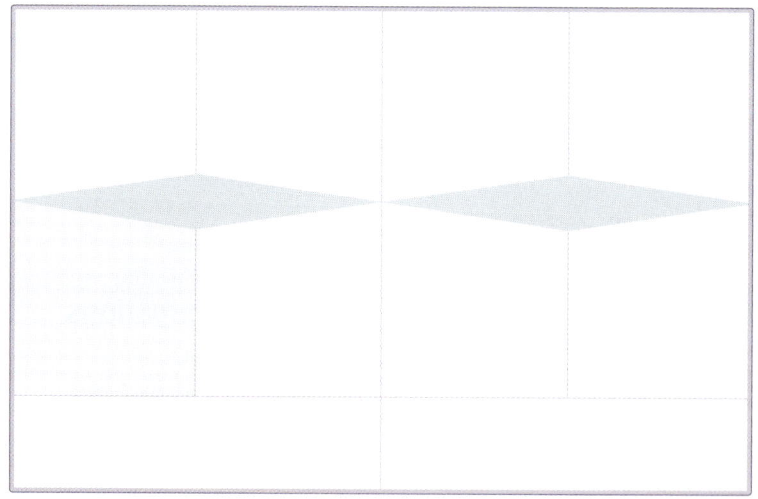

Spécifiques

Les mots-clés spécifiques sont eux plus précis. À ce stade, votre persona a déjà des idées de solution et recherche activement celle qui va résoudre son problème.

Il est important de mettre à jour régulièrement cette liste de mots-clés pour pouvoir se positionner au mieux dans la décision d'achat de votre cible.

Les mots-clés spécifiques sont donc comme les mots-clés de longue traîne. Ils sont plus ciblés et plus longs que les mots-clés génériques.

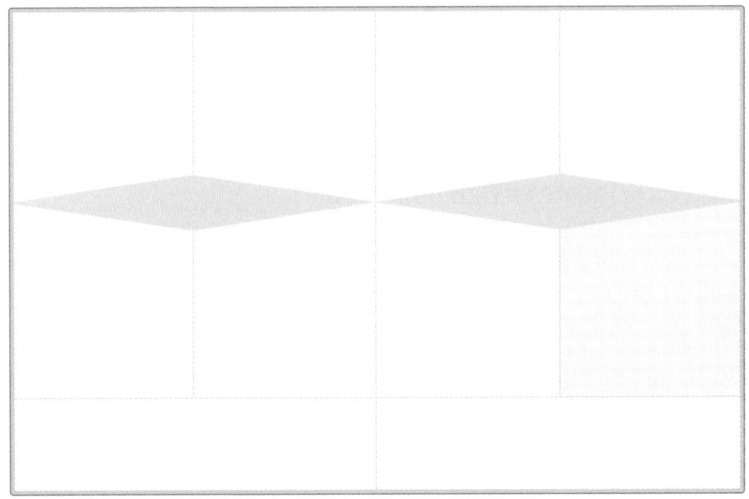

Q8 Q8bis Quelle est la temporalité…

Du processus de prise de décision d'investir ?

La temporalité du processus de décision ne sera encore une fois pas la même en B2B qu'en B2C.

Généralement plus complexe et longue en B2B, elle se révèle assez courte en B2C.

- Quelles sont les étapes du processus de prise de décision d'achat ?
- Peuvent-elles être temporisées ?
- Quel est le rétroplanning autour de ces dates clés ?

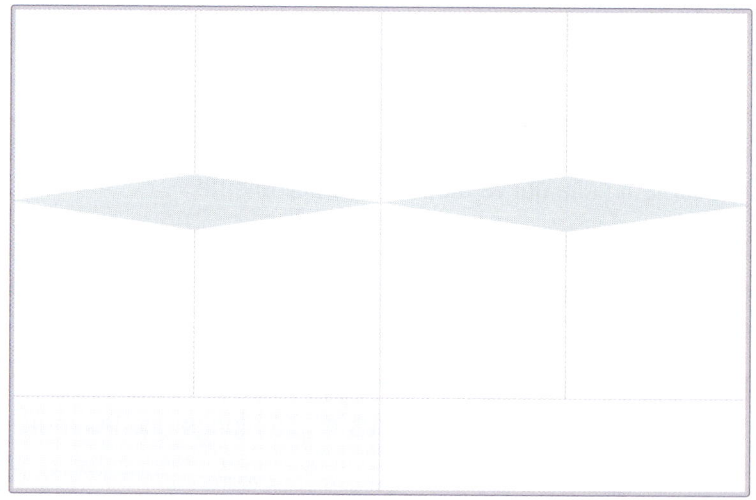

Du processus de prise de décision d'achat ?

Comparé au processus de prise de décision d'investir, le processus de prise de décision d'achat est généralement moins long.

Pour autant, les mêmes questions sont valables pour évaluer la temporalité :

- Quelles sont les étapes du processus de prise de décision d'achat ?
- Peuvent-elles être temporisées ?
- Quel est le rétroplanning autour de ces dates clés ?

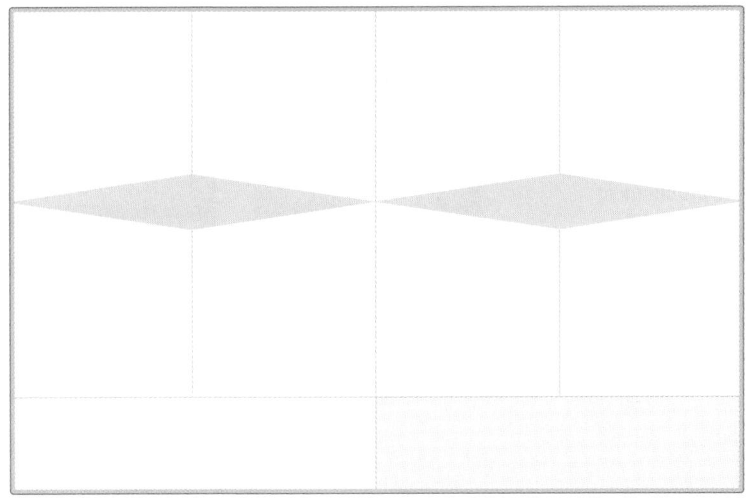

Retrouvons la Vache Pourpre et son équipe dans la construction de leur Canvas d'Acquisition

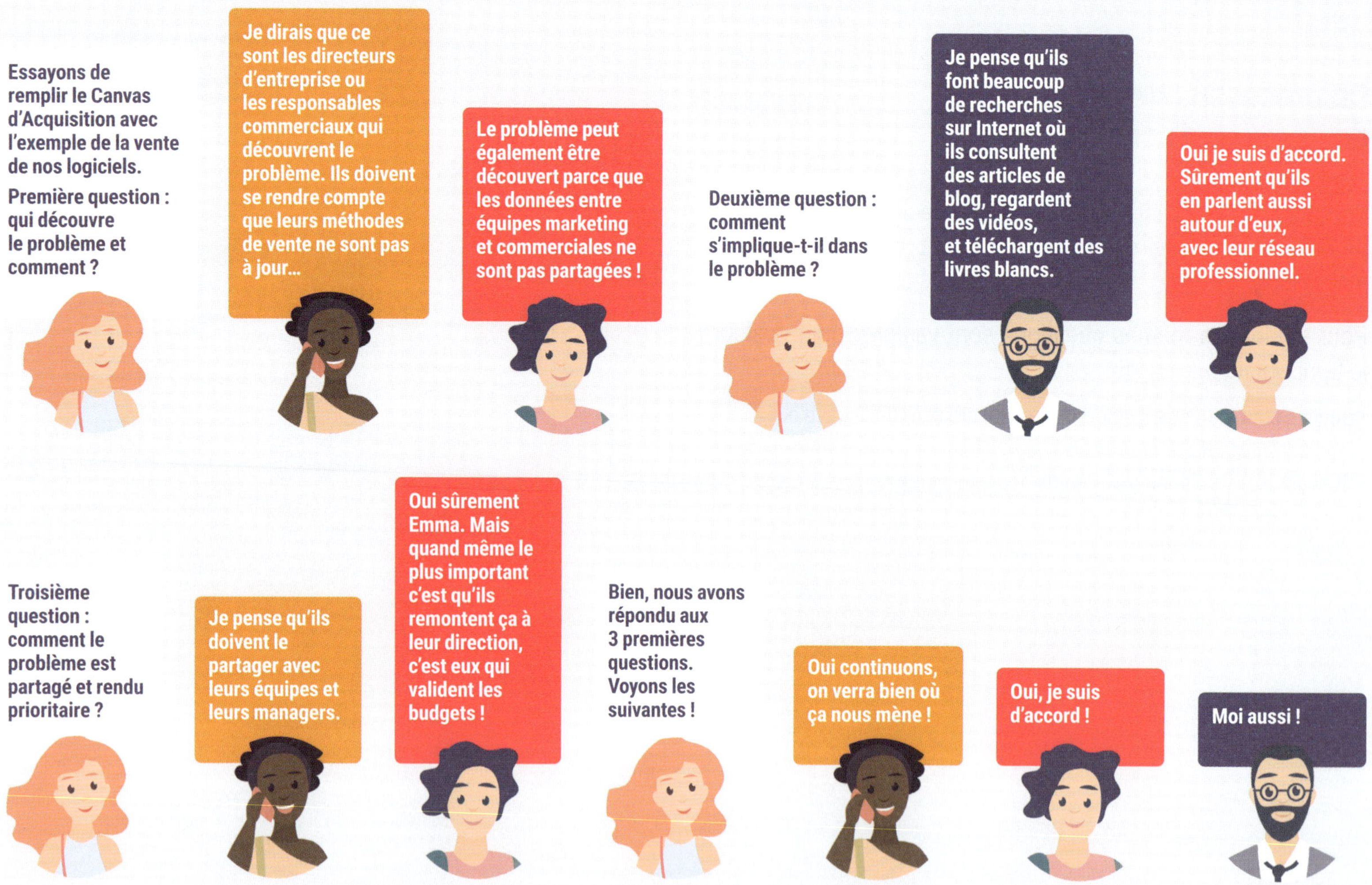

Melanie, CEO

Arthur, responsable de communication

Emma, responsable commerciale

Lee, responsable marketing

DÉCOUVERTE DU PROBLÈME

Qui découvre le problème et comment ?

- Le directeur d'une entreprise
- Le responsable commercial
- Perte de temps dans les processus vente
- Présentations commerciales trop prosaïques
- Peu de lien entre le marketing et la vente

Comment s'implique-t-il dans le problème ?

- Articles de blog
- Recherche sur Internet
- Discussion avec des pairs
- Études livres blancs

Problème : pas de solution moderne pour faire des présentations commerciales

Mots-clés génériques

- Outils pour commerciaux
- Logiciel commerciaux

Comment le problème est-il rendu prioritaire et partagé si nécessaire ?

- Il monte dans la hiérarchie jusqu'au comité de direction
- Pour des achats de plusieurs dizaines de milliers d'euros,
- la décision d'investir est effectuée par le comité de direction

RÉSOLUTION DU PROBLÈME

Comment s'effectue la recherche de solution ?

- Alternative : développer en interne
- Advisor: Gartner, Forrester, IDC
- Bouche à oreille
- Comparateur : appvizer, G2Crowd, etc.

Solution : logiciel sur-mesure dédié aux tablettes de la Vache Pourpre

Quels sont les critères de prise de décision ?

- Coût
- Fonctionnalités
- Compatibilité
- Qualité de la soutenance des prestataires
- Préférence pour les produits de la Vache Pourpre

Comment s'effectue la prise de décision ?

- De manière collective
- Appel d'offres
- Demande de proposition (RFP)
- Par le comité de direction
- En accord avec les départements concernés
- Demande d'information (RFI)

Mots-clés spécifiques

- Acronyme du logiciel
- Solutions de Sales Enablement
- Benchmark/comparatif + logiciel
- Logiciel pour + besoin

Quelle est la temporalité du processus de prise de décision d'investir ?

Ce processus n'a pas de temporalité précise : il peut être de plusieurs années comme de quelques semaines jusqu'à ce que le persona entende parler des logiciels de la Vache Pourpre.

Quelle est la temporalité du processus de prise de décision d'achat ?

Ce processus peut durer de quelques mois à une année une fois que la cible a découvert un logiciel de la Vache Pourpre et le compare aux autres alternatives.

Le parcours d'achat

Parcours d'achat vs Parcours Client

Avant d'approfondir le parcours d'achat dans les prochaines pages, il est important de préciser quelques points.

Le parcours d'achat se concentre uniquement sur les étapes avant et au moment de l'achat, mais il est possible d'aller au-delà avec **le parcours client**.

Il rassemble l'entièreté de la relation client-entreprise, de l'utilisation du produit, jusqu'à sa recommandation auprès de son entourage et même la fidélisation du client à l'entreprise.

Le parcours d'achat en profondeur

Cette section aborde donc le parcours d'achat du client de manière exhaustive.

Les étapes sont approfondies en détail afin de vous donner une méthodologie fiable et adaptable quelle que soit votre activité.

Le parcours client

Le parcours client peut être vu comme une boucle sans fin avec plusieurs étapes.

1 PROBLÈME

Prise de conscience d'un problème.

2 RECHERCHER

Recherche de solutions pour résoudre le problème.

3 SÉLECTIONNER

Choix de la solution la plus adaptée au problème.

4 ACHETER

Acquisition de la solution.

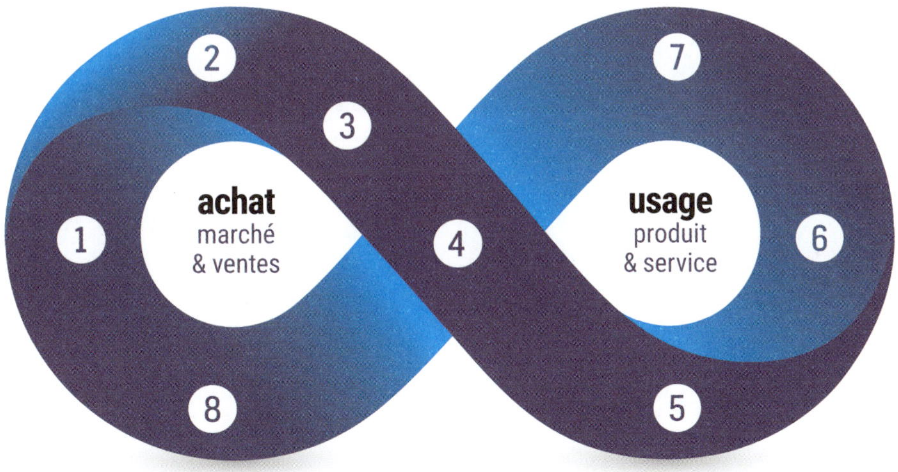

5 DÉCOUVRIR

Premiers moments de découverte du produit ou service acquis.

6 UTILISER

Utilisation courante de la solution avec possibilités de satisfaction ou de mécontentement, de détournement de l'usage ou de refus et retour.

7 MAINTENIR

Étape optionnelle d'entretien, de réparation ou d'échange de la solution.

8 RECOMMANDER

Décision d'acquisition du même produit ou d'autres produits similaires.

Le parcours d'achat et ses composantes

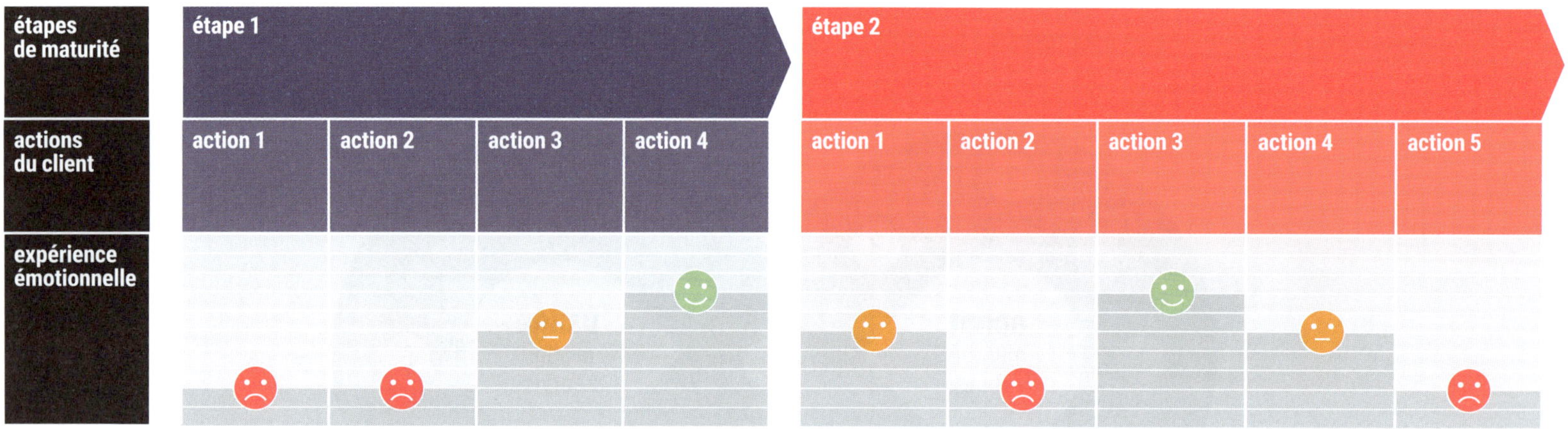

Pour construire le parcours d'achat, il faut se concentrer sur 3 niveaux : les étapes de maturité, les actions du client, et son expérience émotionnelle tout au long de son parcours.

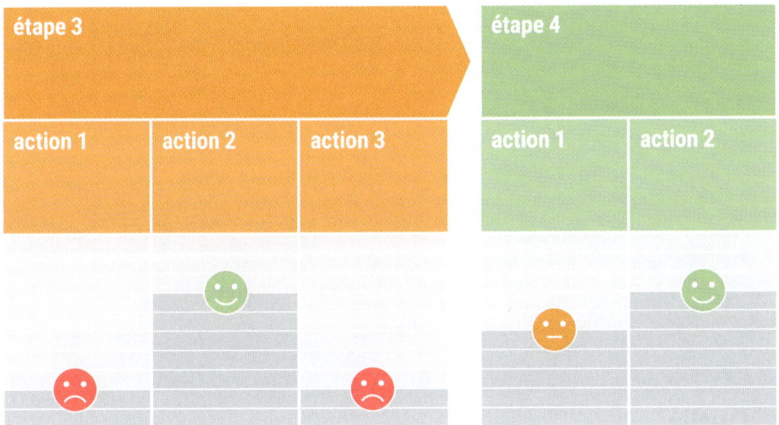

Nous avons représenté les étapes de maturité et les actions du client par des flèches. Cela ne veut pas dire pour autant qu'elles s'enchaînent systématiquement pour tous les clients. Dans la réalité, certaines étapes ou actions peuvent être soit alternatives, interchangeables ou facultatives. Il est important néanmoins de bien les répertorier pour avoir une vision complète du parcours d'achat.

Les outils pour construire son parcours d'achat

Construire votre parcours d'achat nécessite certes un moment de réflexion, mais aussi des outils pour pouvoir le mettre en forme et le présenter à vos équipes. Dans cette section, découvrez les outils à utiliser pour élaborer vos parcours d'achat.

Les outils de base

Éditeurs de texte

Si vous n'avez pas d'exigence visuelle importante, les éditeurs de texte tels que Microsoft Word ou Pages vous permettront d'élaborer rapidement votre parcours d'achat.

Tableurs

Offrant des fonctionnalités plus adaptées, les tableurs type Excel ou Numbers sont aussi des outils à considérer pour construire votre parcours d'achat. Avec leur format de tableau, il est plus simple de segmenter les différentes étapes du parcours client.

Outils de présentation

Powerpoint ou Keynote seront très utiles pour présenter le parcours d'achat à vos équipes. Ils nécessitent en revanche une certaine créativité pour exploiter toutes les fonctionnalités.

Les outils dédiés

En parallèle des outils de base, il existe des outils en ligne dédiés à la conception du parcours d'achat. Voici une petite sélection de ces derniers.

Smaply

Outil complet, Smaply vous permet d'élaborer votre parcours d'achat facilement. Pour illustrer au mieux celui-ci, il inclut une banque d'images considérable et de nombreuses icônes.

UXpressia

Si vous avez un penchant pour le design et l'originalité, UXpressia est fait pour vous ! Cet outil propose une interface de travail qui se distingue par son design élaboré. Il inclut aussi un mode de présentation, parfait pour faire un pitch ou présenter le parcours d'achat.

Custellence

Utilisé pour représenter le parcours d'achat de l'Acquisition Strategy Design, Custellence est un outil très facile à prendre en main. Disposant de toutes les fonctionnalités nécessaires pour détailler le parcours d'achat, Custellence est un bon choix si vous souhaitez un outil simple et complet.

Qui fait le parcours d'achat ?

Une seule personne

Le parcours d'achat peut être effectué par une seule personne. Du début jusqu'à la fin, elle franchit seule les différentes étapes.

Un groupe de personnes...

Le parcours d'achat peut également être effectué par plusieurs personnes. Dans certaines entreprises, les décisions sont prises de manière collective.

... dont votre solution résout un de leurs problèmes...

Dans ce groupe d'acheteurs, votre solution répond à un de leurs problèmes parmi d'autres.

Il est possible que vous puissiez résoudre un autre de leurs problèmes avec une autre solution.

... forment une Demand unit

Inventé par l'entreprise Sirius Decision, le concept de *Demand Unit* représente un groupe d'acheteurs dont une de vos solutions répond à un de leurs problèmes. Ce concept approfondit la notion de *Lead* où l'on considère que l'individu n'est pas seul et s'inscrit dans un groupe d'individus qui peuvent être impliqués à d'autres étapes du parcours d'achat.

Définissez bien vos étapes de maturité et challengez-les !

Comme la vie de l'homme est, depuis l'Antiquité, marquée par des grands âges (la jeunesse, l'âge adulte, la vieillesse), le parcours d'achat du client est marqué par différentes étapes.

Et chaque étape reflète différents degrés de maturité qui marquent la progression du client, non pas dans sa vie, mais dans son parcours d'achat.

Tout comme nos occupations changent selon notre âge, les activités du client changent selon ses étapes. Si les actions des clients sont propres à chacun et peuvent varier, les étapes client sont communes à tous.

Pour identifier les étapes clients, nous vous proposons cette méthode de formulation :

Jusqu'à	Verbe	Complément

PAR EXEMPLE

Jusqu'à	Verbe	Complément
	prendre	conscience du problème
	décider	d'investir dans un logiciel
	choisir	un prestataire
	signer	un contrat de prestation de service

Pour chaque étape de maturité définie, posez-vous les 3 questions suivantes :

étapes de maturité	étape 1	étape 2	étape 3	étape 4
	Cette étape correspond-elle à un moment précis ? Bien identifiable ? ☐ OUI ☐ NON	*Même question* ☐ OUI ☐ NON	*Même question* ☐ OUI ☐ NON	*Même question* ☐ OUI ☐ NON
	L'étape est-elle distincte de la précédente et/ou de la suivante ? ☐ OUI ☐ NON	*Même question* ☐ OUI ☐ NON	*Même question* ☐ OUI ☐ NON	*Même question* ☐ OUI ☐ NON
	Cette étape m'aide-t-elle à mieux identifier et communiquer avec mon Persona ? ☐ OUI ☐ NON	*Même question* ☐ OUI ☐ NON	*Même question* ☐ OUI ☐ NON	*Même question* ☐ OUI ☐ NON

Attention, si une réponse est négative à l'une des questions ci-dessus, alors votre étape de maturité n'est pas assez bien définie. Retravaillez-là !

Avez-vous l'opportunité de trouver une niche et de réduire votre cible ?

Dans le prolongement de l'exercice précédent, posez-vous 3 questions complémentaires :

étapes de maturité	étape 1	étape 2	étape 3	étape 4
	Cette étape est-elle vraiment spécifique à mon activité ? ☐ OUI ☐ NON	*Même question* ☐ OUI ☐ NON	*Même question* ☐ OUI ☐ NON	*Même question* ☐ OUI ☐ NON
	Ai-je les moyens d'agir sur cette étape ? ☐ OUI ☐ NON	*Même question* ☐ OUI ☐ NON	*Même question* ☐ OUI ☐ NON	*Même question* ☐ OUI ☐ NON
	Sans action de ma part, mon client franchira-t-il cette étape ? ☐ OUI ☐ NON	*Même question* ☐ OUI ☐ NON	*Même question* ☐ OUI ☐ NON	*Même question* ☐ OUI ☐ NON

Attention, si des réponses restent négatives aux questions ci-dessus, vous n'avez peut-être pas besoin d'investir sur ces points pour faire progresser le client dans son parcours d'achat. Vous pouvez alors réduire votre cible en vous adressant directement à des clients ayant franchi cette étape.

Pour trouver une niche, pas besoin de vous rendre dans votre jardin ! Ciblez simplement un segment de marché qui regroupe peu de clients avec une demande très spécifique, c'est votre niche de marché ! Sur un marché trop large, vous gagnez à réduire votre cible en trouvant un marché de niche :

LE CLIENT DEVIENT PLUS FACILE À CIBLER

+

IL PROGRESSE PLUS RAPIDEMENT DANS SON PARCOURS D'ACHAT

+

LES ACTIONS D'ACQUISITION DEVIENNENT PLUS RENTABLES

Après avoir adressé l'ensemble de cette niche de marché, vous pouvez envisager d'étendre à nouveau votre cible dans de meilleures conditions !

Les actions clients

Les activités du client sont les actions qu'il entreprend dans son parcours d'achat. Elles composent les étapes et marquent une progression au fur et à mesure des phases.

Il/Elle	Verbe présent	Complément

Que fait-il ?

Dans les actions, on regroupe tout ce que le client effectue pour résoudre son problème. Ces actions peuvent également impliquer d'autres personnes s'il décide d'en parler à son entourage.

Où va-t-il ?

Que ce soit physique ou digital, le client peut se rendre à divers endroits.

Dans les lieux digitaux, on compte notamment les blogs, les sites Internet, les applications.

Dans les lieux physiques, il peut par exemple se rendre dans des associations, des conférences, des expositions, ainsi qu'en magasin.

PAR EXEMPLE

Il/Elle	Verbe présent	Complément
	Recherche	des solutions
	Évangélise	le problème en interne
	Budgétise	la solution au problème

En suivant le modèle de description de l'action, il devient beaucoup plus facile d'imaginer ce que peut faire le client dans son parcours.

Comme une boule de neige qui roule et qui devient plus grosse au fur et à mesure, décrire précisément une action en appelle une autre !

Les émotions du client

Avez-vous déjà ressenti **de la joie et une certaine excitation** en voyant les superbes photos de cet hôtel en bord de mer, idéal pour passer vos vacances d'été avec votre conjoint(e) ? Et quelle a été votre réaction quand vous avez vu le lendemain qu'il ne restait plus que deux chambres disponibles ? Vous avez sûrement réservé l'hôtel, précipité **par la crainte** de ne plus avoir de place...

Si vous vous reconnaissez dans cette histoire, vous savez pertinemment que les émotions ont une influence majeure dans nos décisions. Il est donc primordial d'identifier et de reconnaître les émotions de vos clients dans leur parcours d'achat pour optimiser celui-ci.

Mais avant toute chose, qu'est-ce qu'une émotion ?

Il existe de nombreuses définitions de l'émotion, mais elle peut être définie comme *"une réaction affective passagère d'intensité plus ou moins forte et qui survient à la réaction d'un événement déclencheur."*

L'Homme ressent de nombreuses émotions, parmi lesquelles un certain nombre d'émotions fondamentales. Le psychologue américain Paul Ekman, pionnier dans l'étude des émotions, a observé les expressions faciales dans des dizaines de cultures différentes, et a dénombré 6 émotions fondamentales : la joie, la colère, la peur, la tristesse, la surprise et le dégoût. Enfilons notre casquette de psychologue et abordons ces émotions un peu plus en détail !

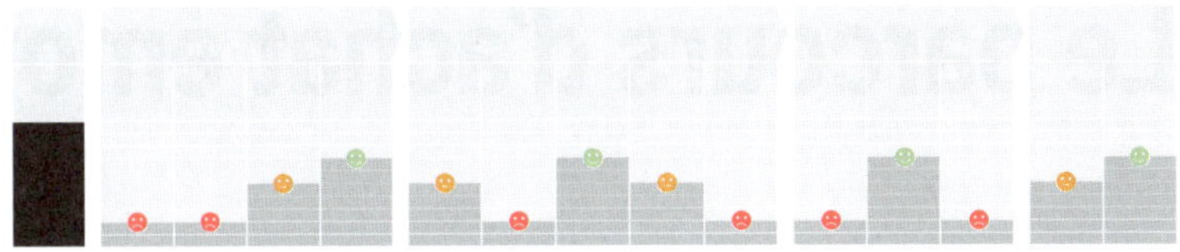

La joie est liée à la résolution d'un problème ou à l'accomplissement de quelque chose d'important. C'est un état de satisfaction et de bien-être qui se reflète par la bonne humeur. Elle donne de l'énergie et booste notre motivation.

Votre client ressent de la joie ? Identifiez les raisons et cultivez-la au maximum !

La colère est liée à une réaction de protection en réponse à une frustration, à la rencontre d'un obstacle, à un sentiment d'injustice, voire même à l'atteinte de son intégrité physique et psychologique.

Si votre client ressent de la colère dans une étape de son parcours d'achat, changez d'approche et trouvez des solutions pour le calmer.

La peur est liée à une émotion d'anticipation. La peur peut être utile, car elle nous prévient d'un danger et nous donne les ressources nécessaires pour le fuir.

Votre client peut avoir peur juste avant de signer un contrat par exemple. Rassurez-le pour atténuer sa peur.

La tristesse est liée à une perte, un sentiment d'impuissance ou une déception. Elle diminue notre motivation et notre énergie.

Empêchez votre client d'être triste en anticipant toutes les possibilités de déception et de perte.

La surprise est liée à quelque chose de soudain ou d'inattendu. Elle est généralement de courte durée.

La surprise peut être positive comme négative pour votre client. Vous pouvez surprendre vos clients dans leur parcours en créant des offres inattendues par exemple.

Le dégoût est lié à un rejet de quelque chose ou quelqu'un perçu comme nuisible.

Pour éviter le dégoût de votre client, travaillez sur vos valeurs et votre image pour vous rendre le plus attractif possible à ses yeux.

Le parcours d'achat émotionnel

Nous avons l'idée d'un parcours d'achat linéaire avec un début et une fin. Mais cette linéarité n'est pas homogène, car elle est influencée par les émotions qui lui donnent des hauts et des bas...

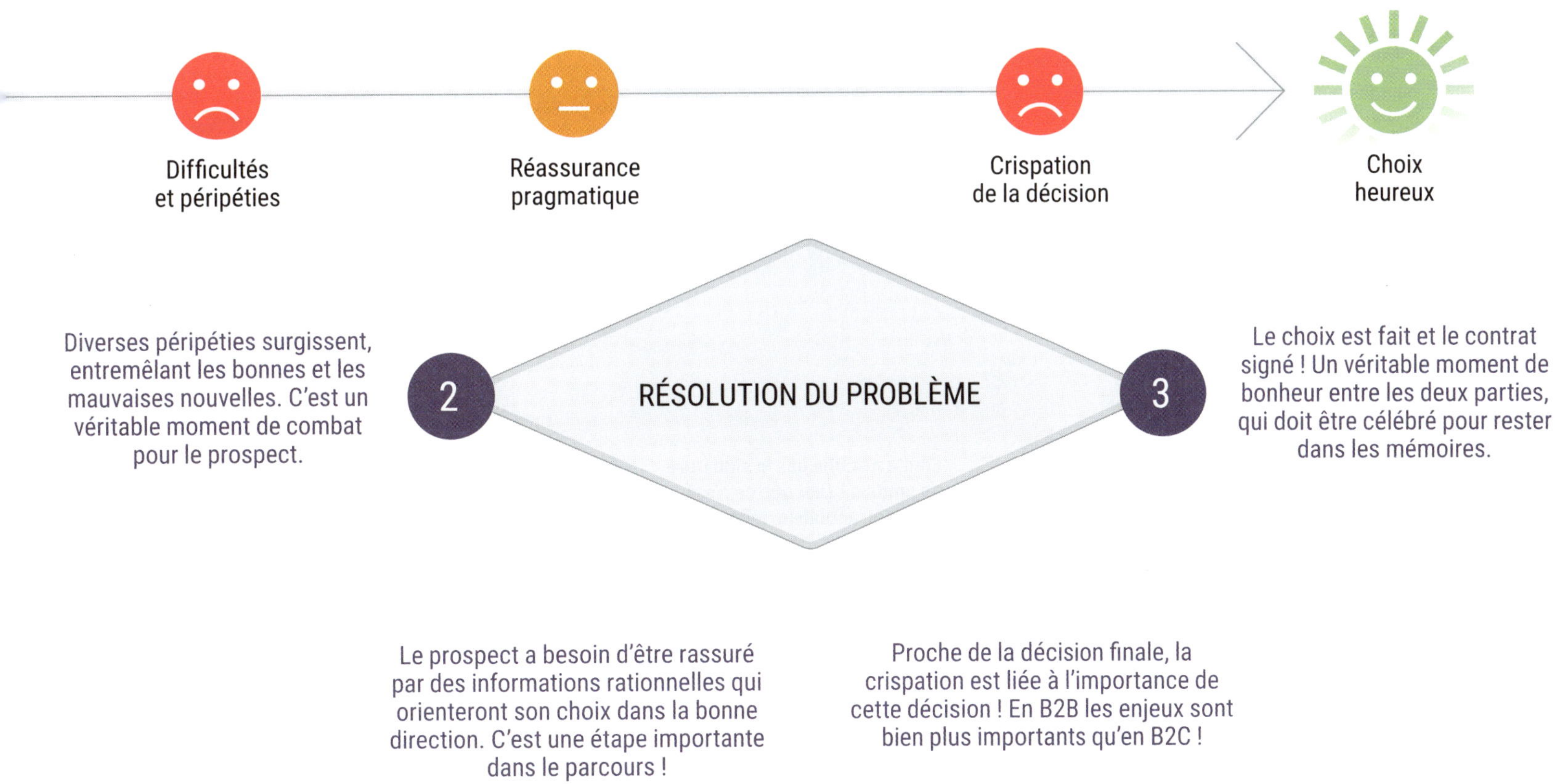
Difficultés et péripéties
Réassurance pragmatique
Crispation de la décision
Choix heureux
Diverses péripéties surgissent, entremêlant les bonnes et les mauvaises nouvelles. C'est un véritable moment de combat pour le prospect.
2
RÉSOLUTION DU PROBLÈME
3
Le choix est fait et le contrat signé ! Un véritable moment de bonheur entre les deux parties, qui doit être célébré pour rester dans les mémoires.
Le prospect a besoin d'être rassuré par des informations rationnelles qui orienteront son choix dans la bonne direction. C'est une étape importante dans le parcours !
Proche de la décision finale, la crispation est liée à l'importance de cette décision ! En B2B les enjeux sont bien plus importants qu'en B2C !

Retrouvons la Vache Pourpre et son équipe dans la construction de leur parcours d'achat

Maintenant on doit construire le parcours d'achat, étape par étape.

D'abord les étapes de maturité, puis les actions client. Et enfin son expérience émotionnelle.

Donc, sur les étapes de maturité, qui a une idée pour la première ?

SI j'ai bien compris le principe, je dirais que la première c'est quand notre prospect prend conscience qu'il a un problème non ?

Comme on l'a dit le problème est lié à une perte de temps dans les processus commerciaux, un manque d'originalité ou d'efficacité dans les présentations commerciales.

Oui c'est sûrement la première étape. Il s'en rend peut être compte avec d'autres collègues non ? En tout cas une seconde étape est sûrement de partager le problème avec son équipe. Puis de convaincre ses managers d'investir en 3ème étape.

La décision d'investir est une étape clé. Et juste après ils chercheront des prestataires. La dernière étape serait donc la sélection du prestataire non ?

Emma n'oublie pas la signature du contrat ! Tant que ce n'est pas contractualisé, même si nous avons été choisis ils peuvent se désister. Pour moi c'est la 5ème et dernière étape.

Oui tu as raison Melanie. Mais alors, si on va plus loin que la sélection du prestataire, ne devrait on pas prévoir l'étape d'usage de nos produits par le client ? Car si ils ont signé le contrat mais n'utilisent pas le produit ils seront tenté d'utiliser la clause de retractation.

Melanie, CEO

Arthur, responsable de communication

Emma, responsable commerciale

Lee, responsable marketing

Nous avons donc les 6 étapes du parcours d'achat. Ensuite nous devons décrire les actions du client par étape.

Dans la première étape, ses actions l'amènent à prendre conscience du problème. Donc je dirais qu'il observe que les présentations commerciales ne sont pas efficaces par manque d'utilisation d'outils technologiques comme des tablettes.

Oui. Donc il va tout faire pour convaincre l'entreprise d'investir. Il lui faudra des solutions et des alliés. Il va faire des recherches et en parler à ses collègues et ses managers. Et sûrement présenter un projet à sa hiérarchie.

Sauf si ils ont déja une solution à l'esprit, leur plan sera sûrement de faire un appel d'offre, avec un cahier des charges. Ils vont devoir rencontrer des prestataires, on doit en faire partie. Et leur faire une présentation commerciale. Ca arrive souvent non Emma ?

Oui et c'est un des moments les plus importants. Tout peut se jouer à ce moment là !

Si on passe cette étape et celle de la sélection, les prochaines actions sont la discussion des clauses du contrat et la formation à l'utilisation des produits.

Attendez, n'oublions pas notre dernière expérience. Le contrat n'a pas été signé à cause de resistance au changement en interne. Donc entre la discussion des clauses et la signature réelle du contrat, il y'a sûrement quelque chose à faire pour s'assurer de conclure la vente.

Oui c'est vrai Lee... Il va d'ailleurs falloir que l'on trouve une solution à ce problème..

Retrouvons la Vache Pourpre et son équipe dans la construction de leur parcours d'achat

Melanie, CEO

Arthur, responsable de communication

Emma, responsable commerciale

Lee, responsable marketing

LA VACHE POURPRE

étapes de maturité	**Jusqu'à prendre conscience du problème**			**Jusqu'à évangéliser en interne**	
actions du client	**Réalise des présentations commerciales prosaïques**	**N'utilise pas ou peu d'outils technologiques dans ses activités commerciales**	**N'a pas de moyens pour partager les données des équipes commerciales avec les équipes marketing**	**Recherche de premières solutions**	**Évangélise le problème en interne**

	Ses présentations commerciales manquent de punch et ne séduisent pas les clients.	Il pourrait gagner en temps et en efficacité en utilisant des outils digitaux.	Les équipes commerciales et marketing ne communiquent pas assez.	Une première recherche de solution est effectuée. C'est là que les mots-clés génériques tels que - outils pour commerciaux - logiciel commericaux sont recherchés	Le problème est ensuite partagé et monte progressivement dans la hiérarchie.
expérience émotionnelle					

Retrouvons la Vache Pourpre et son équipe dans la construction de leur parcours d'achat

étapes de maturité	**Jusqu'à décider d'investir**					**Jusqu'à choisir le prestata**
actions du client	**Recherche collectivement des solutions en interne**	**Écrit un RFI et demande des démos**	**Budgétise la solution**	**Crée un plan projet**	**Présente le plan pour validation par le comité de direction**	**Rédige l'appel d'offres**
	Une fois le problème partagé, une recherche de solution se fait collectivement.	Une demande d'information peut être effectuée lorsque le problème est conscientisé.	L'entreprise calcule le montant qu'elle serait prête à dépenser.	Le plan projet aura pour but de convaincre la hiérarchie d'investir dans des solutions comme celles que La Vache Pourpre propose.	Le projet est ensuite présenté au comité de direction pour être validé.	Un appel d'offres peut être rédigé à destination de prestataires. Il constitue une étape importante dans la recherche active de solutions.

expérience émotionnelle

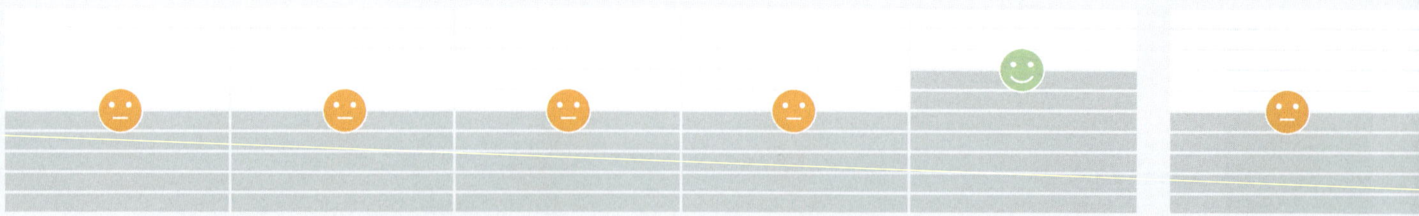

Melanie, CEO

Arthur, responsable de communication

Emma, responsable commerciale

Lee, responsable marketing

La Vache Pourpre

Jusqu'à signer le contrat

Jusqu'à utiliser le logiciel

Recherche des prestataires	Fait passer des soutenances, démos, POC	Négocie les clauses financières/juridiques	Fait face aux éventuels boucliers internes	Apprend et découvre comment utiliser les produits et le logiciel	Utilise les produits et logiciel La Vache Pourpre dans ses activités professionnelles
Ensuite, la recherche de prestataires peut être effectuée en interne ou en externe.	Lorsque les prestataires ont été sélectionnés, ils présentent leurs offres à l'entreprise. Ce moment est crucial car il va fortement influencer la sélection finale.	Les clauses juridiques et financières sont étudiées entre les parties.	Il peut s'avérer que certaines parties dans l'entreprise s'opposent à l'adoption des solutions du type de la Vache Pourpre. En effet, elle implique un changement de procédés, de pratiques, qui viennent écraser les anciennes habitudes.	Après la signature du contrat et la levée des barrières internes, l'entreprise découvre comment utiliser les nouveaux produits et logiciels.	Une fois qu'ils ont bien été formés, ils peuvent utiliser les nouvelles solutions dans leurs activités professionnelles

La Matrice d'Acquisition

Matrice d'acquisition vs Parcours d'achat

Si le parcours d'achat reflète ce qui est propre au client (étapes de maturité, actions), la matrice d'acquisition elle, reflète ce qui est propre à l'entreprise (actions, organisation managériale, outils à disposition..)

Quelles actions ?

Les actions menées par le client en disent long sur les mesures que vous pouvez entreprendre. En effet, assurer une cohérence entre ce qu'il fait et ce que vous lui proposez optimise grandement vos chances d'acquisition. Par exemple, si vous savez que votre client se rend sur Internet pour lire des témoignages, vous pouvez travailler à récolter un maximum de témoignages positifs sur votre produit.

Qui fait quoi ?

Selon les actions d'acquisition, vous faites intervenir différentes équipes, qui doivent travailler main dans la main pour, encore une fois, garder une cohérence tout au long du parcours d'achat.

Quels outils ?

La matrice d'acquisition vous permet non seulement de faire l'inventaire de vos outils existants, mais également d'envisager de nouveaux outils. À ce titre, elle vous aide à élargir vos horizons.

En fin de compte, la Matrice d'acquisition vous aide à créer un plan d'acquisition qui est, comme le parcours d'achat, **personnalisé et adapté** au contexte donné. Toutes les entreprises n'ont en effet pas les mêmes ressources et la même approche.

Comme indiqué lors de la définition des étapes de maturité, il n'est pas utile d'intervenir trop tôt sur le parcours d'achat. Il s'agit ainsi de ne construire la matrice d'acquisition qu'à partir du moment où on peut agir. Souvent le client franchit seul les premières étapes de maturité, avec l'aide de la société, des médias, du travail des concurrents plus précoces, etc.

La matrice d'acquisition et ses composantes

étapes de maturité	étape 1				étape 2				
actions du client	action 1	action 2	action 3	action 4	action 1	action 2	action 3	action 4	action 5
canaux de diffusion	canal 1		canal 2		canal 1	canal 2	canal 3	canal 4	canal 5
actions d'acquisition	actions d'acquisition 1		actions d'acquisition 2		actions d'acquisition 1	actions d'acquisition 2	actions d'acquisition 3	actions d'acquisition 4	actions d'acquisition 5
indicateurs intermédiaires	indicateurs intermédiaires 1		indicateurs intermédiaires 2		indicateurs inter-médiaires 1	indicateurs inter-médiaires 2	indicateurs inter-médiaires 3	indicateurs inter-médiaires 4	indicateurs inter-médiaires 5
organisation	organisation 1		organisation 2		organisation 1	organisation 2	organisation 3	organisation 4	organisation 5
outils et supports	outils et supports 1		outils et supports 2		outils et supports 1	outils et supports 2	outils et supports 3	outils et supports 4	outils et supports 5

Notre matrice d'acquisition doit permettre de faire découvrir l'existence de la méthode globale Acquisition Strategy Design.

étape 3		
action 1	action 2	action 3
canal 1	canal 2	canal 3
actions d'acquisition 1	actions d'acquisition 2	actions d'acquisition 3
indicateurs inter-médiaires 1	indicateurs inter-médiaires 2	indicateurs inter-médiaires 3
organisation 1	organisation 2	organisation 3
outils et supports 1	outils et supports 2	outils et supports 3

étape 4	
action 1	action 2
canal 1	canal 2
actions d'acquisition 1	actions d'acquisition 2
indicateurs inter-médiaires 1	indicateurs inter-médiaires 2
organisation 1	organisation 2
outils et supports 1	outils et supports 2

Les canaux de diffusion

Il est une chose de savoir quoi faire, mais il en est une autre de savoir où le faire ! Il est certain que la multiplicité des canaux de diffusion peut nous faire tourner la tête, surtout à l'ère du digital.

Néanmoins une opposition évidente s'impose dans les consciences : **Offline vs Online.**

Voici une liste des points de contact existants par canaux :

Points de contact	Offline	Online
Distribution	• Magasins en propre • Corners • Distributeurs	• Magasins en ligne • Applications • Marketplace
Diffusion	• Presse • Affichage publicitaire • TV/Radio • Courrier	• Réseaux sociaux • Blogs • Site Internet • Mail

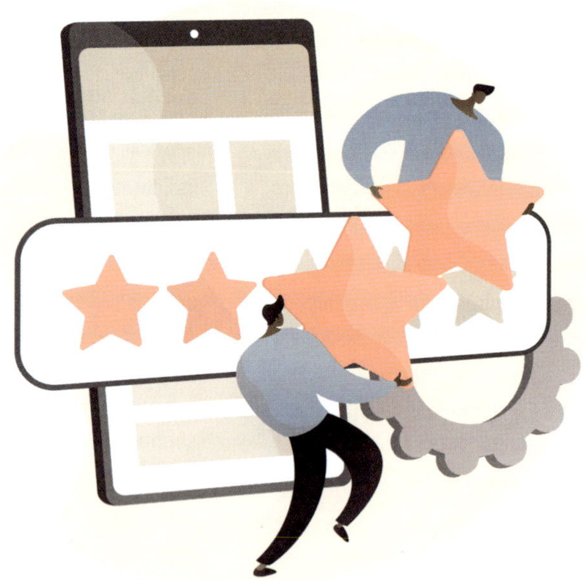

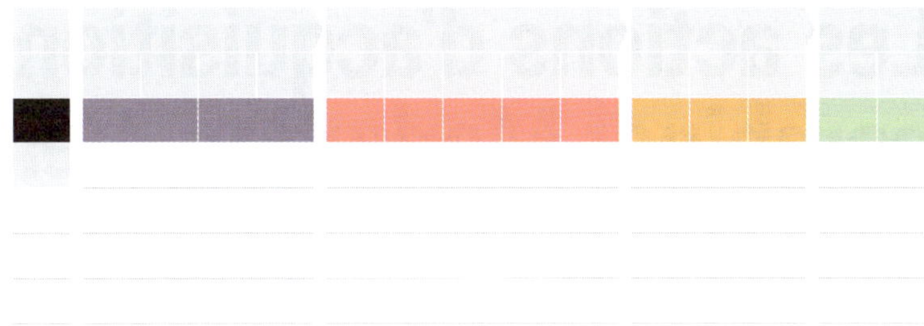

La scission Digital et Physique doit-elle perdurer ? La réponse : non !

Une approche unicanal est de nos jours dépassée par des approches impliquant une pluralité de canaux. Comme le digital a introduit de nouveaux canaux, de nouvelles approches sont donc apparues. 3 approches mêlant digital et physique peuvent être distinguées : Multicanal, Cross-canal et enfin Omnicanal…

Multicanal

L'approche multi-canal implique des points de contact différents, qui agissent indépendamment les uns des autres. Votre site web ne reflète pas en temps réel les stocks disponibles dans votre magasin par exemple.

Cross-canal

L'approche cross-canal consiste à inclure les différents points de contact dans le parcours client. Le click and collect en est un exemple : vous commandez sur Internet un produit et vous allez ensuite le chercher en magasin. Si celui-ci ne vous plaît pas, vous pouvez directement le rendre en magasin plutôt que d'effectuer la livraison jusqu'à l'entreprise.

Omnicanal

Enfin, l'omnicanal est l'approche la plus poussée dans la combinaison des différents points de contact. Il s'agit d'une approche qui va au-delà de l'utilisation conjointe des différents canaux, et qui propose une synergie complète de ces derniers.

Au final, l'objectif de la matrice d'acquisition est de vous permettre de développer **l'approche omnicanal** qui sera la plus efficace aux yeux de vos consommateurs.

Les actions d'acquisition : combiner Marketing, Vente et Communication

La méthodologie de l'Acquisition Strategy Design repose **sur une approche systémique,** et par conséquent la matrice d'acquisition également.

On aime à dire qu'il faut « **casser les silos entre les équipes** », et c'est exact : impliquer les équipes de Marketing, de Vente et de Communication dans l'élaboration du plan d'acquisition est le meilleur moyen pour assurer une cohérence et une pertinence tout au long de son déroulement.

En réfléchissant de manière interdisciplinaire, vous mettez en place les bonnes actions au bon moment.

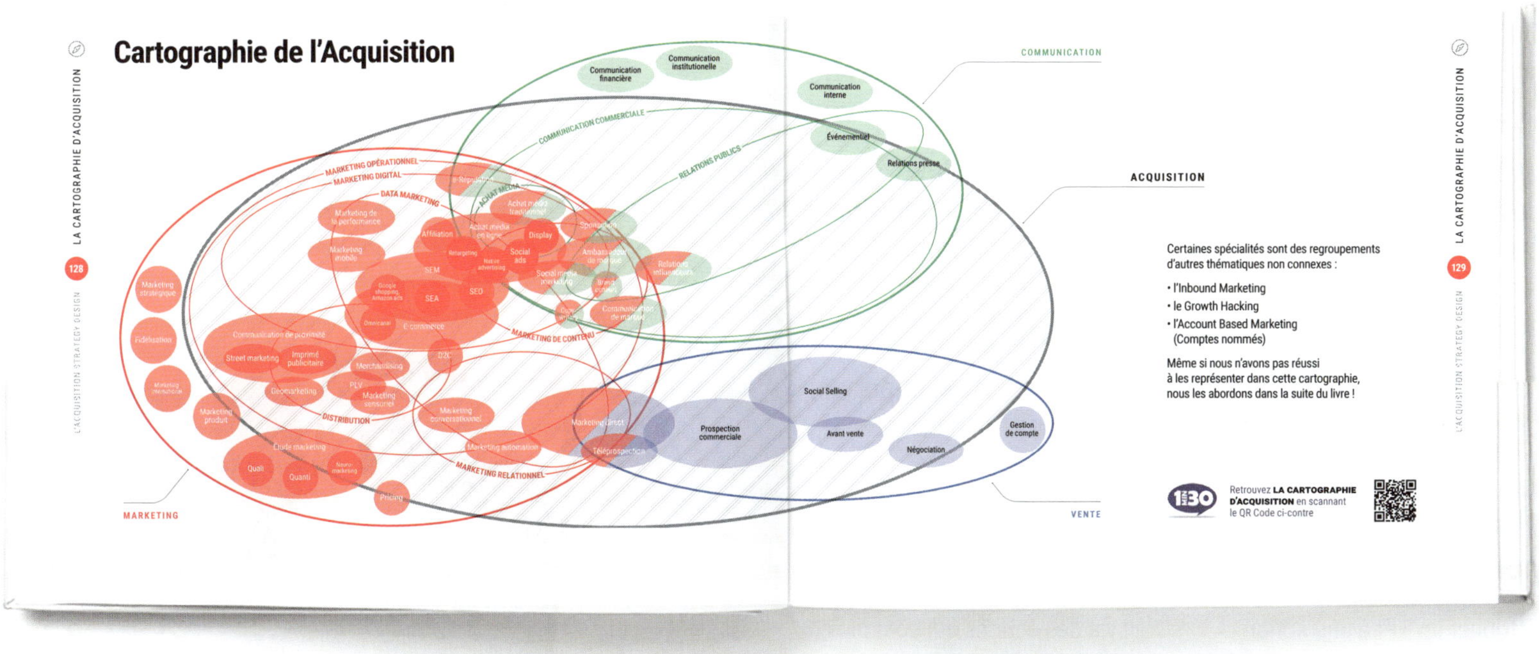

La Cartographie d'Acquisition détaillée dans la deuxième partie du livre vous donne toutes les clés pour réaliser les actions d'acquisition efficaces au moment pertinent.

Les indicateurs intermédiaires

Qui dit investissement dit… retour sur investissement ! Vous savez, le ROI, ce fameux acronyme que tout le monde essaye de faire croître et qui reflète (ou non) l'efficacité de vos actions !

Mais pour pouvoir mesurer son ROI il faut d'abord établir des indicateurs de mesure. Les ***Key Performance Indicators*** (attention, nouvel acronyme en approche) ou KPIs sont justement là pour nous aider à mesurer l'efficacité de nos actions.

Dans l'élaboration de la matrice d'acquisition, il est important de concevoir des KPIs pour chacune de vos actions, car :

1 → Mesurer pour évaluer

Attribuer un KPI à une action vous permettra de voir si votre objectif a été atteint ou non.

2 → Prioriser ce qui est important

Il y a des actions qui sont plus importantes que d'autres. Les KPIs vous permettent d'identifier rapidement les étapes où il faut agir.

Quand bien même vos indicateurs peuvent varier selon vos clients et vos produits ou services, l'élaboration de **vos KPIs intermédiaires** doit toujours se faire dans l'objectif de **mesurer la progression de votre prospect** dans son parcours d'achat.

ÉTAPE 1

Je veux qu'il découvre mon produit/service

EXEMPLE DE KPIS INTERMÉDIAIRES

- Nombre de visiteurs sur le site web ou en boutique.
- Nombre de nouvelles sessions sur le site web.

ÉTAPE 2

Puis je veux qu'il s'intéresse à mon produit/service

EXEMPLE DE KPIS INTERMÉDIAIRES

- Mentions sur les réseaux sociaux.
- Demandes d'informations via des formulaires.

ÉTAPE 3

Enfin, je veux qu'il achète mon produit/service

EXEMPLE DE KPIS INTERMÉDIAIRES

- Nombre de ventes du produit/service.

En soi, tout ce qui peut être mesurable peut constituer un KPI.

Il ne tient qu'à vous de trouver les bons et de les inclure dans votre stratégie pour mesurer efficacement la progression de votre client dans son parcours d'achat !

L'organisation : aligner les équipes pour casser les silos entre le marketing, la communication et les ventes

Soyez sûr d'une chose : aligner des équipes de domaines différents peut être compliqué, mais cela paye !

En travaillant et en approfondissant le parcours d'achat de vos clients, vous vous forcez à identifier quelle équipe doit intervenir à quel moment.

Il se peut que l'ordre d'intervention des équipes ne soit pas le même selon le parcours d'achat.

Aligner et impliquer ses équipes marketing, communication et vente est important dans la mesure où vous travaillerez ensemble à la poursuite d'un objectif commun.

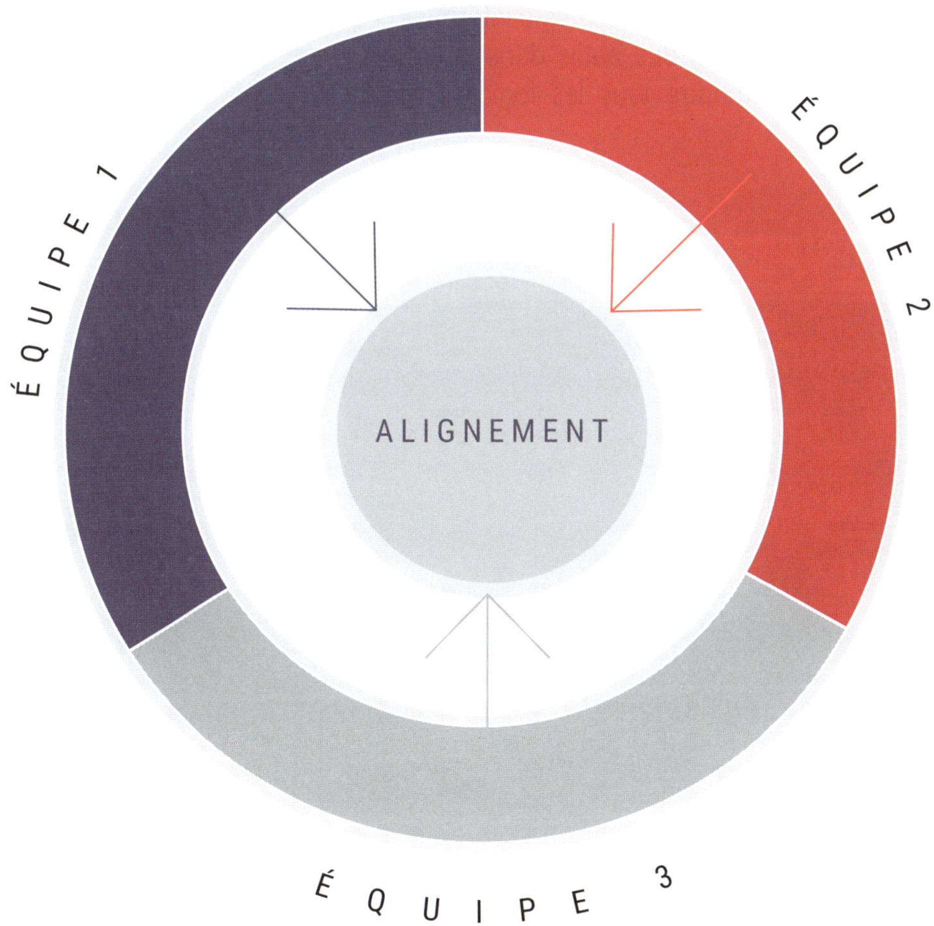

Pour savoir si vos équipes sont bien alignées, nous vous invitons à vous poser ces quelques questions :

- Mes équipes communiquent-elles entre elles ? Si non, pourquoi ?
- Ont-elles déjà travaillé pour un projet commun ? Comment s'est passée la collaboration ?
- Y a-t-il un moment où elles se réunissent ? Que font-elles à ce moment-là ?
- Y a-t-il des freins à leur collaboration ? Lesquels ? Pourquoi ?

Outils et supports : l'explosion des MarTech

En élaborant votre matrice d'acquisition, vous utilisez sûrement les systèmes d'information que vous connaissez déjà, mais avez-vous une idée de la profusion des outils dans ce secteur ? Voici une cartographie réalisée par chiefmartec.com qui montre tous les logiciels MarTech existants en 2020 !

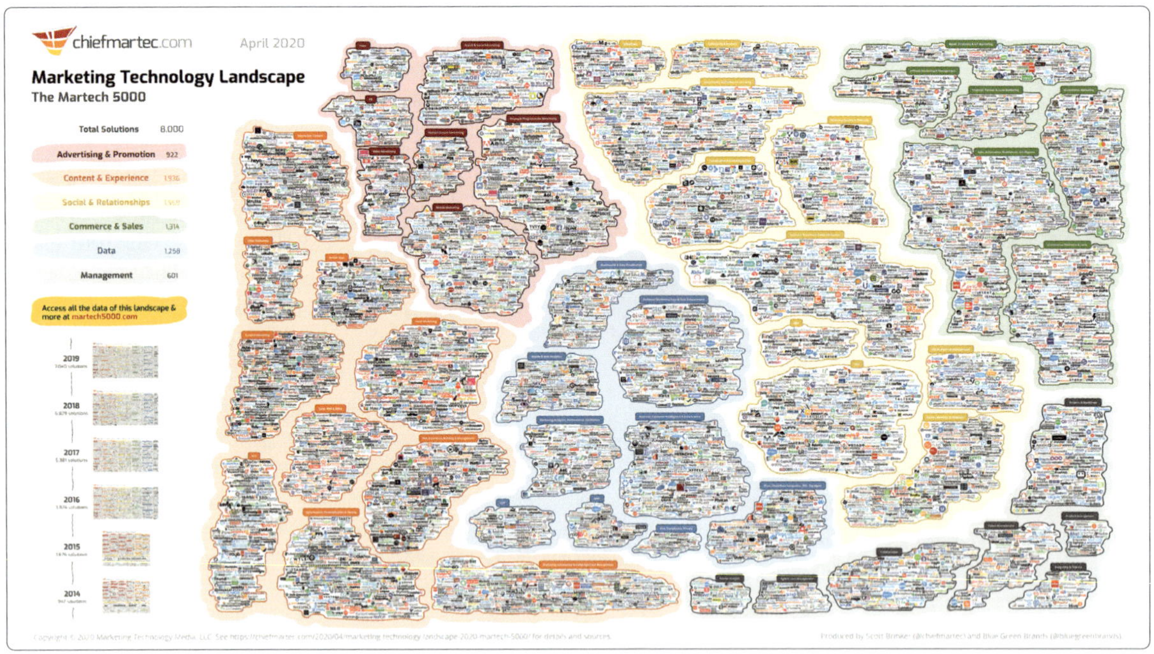

RETROUVEZ LA CARTOGRAPHIE
en scannant le QR Code ci-dessous

Ces systèmes et logiciels sont indispensables pour gérer des données ou gagner en efficacité. La cartographie précédente rassemble 8 000 logiciels existants sur le marché des systèmes MarTech dont voici les grandes catégories :

Publicité et promotion

- Mobile marketing
- Search & Social advertising
- Relations publiques

Contenu et expérience

- Content Marketing
- Email Marketing
- Video Marketing

Commerce & Sales

- Ecommerce marketing
- Affiliate Marketing & Management
- Sales Automation, Enablement, Intelligence

Management

- Product management
- Talent Management
- Collaboration

Data

- DMP
- CDP
- Dashboard and data visualisation

Social Relationships

- Influencers
- Community & Reviews
- ABM

Tester, enrichir et faire évoluer la compréhension du parcours d'achat du client

Le Canvas d'acquisition est un outil pratique et très facile à mettre en place

Son format ludique permet d'aborder et d'amorcer rapidement le parcours d'achat de vos clients.

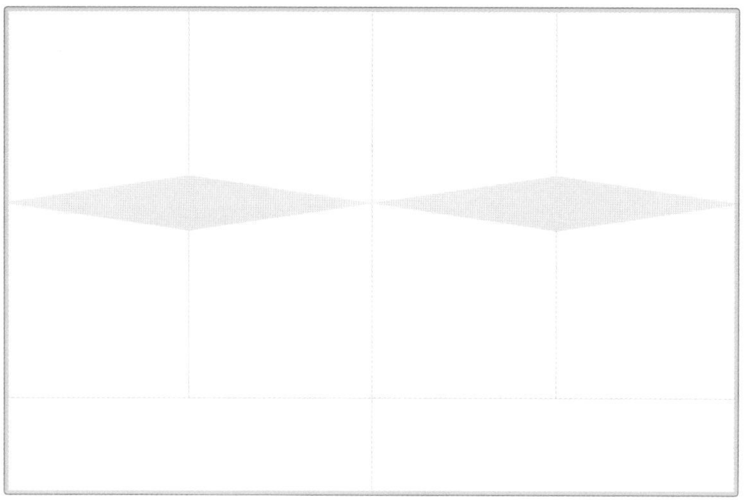

Différentes études et sources d'information peuvent compléter ce premier jet.

Par exemple, les recherches qualitatives et quantitatives sont de bons moyens d'enrichir le Canvas d'Acquisition. Les remontées terrain des commerciaux sont aussi indispensables pour affiner en permanence la compréhension du parcours d'achat.

Gardez à l'esprit que le parcours d'achat n'est jamais figé !

Il évolue avec l'apparition de nouveaux outils et canaux. Les changements sociétaux influencent également la manière dont les clients achètent. Il est donc essentiel de se donner des points de réévaluation réguliers.

Finalement ce qui a marché hier ne marchera peut-être pas demain. Il est donc important de garder **une approche itérative** et d'être ouvert aux changements. Si votre parcours d'achat évolue, votre Matrice d'Acquisition évoluera elle aussi…

Retrouvons la Vache Pourpre et son équipe dans la construction de leur matrice d'Acquisition

Comme pour le parcours d'achat, procédons étape par étape ! On commence par les actions d'acquisition et les KPIs, l'organisation, et on finira par les systèmes d'information qu'on va utiliser.

On commence ensemble par les actions d'acquisition. Des idées ?

La construction du parcours d'achat nous a montré que le client effectue des recherches de solutions à différents moments. On devrait créer du contenu pour maximiser notre présence online et offline.

J'envisagerais de créer des articles de blogs pour répondre aux questions de nos propects. Et en action plus globale, je ferais une campagne de publicité dans les médias traditionnels.

En parlant de contenus, il faudra les partager sur les réseaux sociaux. Et n'oublions pas l'optimisation SEO pour attirer l'attention de nos cibles et valoriser les bénéfices de nos produits.

OK. Que fait on pour le problème dont on parlait plus tôt.

Vous savez, la résistance au changement en interne qui nous fait parfois perdre des contrats.

Pour les convaincre, je pense que nous devons leur montrer la nécessité d'utiliser des outils digitaux, de passer à la vitesse supérieure !

Tout à fait d'accord avec toi Arthur ! Je pense même que nous pouvons leur partager des cas clients qui n'ont pas agi assez tôt et qui l'ont regretté par la suite...

Bonne idée !

Et pour aller encore plus loin, aidons les à bien utiliser notre solution. On peut faire des guides et tutoriels sur l'usage de nos produits et logiciels ? Et même valoriser cette démarche dans nos présentations commerciales pour montrer qu'on est pros, tu ne penses pas Emma ?

Oui super idée. Lee, Arthur, vous pourriez sûrement faire des contenus textes et vidéos, qu'on enverrait par email ? En tout cas en facilitant l'utilisation de nos produits on augmentera sûrement la satisfaction de nos clients !

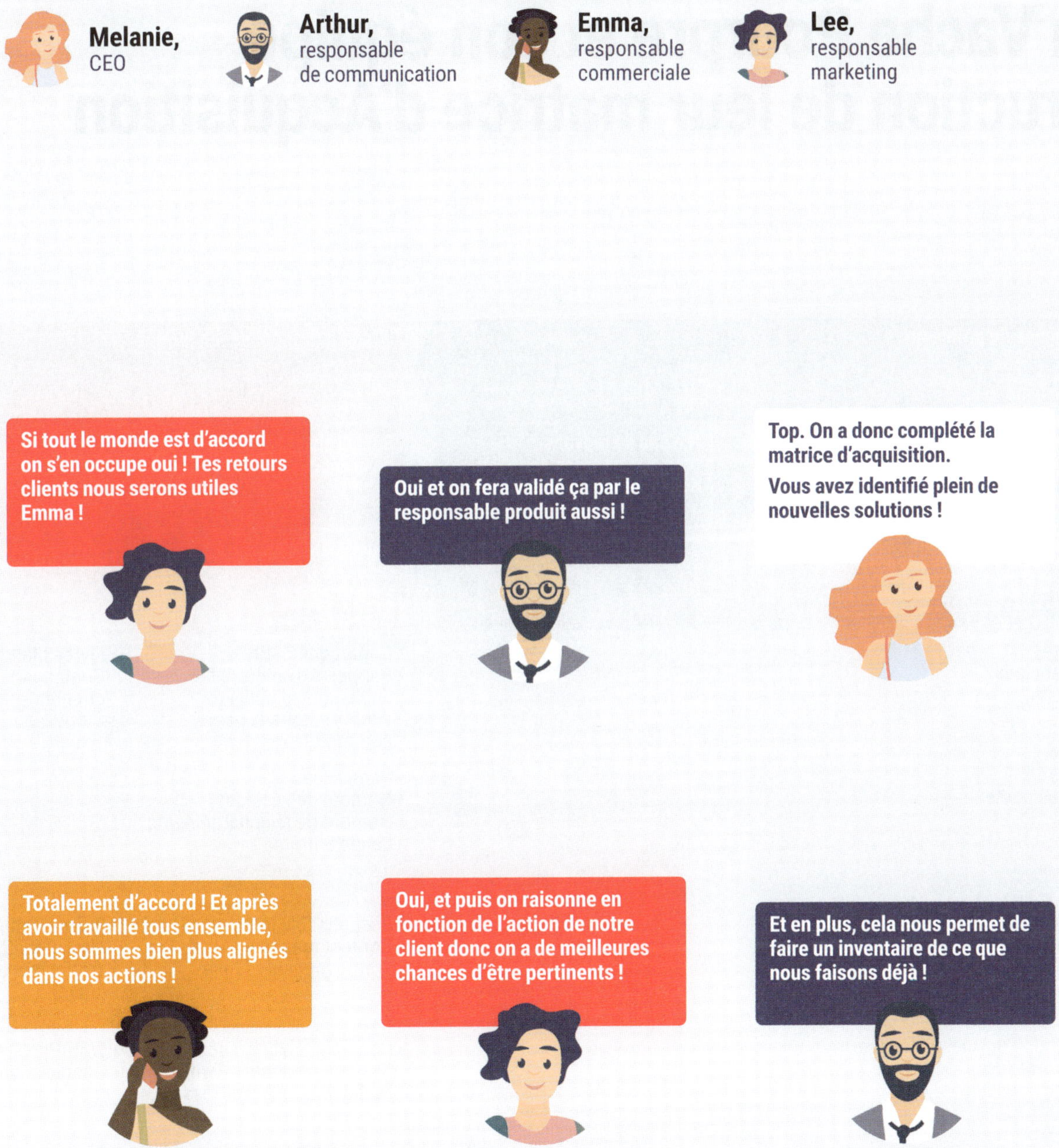
Melanie, CEO
Arthur, responsable de communication
Emma, responsable commerciale
Lee, responsable marketing
Si tout le monde est d'accord on s'en occupe oui ! Tes retours clients nous serons utiles Emma !
Oui et on fera validé ça par le responsable produit aussi !
Top. On a donc complété la matrice d'acquisition.
Vous avez identifié plein de nouvelles solutions !
Totalement d'accord ! Et après avoir travaillé tous ensemble, nous sommes bien plus alignés dans nos actions !
Oui, et puis on raisonne en fonction de l'action de notre client donc on a de meilleures chances d'être pertinents !
Et en plus, cela nous permet de faire un inventaire de ce que nous faisons déjà !

Retrouvons la Vache Pourpre et son équipe dans la construction de leur matrice d'Acquisition

étapes de maturité	**Jusqu'à prendre conscience du problème**			**Jusqu'à évangéliser en interne**	
actions du client	**Réalise des présentations commerciales prosaïques**	**N'utilise pas ou peu d'outils technologiques dans ses activités commerciales**	**N'a pas de moyens pour partager les données des équipes commerciales avec les équipes marketing**	**Recherche de premières solutions**	**Évangélise le problème en interne**
canaux de diffusion	**Médias traditionnels et médias web**			**Blogs, site web, revue de presse, réseaux sociaux**	**Email, blog**
actions d'acquisition	• Campagnes de publicité • Posts sur les réseaux sociaux • Création d'articles de blog			• Campagnes SEA • Rapports d'analyste sur l'utilisation d'outils et support digitaux pour commerciaux	• Livres blancs • Contenus orientés solution • Stories
indicateurs intermédiaires	• Audience lors des pubs • Nombre de partages des posts • Nombre de pages vues			• Pages vues • Nombre de sessions • Nombre de téléchargements • Leads entrants	
organisation	• Responsable Marketing (Lee) • Responsable de la communication (Arthur)			• Responsable marketing (Lee) • Content manager (Arnaud) • Traffic manager (Julie)	• Responsable Marketing (Lee) • Traffic manager (Julie)
outils et supports	• Google analytics, Facebook Business Manager, Twitter for business, WordPress			• Google analytics, Facebook Business manager, Twitter for business, WordPress	• WordPress, Google analytics

Jusqu'à prendre la décision d'investir				
Recherche collectivement des solutions en interne	**Écrit un RFI et demande des démos**	**Budgétise la solution au problème**	**Crée un plan projet**	**Présente le plan pour validation par le comité de direction**
Email, blog	**Internet, sites web**	**Internet, étude de cas**	**Réseaux sociaux, mail**	
• Contenus similaires mais pour plus de personas. Thèmes plus ciblés vers la solution.	• Grille d'évaluation de solution pour commerciaux	• Comparatif solutions grandes masses vs solution La Vache Pourpre	• Échange avec des sachants / prestations de conseil	
• Nombre de leads «Conversion Ready» • Taux de conversion du statut précédent • Vélocité de conversion				
• Responsable Marketing (Lee) • Traffic manager (Julie)		• CEO (Melanie) • Responsable Marketing (Lee)	• Responsable de la communication (Arthur)	
• WordPress			• Mailchimp	

Retrouvons la Vache Pourpre et son équipe dans la construction de leur matrice d'Acquisition

étapes de maturité	**Jusqu'à choisir le prestataire**			**Jusqu'à signer le contrat**
actions du client	**Rédige l'appel d'offres**	**Recherche des prestataires**	**Fait passer des soutenances, démos, POC**	**Négocie les clauses financières/juridiques**
canaux de diffusion	**Internet, Médias, entreprise, logiciel de présentation**	**Site web, réseaux sociaux, annuaires d'entreprise**	**Site web de La Vache Pourpre**	**Support papiers, digitaux**
actions d'acquisition	• Stratégies d'évitement d'appel d'offres (Proof of concept (POC), Consulting «offert»)	• «SEO / SEA de la dernière chance • Réseau de partenaires»	• Clients satisfaits • Présentations des produits et logiciels • Mettre en avant la qualité des produits et le prestige pour les commerciaux	• Contrat type - clauses types - clauses de négociations • Réassurances fonctionnelles
indicateurs intermédiaires	• Nombre de leads «Conversion Ready» • Taux de conversion du statut précédent • Vélocité de conversion			• Nombre de contrats signés
organisation	• Équipe marketing	• Responsable commerciale (Emma) • Responsable marketing (Lee) • Respo. comm. (Arthur)	• Responsable de la communication (Arthur) • Responsable commerciale (Emma) • Traffic manager (Julie)	• CEO (Melanie)
outils et supports		• Google ads, Facebook Business Manager, Twitter for Business...		

	Jusqu'à utiliser le logiciel	
Fait face aux éventuels boucliers internes	**Apprend et découvre comment utiliser les produits et le logiciel**	**Utilise les produits et logiciel La Vache Pourpre dans ses activités professionnelles**
Site web de La Vache Pourpre	**Mail, vidéo, articles**	
• Stories Adhoc, «coût à ne pas faire» et «quand ça va mal»	• Créer des guides, tutoriels d'utilisation des produits et logiciels La Vache Pourpre	• Communiquer les actualités, mises à jour, nouvelles fonctionnalités des produits logiciel
• Nombre d'oppositions en interne • Temps requis pour conclure le contrat	• Taux d'ouverture des mails • Nombre d'articles, vidéos vues	• Taux d'ouverture de mail • Nb de demandes d'assistance • Nb de recommandations auprès d'autres entreprises • Nb de cas clients satisfaits
• CEO (Melanie) • Responsable de la Communication (Arthur), • Responsable Marketing (Lee)	• Respo. comm. (Arthur) • Respo.commerciale (Emma) • CEO (Melanie) • Respo. Marketing (Lee)	• Responsable Marketing (Lee) • Responsable de la communication (Arthur)
	• Mailchimp	

Le Plan d'Acquisition

Dernière étape, faire le diagnostic de sa matrice d'acquisition...

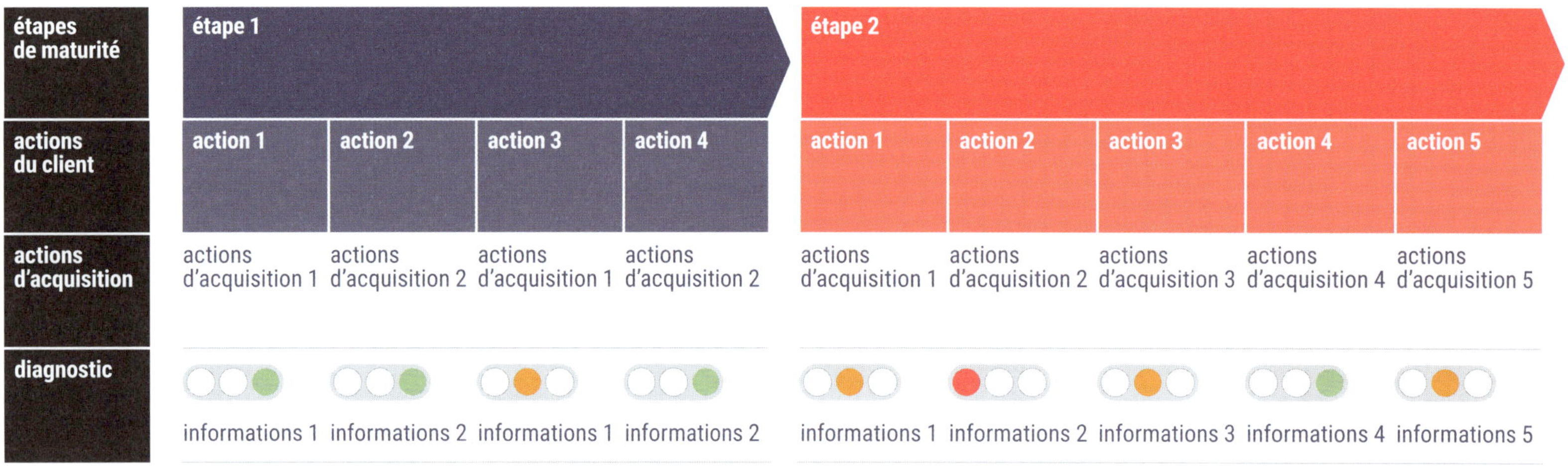

Demande un gros effort *Demande un certain effort* *Demande peu d'efforts*

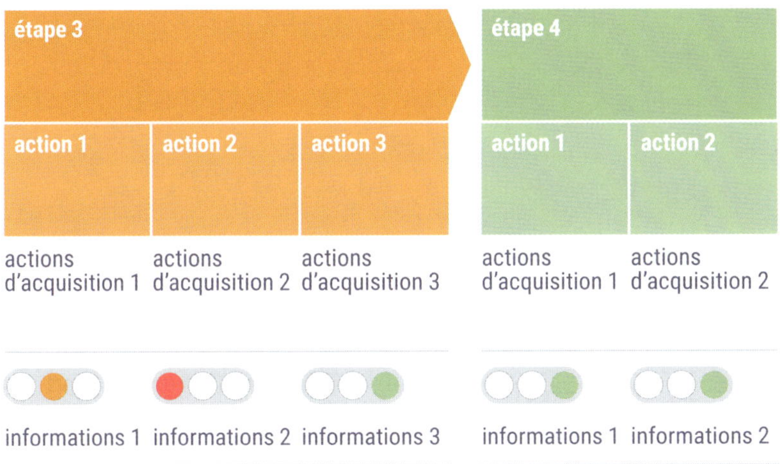

Souvenez-vous : le parcours d'achat est comme une autoroute ! Nous allons donc à présent identifier les points de blocage, d'engorgement, et ainsi prioriser les travaux pour résorber aux bons endroits.

En procédant ainsi, vous verrez rapidement quels sont les points qui méritent particulièrement votre attention afin de fluidifier la «circulation» de vos clients !

...et prioriser ses actions pour construire son plan d'acquisition

Après avoir diagnostiqué votre matrice d'acquisition, il est bon de prendre un certain recul et de déterminer quelles sont les actions à prioriser.

Dans la priorisation de vos investissements, il y a 3 dimensions que vous pouvez prendre en compte :

1 → Diagnostic interne et concurrentiel

Posez-vous ces questions : a-t-on déjà des actions en place permettant de faire progresser le client sur cette étape? Sont-elles efficaces ? Qu'en est-il de votre concurrence ? Est-elle très offensive sur cette étape ? Il est important de prioriser les actions d'acquisition en fonction de vos forces et faiblesses relatives.

2 → Plutôt gaucher ou droitier ?

Rappelez-vous de la représentation du parcours d'achat : à gauche nous avons le début et à droite la fin, c'est-à-dire l'acquisition de la solution.

Il faut donc aussi prendre en compte les moments où les actions sont à entreprendre ! Plus on se rapproche de la droite et plus les actions à entreprendre sont liées à l'étape finale de vente et du jackpot !

3 → *No pain, no gain*

Enfin, le rapport gain et effort vous orientera dans votre priorisation. Certaines actions demanderont un effort important et auront un rendu minime, tandis qu'à l'inverse certaines actions nécessitent peu d'effort et vous rapportent gros...

Il ne tient qu'à vous de décider si les efforts demandés pour une telle action sont justifiés ou non !

En jonglant avec ces 3 dimensions, vous priorisez vos actions de manière stratégique et les restituez sous forme d'un plan d'acquisition complet :

Actions d'acquisition	Objectifs	Indicateurs intermédiaires	Organisation	Deadline	Étapes de maturité	Diagnostic

En plus de vous indiquer les actions à prioriser, auditer votre matrice d'acquisition vous permet d'identifier vos points faibles et donc de les améliorer. À ce titre cela vous donne des pistes d'optimisation futures.

Le diagnostic de votre matrice d'acquisition vous aide à repérer les bouchons et à construire de nouvelles voies, laissant un chemin fluide à vos clients.

Si vous avez du mal à prioriser vos actions d'acquisition, vous pouvez utiliser la méthode ICE en mettant une note de 1 à 10 sur ces 3 critères :

- Impact sur votre business
- Confiance dans la réussite de l'action
- Facilité (Ease) de mise en oeuvre de l'action

Vous pourrez alors sélectionner les actions ayant la meilleure note globale.

Retrouvons la Vache Pourpre et son équipe dans la priorisation de ses investissements

LA VACHE POURPRE

Melanie, CEO

Arthur, responsable de communication

Emma, responsable commerciale

Lee, responsable marketing

Lee : Oui et nous pouvons aussi classer les actions selon le diagnostic que nous venons de faire !

Arthur : Nous pouvons par exemple mettre en premier les actions prioritaires et où nous sommes les moins compétents.
Puis celles qui sont moins importantes, et à la fin celles où nous sommes les plus compétents.

Melanie : Ca me va très bien ! Merci à tous pour cette journée d'atelier c'était très instructif et efficace. Et je suis ravie de nous voir travailler ensemble de cette façon !

Emma : C'est parti ! il n'y a plus qu'à suivre le plan !

Lee : Oui ! j'ai hâte de voir le résultat !

Arthur : Moi aussi !

Retrouvons la Vache Pourpre et son équipe dans la priorisation de ses investissements

étapes de maturité	**Jusqu'à prendre conscience de l'existence du problème**			**Jusqu'à évangéliser en interne**	
actions du client	**Réalise des présentations commerciales prosaïques**	**N'utilise pas ou peu d'outils technologiques dans ses activités commerciales**	**N'a pas de moyens pour partager les données des équipes commerciales avec les équipes marketing**	**Recherche de premières solutions**	**Évangélise le problème en interne**
actions d'acquisition	• Campagnes de publicité • Posts sur les réseaux sociaux • Création d'articles de blog			• Campagnes SEA • Rapports d'analyste sur l'utilisation d'outils et support digitaux pour commerciaux	• Livres blancs • Contenus orientés solution • Stories
diagnostic	• La Vache Pourpre est dotée d'une équipe d'experts qui contribuent à la création de contenus online et offline			• Les personnes chargées du référencement payant sont des experts compétents. Néanmoins la concurrence est forte sur ce levier et le coût des campagnes augmente.	• Bien qu'elle ait des ressources dans la création de contenus, La Vache Pourpre n'a jamais créé de Livre blanc, ni de Stories

Demande un gros effort — *Demande un certain effort* — *Demande peu d'efforts*

Jusqu'à prendre la décision d'investir				
Recherche collectivement des solutions en interne	**Écrit un RFI et demande des démos**	**Budgétise la solution au problème**	**Crée un plan projet**	**Présente le plan pour validation par le comité de direction**
• Contenus similaires mais pour plus de personas. Thèmes plus ciblés vers la solution.	• Grille d'évaluation de solution pour commerciaux	• Comparatif solutions grandes masses vs solution La Vache Pourpre	• Échange avec des sachants / prestations de conseil	
• Bien qu'elle ait des ressources dans la création de contenus, La Vache Pourpre n'a jamais créé de Livre blanc	• Une grille d'évaluation de solution pour les commerciaux peut être facilement réalisée.	• Facilement réalisable en interne	• Prend du temps	

Retrouvons la Vache Pourpre et son équipe dans la priorisation de ses investissements

étapes de maturité	**Jusqu'à choisir le prestataire**			**Jusqu'à signer le contrat**
actions du client	**Rédige l'appel d'offres**	**Recherche des prestataires**	**Fait passer des soutenances, démos, POC**	**Négocie les clauses financières/juridiques**
actions d'acquisition	• Stratégies d'évitement d'appel d'offres (Proof of concept (POC), Consulting «offert»)	• «SEO / SEA de la dernière chance • Réseau de partenaires»	• Clients satisfaits • Présentations des produits et logiciels • Mettre en avant la qualité des produits et le prestige pour les commerciaux	• Contrat type - clauses types - clauses de négociations • Réassurances fonctionnelles
diagnostic	• Demande du temps et des efforts	• Équipes en interne compétentes	• Les présentations commerciales sont efficaces et impactantes	• Important pour faciliter la signature des contrats et réassurer

Demande un gros effort *Demande un certain effort* *Demande peu d'efforts*

	Jusqu'à utiliser le logiciel	
Fait face aux éventuels boucliers internes	**Apprend et découvre comment utiliser les produits et le logiciel**	**Utilise les produits et logiciel La Vache Pourpre dans ses activités professionnelles**
• Stories Adhoc, «coût à ne pas faire» et «quand ça va mal»	• Créer des guides, tutoriels d'utilisation des produits et logiciels La Vache Pourpre	• Communiquer les actualités, mises à jour, nouvelles fonctionnalités des produits logiciel
• POINT PRINCIPAL : doit être en priorité 1 pour faire face à cet obstacle majeur	• Procédure simple	• Communication des actualités par mail, ne demande pas beaucoup d'efforts

Et voici le plan d'acquisition de la Vache Pourpre !

	Actions d'acquisition	Objectifs	Indicateurs intermédiaires
1	• Stories Adhoc, «coût à ne pas faire» et «quand ça va mal»	• Rassurer, convaincre le prospect • Augmenter les ventes	• Nombre d'oppositions en interne • Temps requis pour conclure le contrat
2	• Contrat type, clauses types, clauses de négociations • Réassurances fonctionnelles	• Rassurer, convaincre le prospect • Augmenter les ventes	• Nombre de contrats signés
3	• Contenus similaires mais pour plus de personnas • Thèmes plus ciblés vers la solution	• Donner des preuves d'efficacité • Donner du contenu pour aider à la prise de décision	• Nombre de leads «Conversion Ready» • Taux de conversion du statut précédent • Vélocité de conversion
4	• Livres blancs • Contenus orientés solution • Stories	• Donner des preuves d'efficacité • Donner du contenu pour aider à la prise de décision	• Pages vues • Nombre de sessions • Nombre de téléchargements • Leads entrants
5	• Échange avec des sachants, prestations de conseil	• Donner des preuves d'efficacité • Donner du contenu pour aider à la prise de décision	• Nombre de leads «Conversion Ready» • Taux de conversion du statut précédent • Vélocité de conversion
6	• Stratégies d'évitement d'appel d'offres (POC, Consulting «offert»)	• Donner des preuves d'efficacité • Donner du contenu pour aider à la prise de décision	• Nombre de leads «Sales Ready» • Taux de conversion du statut précédent • Vélocité de conversion
7	• Créer des guides, tutoriels d'utilisation des produits et logiciels La Vache Pourpre	• Améliorer la notoriété • Fidéliser les clients	• Taux d'ouverture des mails • Nombre d'articles, vidéos vues
8	• Comparatif solutions grandes masses vs solution La Vache Pourpre	• Donner du contenu pour aider à la prise de décision	• Nombre de leads «Conversion Ready» • Taux de conversion du statut précédent • Vélocité de conversion
9	• Grille d'évaluation de solution pour commerciaux	• Donner du contenu pour aider à la prise de décision	• Nombre de leads «Conversion Ready» • Taux de conversion du statut précédent • Vélocité de conversion
10	• Campagnes SEA • Rapports d'analyste sur l'utilisation d'outils et support digitaux pour commerciaux	• Améliorer la notoriété • Être dans les consciences des prospects dès le début de leur parcours	• Pages vues • Nombres de sessions • Nombre de téléchargements • Leads entrants
11	• Communiquer les actualités, mises à jour, nouvelles fonctionnalités des produits	• Améliorer la notoriété • Fidéliser les clients	• Taux d'ouvertures de mail • Nb de demandes d'assistance • Nb de recommandations auprès d'autres entreprises • Nb de cas clients satisfaits
12	• Clients satisfaits • Présentations des produits et logiciels • Mettre en avant la qualité des produits, le prestige qu'en retireront les commerciaux	• Donner des preuves d'efficacité • Donner du contenu pour aider à la prise de décision	• Nombre de leads «Sales Ready» • Taux de conversion du statut précédent • Vélocité de conversion
13	• SEO / SEA de la dernière chance • Réseau de partenaires	• Gagner davantage de clients • Diversifier les points de contact	• Nombre de leads «Sales Ready» • Taux de conversion du statut précédent • Vélocité de conversion
14	• Campagnes de publicité • Posts sur les réseaux sociaux • Création d'articles de blog	• Améliorer la notoriété • Être dans les consciences des prospects dès le début de leur parcours	• Audience lors des pubs • Nombre de partages des posts • Nombre de pages vues

Organisation	Deadline	Étapes de maturité	Diagnostic
• CEO (Melanie) • Responsable de la Communication (Arthur) • Responsable Marketing (Lee)	15 mai	5	● ○ ○
• CEO (Melanie)	20 mai	5	● ○ ○
• Responsable Marketing (Lee) • Traffic Manager (Julie)	31 mai	3	○ ● ○
• Responsable Marketing (Lee) • Traffic Manager (Julie)	6 juin	2	○ ● ○
• Responsable de la Communication (Arthur)	En continu...	3	● ○ ○
• Équipe Marketing	En continu...	4	○ ● ○
• Responsable de la Communication (Arthur) • Responsable Commerciale (Emma), • CEO (Melanie) • Responsable Marketing (Lee)	31 juin	6	○ ● ○
• CEO (Melanie) • Responsable Marketing (Lee)	15 juillet	3	○ ● ○
• Responsable Marketing (Lee) • Traffic Manager (Julie)	15 juillet	3	○ ● ○
• Responsable Marketing (Lee) • Content Manager (Arnaud) • Traffic Manager (Julie)	En continu...	2	○ ● ○
• Responsable Marketing (Lee) • Responsable de la Communication (Arthur)	En continu...	6	○ ○ ●
• Responsable de la Communication (Arthur) • Responsable Commerciale (Emma) • Traffic Manager (Julie)	En continu...	4	○ ○ ●
• Responsable Commerciale (Emma) • Responsable Marketing (Lee) • Responsable de la Communication (Arthur)	En continu...	4	○ ○ ●
• Responsable Marketing (Lee) • Responsable de la Communication (Arthur)	En continu...	1	○ ○ ●

Maintenant que le diagnostic de chacune des actions est fait, il est temps de finaliser le Plan d'Acquisition ! En règle générale, plus une action est liée à une étape de maturité avancée du prospect, plus elle est prioritaire. Il faut également tenir compte du rapport gain et effort dans la priorisation des actions. Les deadlines vous aident à maintenir le cap avec l'ensemble de votre équipe !

Vous l'avez compris, l'objectif est de faire passer tous les feux au vert afin de fluidifier la «circulation» des prospects :)

Certains feux sont déjà au vert, mais bien présents dans le Plan d'Acquisition,car il s'agit d'actions réalisées en continu.

Quid du B2C pour la Vache Pourpre ?

Melanie, CEO

Arthur, responsable de communication

Emma, responsable commerciale

Lee, responsable marketing

DÉCOUVERTE DU PROBLÈME

Qui découvre le problème et comment ?

- Un homme
- Une femme
- Son téléphone actuel a des problèmes
- Il/elle n'est plus satisfait de son téléphone

Comment s'implique-t-il dans le problème ?

- Discussion avec l'entourage
- Recherche sur Internet

Mots-clés génériques

- Smartphone + marque
- Meilleurs smartphones + année

Comment le problème est-il rendu prioritaire et partagé si nécessaire ?

- Le téléphone est un objet important du quotidien
- Pas nécessairement partagé, car l'achat peut être
- l'implication d'une seule personne

RÉSOLUTION DU PROBLÈME

Comment s'effectue la recherche de solution ?

- Recherche sur Internet
- Forums & blogs
- En magasin
- Conseil d'un vendeur

Quels sont les critères de prise de décision ?

- La marque
- Le prix
- Les fonctionnalités
- Le design
- L'univers

Comment s'effectue la prise de décision ?

- De manière individuelle
- De manière collective

Mots-clés spécifiques

- Nom du modèle
- Avis + nom du modèle

Quelle est la temporalité du processus de prise de décision d'investir ?

Une fois que le persona a pris conscience que son téléphone a un problème, le processus est assez court (de quelques jours à quelques semaines)

Quelle est la temporalité du processus de prise de décision d'achat ?

Ce processus peut durer des quelques jours à quelques mois. Il dépend de l'urgence du besoin et des moyens de la personne.

Le parcours achat de la Vache Pourpre en B2C

étapes de maturité	**Jusqu'à décider d'acheter un téléphone**	**Jusqu'à se rendre en boutique**	**Jusqu'à acheter un Purple Phone**		
actions du client			**Il consulte les modèles disponibles chez les distributeurs**	**Il compare les modèles de smartphones**	**Il teste le modèle d'exposition**
informations			Arrivé en magasin, il s'approche des modèles disponibles dont ceux qu'il a retenus après ses recherches comme le Purple Phone. Cela lui permet de se rendre compte de leurs caractéristiques réelles (poids, dimensions…)	Il confronte ensuite les modèles retenus entre eux. Cette opération peut se faire mentalement ou à l'aide d'un support externe. Les critères de préférence peuvent être rationnels ou irrationnels.	Le Purple Phone ayant rempli la plupart de ses critères, il repart avec !
expérience émotionnelle					
actions d'acquisition			• PLV • Voir avec le distributeur comment mettre en avant les produits La Vache Pourpre		

Melanie, CEO

Arthur, responsable de communication

Emma, responsable commerciale

Lee, responsable marketing

Au final, on ne réalise des actions d'acquisition qu'en fin de parcours.

Oui en effet … nous dépendons des distributeurs. C'est notre seul canal de vente.

Il faudrait essayer d'agir sur l'ensemble du parcours et pas uniquement à la fin, mais comment ?

Découvrons la Cartographie d'Acquisition, elle nous permettra de déployer notre Stratégie d'Acquisition !

La Cartographie d'Acquisition

« Le tout est plus que la somme des parties »

ATTRIBUÉ À ARISTOTE

Cartographie de l'Acquisition

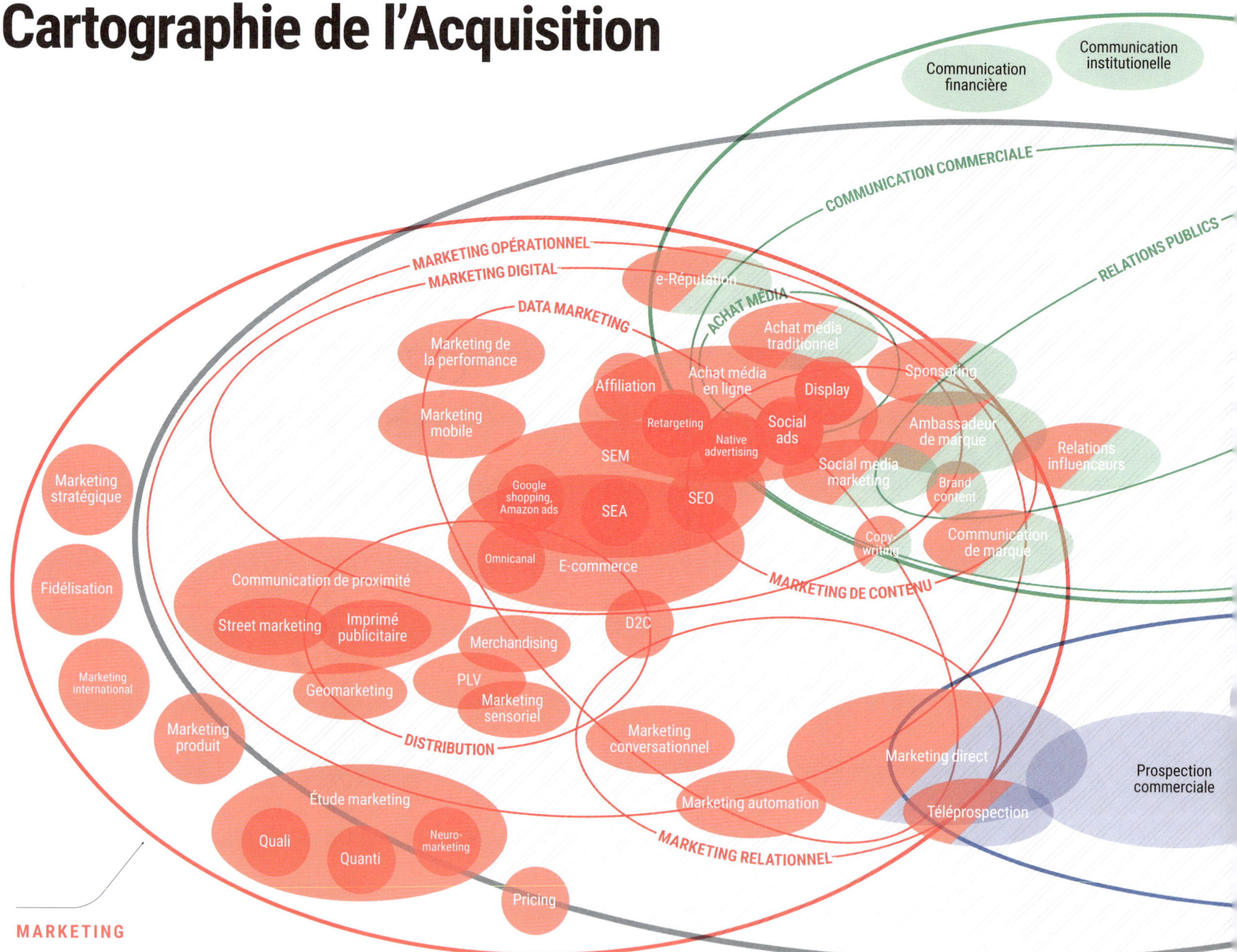

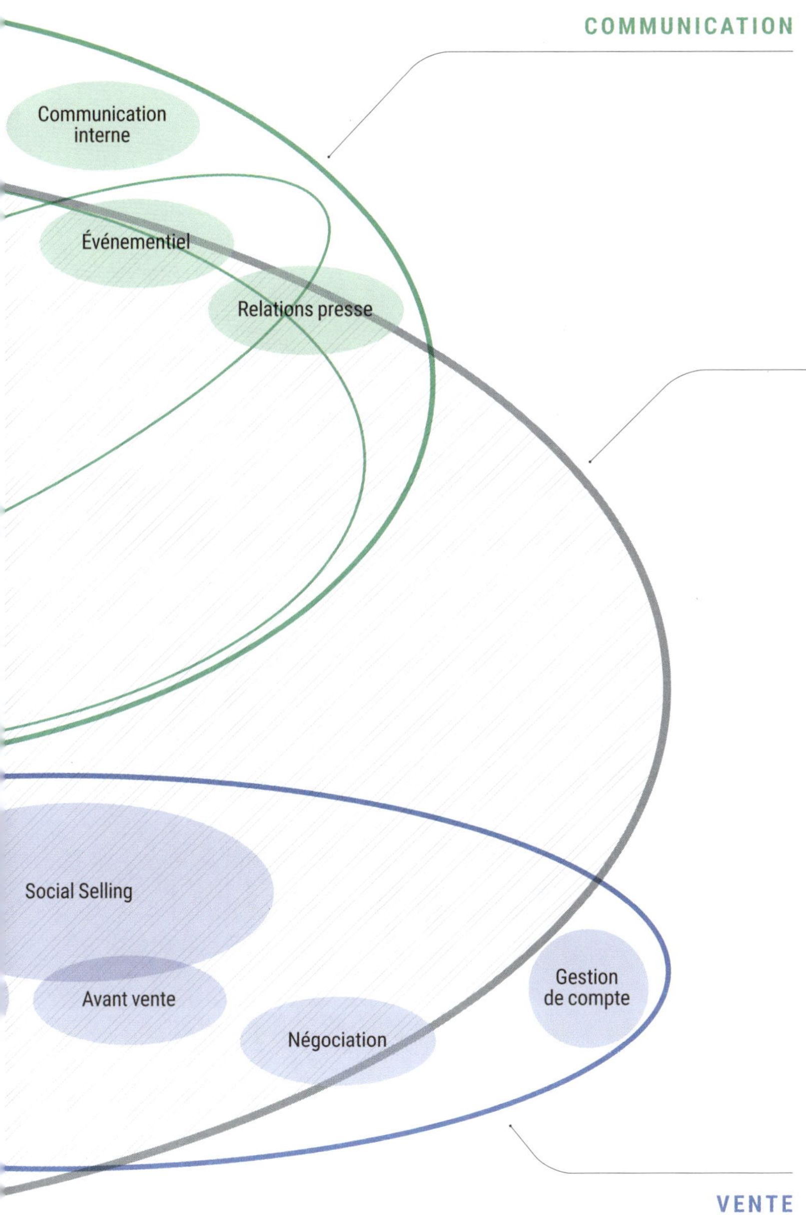

Certaines spécialités sont des regroupements d'autres thématiques non connexes :

- l'Inbound Marketing
- le Growth Hacking
- l'Account Based Marketing (Comptes nommés)

Même si nous n'avons pas réussi à les représenter dans cette cartographie, nous les abordons dans la suite du livre !

Retrouvez **LA CARTOGRAPHIE D'ACQUISITION** en scannant le QR Code ci-contre

Au menu

Pourquoi une cartographie ? Nous avons choisi ce format pour 2 raisons principales.

Tout d'abord, cela vous **permet d'avoir une vue d'ensemble des spécialités de l'Acquisition :** la communication, le marketing et la vente, bien sûr, mais aussi toutes les sous-spécialités de ces disciplines qui s'entremêlent.

Mais surtout, l'objectif principal de cette cartographie est de vous montrer la nécessité **de casser les silos entre ces différentes spécialités** et l'importance d'un travail collaboratif autour d'une démarche commune.

La communication, le marketing et la vente ne forment qu'un tout dans l'acquisition, dont l'objectif commun est de faire progresser le client dans son parcours d'achat !

Pour chaque spécialité, nous abordons :

- Les définitions et un rappel des rôles et des enjeux
- Les actions d'acquisition à mener
- Sa contribution au parcours d'achat
- Les dangers potentiels
- Des conseils et tutoriels
- Les équipes nécessaires
- Les bénéfices

Comment lire la Cartographie d'Acquisition

Nous avons décidé de fonder la Cartographie d'Acquisition selon le modèle **du diagramme de Venn,** les "patates".

Introduit par John Venn, ce modèle du diagramme est une représentation des ensembles et de leurs composantes ou propriétés. À noter qu'il était utilisé avant Venn par Leonhard Euler pour illustrer des raisonnements logiques.

Dans le contexte de l'Acquisition, cette représentation permet d'illustrer avec pertinence les grands ensembles, leurs composantes et de montrer parfaitement l'inclusion, la réunion et l'exclusion des concepts !

Pour lire la cartographie d'acquisition c'est très simple : il suffit de regarder comment s'organisent les patates.

Trois positions différentes sont possibles :

1 EXCLUSION

Les concepts sont en dehors d'un ensemble.
Par exemple, la communication corporate ne fait pas partie de l'Acquisition.

2 INCLUSION

Les concepts font partie d'un ensemble.
Par exemple, le marketing digital fait partie du marketing.

3 RÉUNION

Deux concepts ou plus sont réunis pour former un nouvel ensemble.
Par exemple, l'achat média digital et l'achat média traditionnel forment l'achat média.

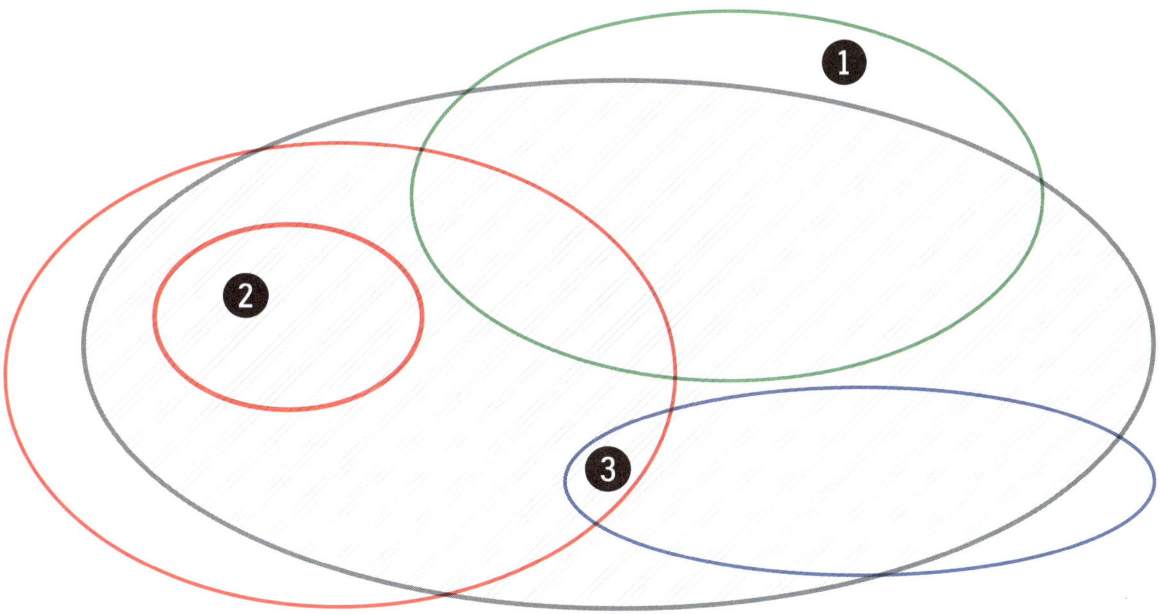

Des frontières mouvantes entre marketing, communication et vente

Il n'est plus si simple d'attribuer l'une ou l'autre des spécialités à un domaine précis. Notamment, nous représentons en deux couleurs les spécialités travaillant aux frontières entre communication, marketing et vente.

On le sait le digital a provoqué de nombreux changements. Les entreprises sont depuis plusieurs années amenées à se transformer et à revoir leur organisation. Les services marketing, communication et vente doivent s'adapter. De plus en plus, le travail entre les équipes est interconnecté, sans que cela soit parfaitement aligné.

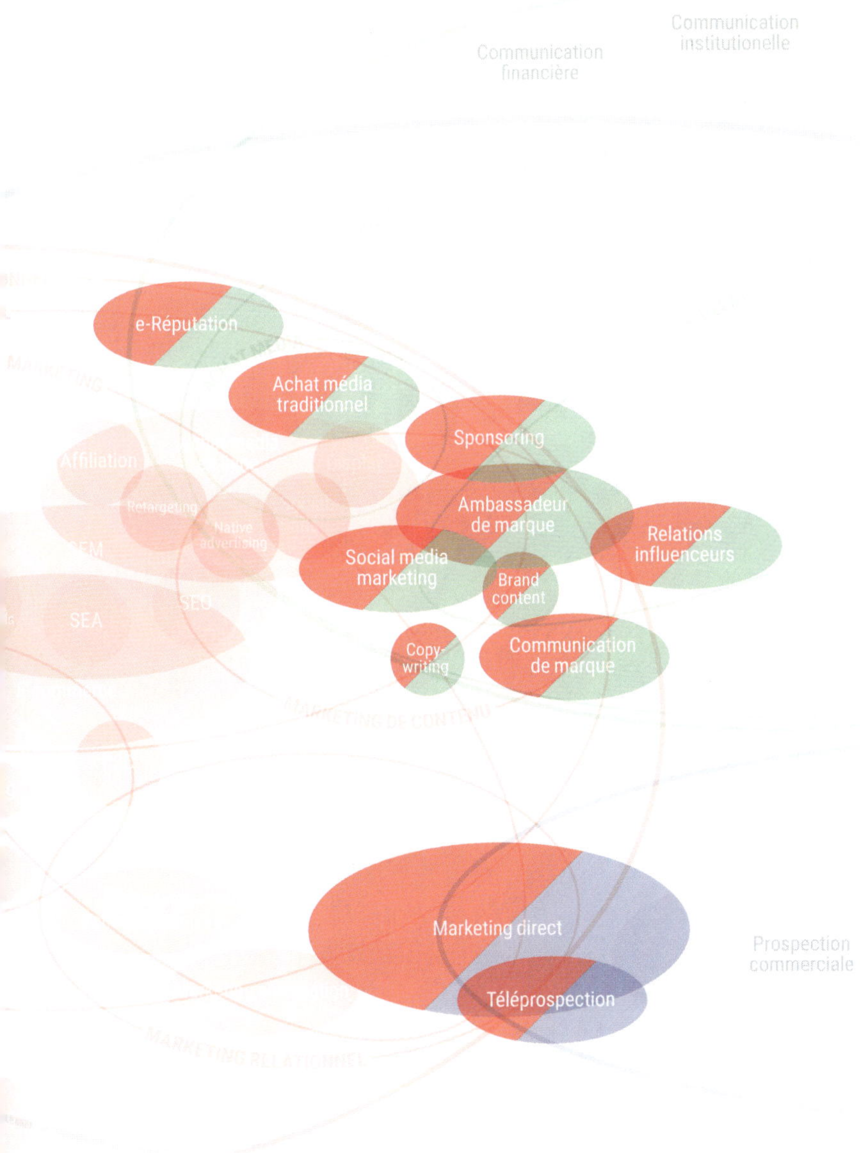

Challengez cette cartographie et interrogez vous sur la place que ces spécialités bicolores doivent avoir selon votre structure!

Les points les plus impactant la plupart du temps :

- Votre pays et/ou la culture d'entreprise
- Votre secteur d'activité
- Votre business model
- Vos ressources
- Vos équipes en place et leurs savoir-faire

Vers des organisations centrées sur l'Acquisition ?

Les modèles à succès seront-ils structurés autour d'une Direction de l'Acquisition ? Cela pourrait être la suite logique à une organisation customer centric...

Challenger son organisation sera un élément clé pour réussir !

La communication

« Les plus beaux mots du monde ne sont que des sons inutiles si vous ne pouvez pas les comprendre »

ANATOLE FRANCE (1844 - 1924)

Les frontières de la communication

Qu'est-ce que la communication ?

La communication est le processus de transmission d'un message, d'une idée, depuis un émetteur vers un récepteur.

Nous communiquons tous les jours lorsque nous parlons à notre entourage. Les entreprises communiquent elles aussi, et ce, de différentes manières.

La communication commerciale : un atout pour l'Acquisition

La communication commerciale est une forme de communication pratiquée par les entreprises qui souhaitent mettre en avant un nouveau produit / service ou accroître leur notoriété en s'adressant directement ou indirectement à leurs clients. À ce titre, elle est un outil indispensable dans une stratégie d'Acquisition !

HORS ACQUISITION

- **La communication institutionnelle** rassemble les actions qui visent à promouvoir l'image d'une entreprise ou d'une organisation auprès de ses administrés, clients et partenaires.
- **La communication financière** regroupe les actions réalisées par des entreprises ayant trait à leurs activités et résultats tant économiques que financiers.
- **La communication interne** regroupe les actions mises en oeuvre au sein d'une entreprise à destination de ses salariés.

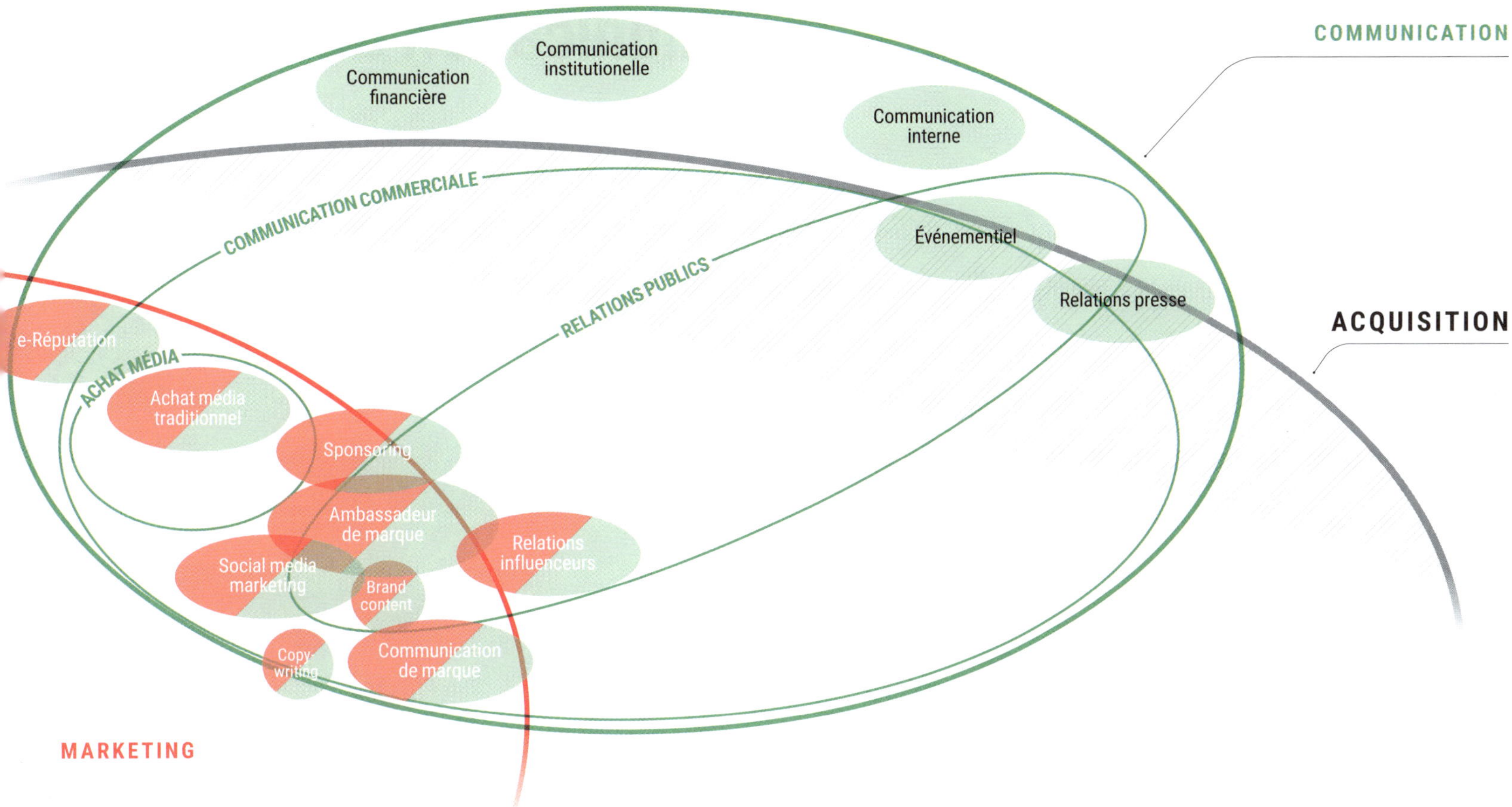

Une frontière entre marketing et communication de plus en plus floue

Nous avons fait le choix de traiter dans la partie communication l'achat media traditionnel, les relations influenceurs, le sponsoring, le brand content, les ambassadeurs de marque et l'ereputation. Cependant ces spécialités sont de plus en plus imbriquées. Elles nécessitent que vous identifiez la meilleure organisation pour votre entreprise et votre marché. Aux USA la plupart d'entre elles seront liées au marketing.

Pour les pures players également. Les relations influenceurs peuvent être gérées par des équipes relations presse dans la mode ou le parfum, mais souvent liées au marketing lors de posts sponsorisés qui sont dans une certaine mesure de l'achat media. Le B2B ou le B2C n'ont pas non plus les mêmes structures. Challengez votre organisation pour définir le modèle qui correspond à votre entreprise !

Tout commence avec la communication de marque

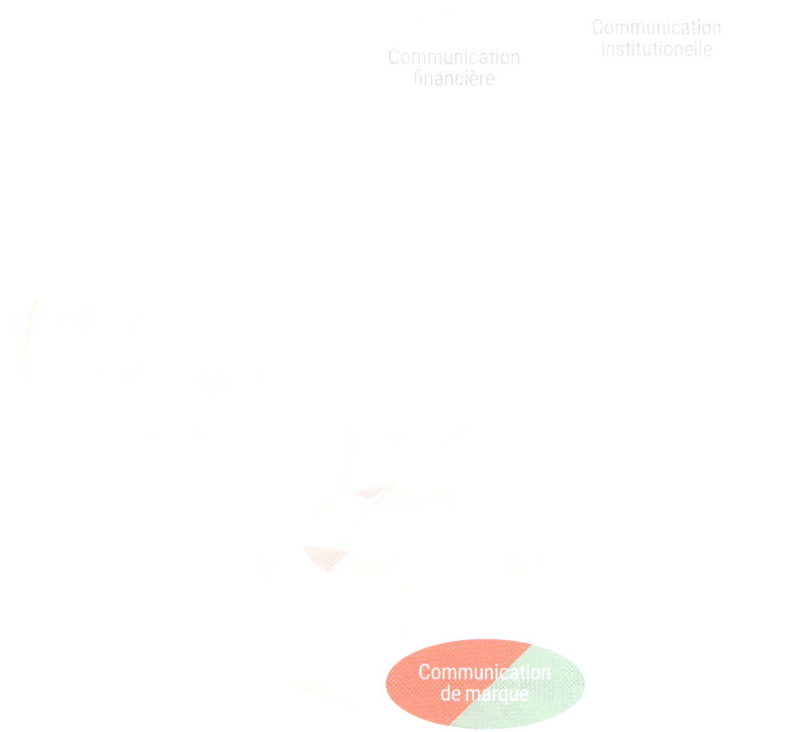

Qu'est ce que la communication de marque ?

La communication de marque vise à mettre en avant les éléments de la marque pour renforcer sa notoriété et sa spécificité.

Elle se distingue de la communication produit qui se concentre sur l'utilité et les avantages du bien ou du service concerné.

Dans le Parcours d'Acquisition, la coordination avec la communication est essentielle à deux étapes clés :

2 → En amont de la réflexion

2 → Après avoir travaillé les parcours et identifié les leviers

On appelle capital de marque ou **brand equity** la valeur ajoutée qu'une marque apporte à un produit ou un service. Lorsque des produits sont similaires, les consommateurs se tournent vers l'entreprise qui a la marque la plus forte. Il est donc important de cultiver et de développer sa marque !

La création des marques remonte à plus d'un millénaire avant Jésus-Christ. Elles prenaient alors la forme d'un nom, d'un dessin ou d'un sceau. Leur but principal était similaire à celui d'aujourd'hui : identifier et différencier.

LE SAVIEZ-VOUS ?

Interbrand propose chaque année un classement des marques mondiales selon leur valeur financière !

En 2020, Apple était en tête du podium, suivi d'Amazon et de Microsoft.

Découvrez **LE CLASSEMENT INTERBRAND 2020** en scannant le QR Code ci-dessous

La marque repose sur des prérequis et s'enrichit au fil du temps

Avant de prétendre formaliser et produire les Actions d'Acquisition à chaque étape du parcours, vous devez vous assurer que les bases/prérequis de la communication de votre marque sont bien établis...

Quels prérequis pour la communication ?

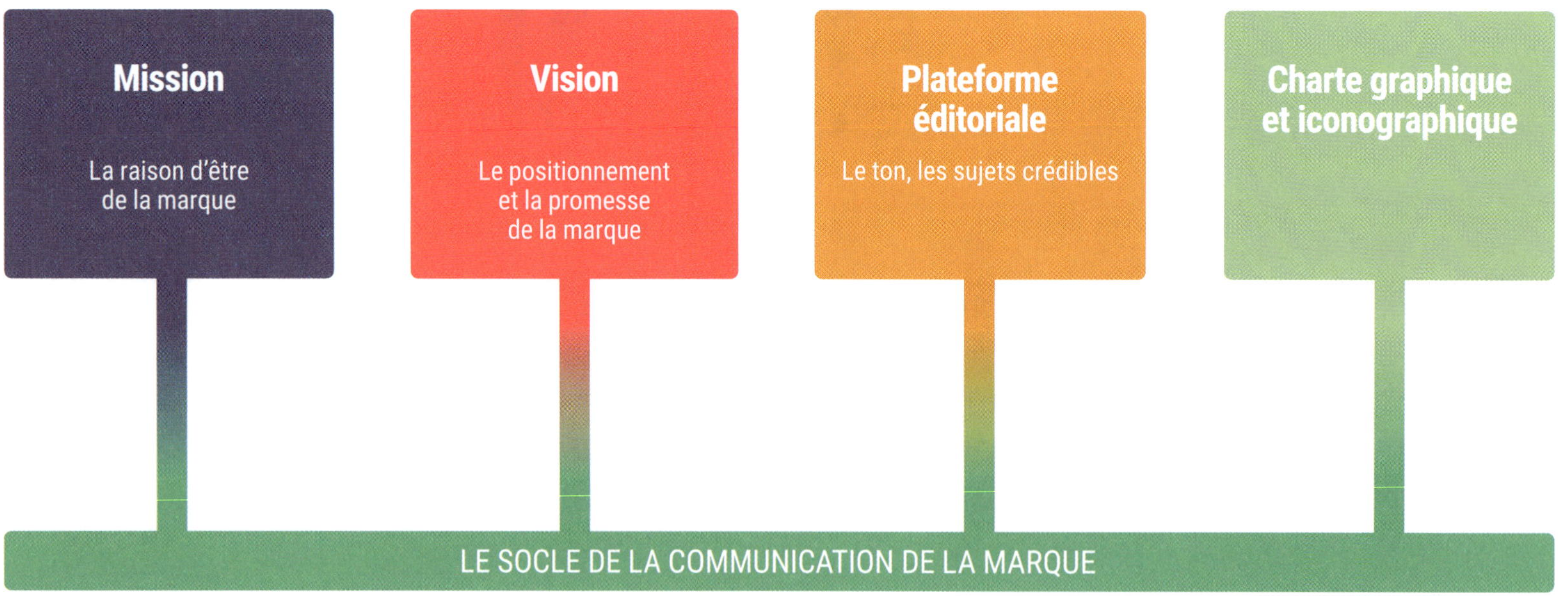

Créer une carte de visite pour donner ses coordonnées

Faire une plaquette commerciale pour mettre en avant ses produits

Concevoir un site web pour avoir une présence en ligne

Afficher une PLV pour attirer l'attention

Éditer un flyer pour promouvoir

Créer un packaging pour matérialiser la marque

Diffuser une campagne de pub pour établir une notoriété

Mener des actions de sponsoring pour s'associer à des évènements

Réaliser des campagnes expérientielles pour surprendre les clients

Réaliser des films brand content comme Lego pour créer une culture

Créer une chaîne TV comme RedBull pour susciter l'intérêt

ÉVOLUTION DE LA MARQUE

Marque Blanche

La marque blanche est un service ou un produit créé par une entreprise, que d'autres entreprises utilisent sous leur propre nom.

Marque produit

Une marque produit est une marque affectée à un produit de façon unique. Elle permet à une entreprise de doter chaque produit d'une identité et d'un positionnement propres.

Marque de catégorie

Une marque de catégorie possède une part de marché très importante dans son secteur d'activité.

Marque expérientielle

Une marque expérientielle est une marque qui va au delà du service traditionnel et possède un fort sens d'unicité.

Identité de marque et image de marque : à ne pas confondre !

Même si les notions d'identité de marque et d'image de marque portent le terme de marque, elles ne traduisent pas la même chose !

L'identité de marque ou brand identity traduit la manière dont l'entreprise veut être perçue par ses consommateurs.

Elle regroupe tous les éléments visibles de la marque comme son nom, ses couleurs, son design, son slogan, son logo, sa police d'écriture, etc. La brand identity est généralement définie en début de création de l'entreprise, mais elle peut être modifiée suite à des changements stratégiques.

Une identité de marque bien construite reflète les valeurs qui animent l'entreprise et les éléments qui la différencient des autres organismes. Une identité de marque forte est un atout concurrentiel indéniable, car elle permet de se distinguer des concurrents et elle est un critère de préférence important pour les clients.

Si l'identité de marque est du côté de l'entreprise, **l'image de marque ou brand image correspond à la manière dont les consommateurs perçoivent l'entreprise.**

Cette distinction entre image de marque et identité de marque est importante, car elle peut traduire un décalage entre la façon dont la marque se définit et celle dont elle est perçue.

L'image de marque est un levier de vente important à entretenir et à développer tout au long de la vie de l'entreprise. Pour cela, le marketing et les actions publicitaires sont les principaux moyens d'action.

LE SAVIEZ-VOUS ? Deux chercheurs américains, M.McClure et Read Montague, ont mené en octobre 2004 une dégustation de Pepsi et de Coca. Lors du test à l'aveugle, 67% des participants ont déclaré préférer Pepsi alors que, quand les marques étaient visibles, 75% ont avoué préférer Coca-Cola ! Cette expérience illustre à quel point l'image de marque est cruciale !

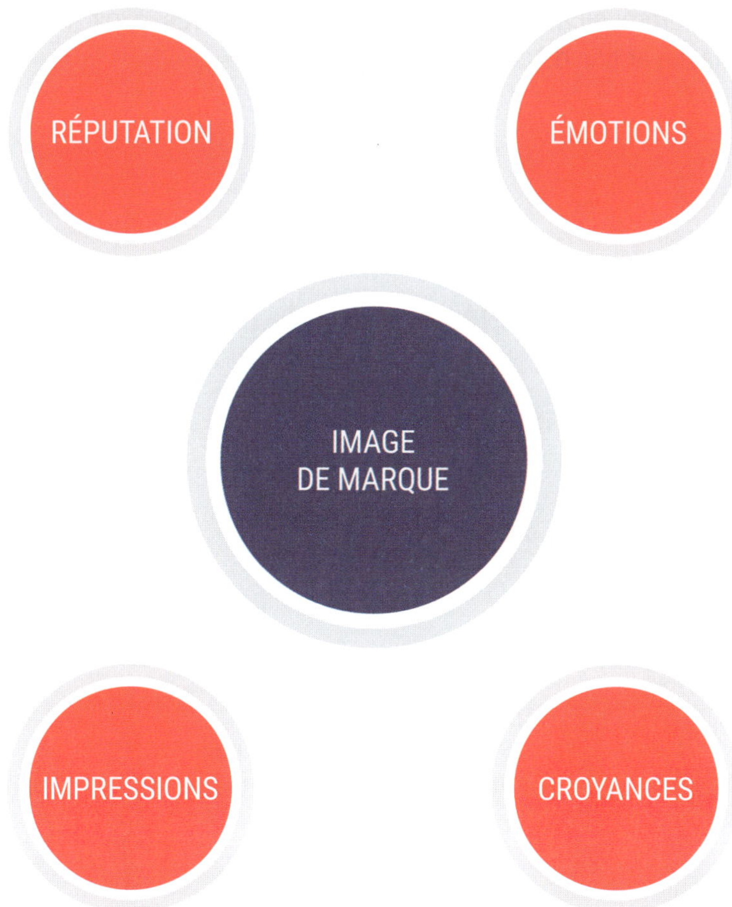

Quelques conseils pour une communication de marque au top

La communication intervient forcément après avoir défini chaque action d'Acquisition !

4 questions clés en face de chaque Action d'Acquisition

Le canal pressenti est-il le bon ?

Quel message transmettre ?

Est-il cohérent avec la plateforme et la promesse de marque ?

Est-il cohérent avec le plan de communication habituel de la marque ?

Testez plusieurs canaux pour une même action (presse ou affichage ?)

Testez plusieurs supports de communication pour un même levier (annonce presse ou publi-rédactionnel ?)

Testez plusieurs manières de diffuser le message (schéma pédagogique ou témoignage client ?)

Et complétez votre matrice avec les Actions d'Acquisition les plus performantes en fonction des KPIs que vous avez fixés en amont

Les métiers de la création au cœur de la communication de marque

Directeur de la communication

Le directeur de la communication définit la stratégie de communication interne ou externe élaborée avec la direction de l'entreprise.

Il coordonne toutes les actions de promotion de l'image de marque et encadre une équipe de taille variable en fonction de l'entreprise.

Chargé de communication

Sous la tutelle du directeur de la communication, il a notamment pour mission la mise en place de la stratégie de communication, le choix des supports de communication et le suivi des objectifs.

Directeur de création

Le directeur de création représente le potentiel créatif d'une agence de communication ou de publicité. Il supervise l'équipe de création et élabore des plans d'action selon les demandes.

Ses missions principales sont de repousser les limites de la création, d'encadrer son équipe et de produire les meilleurs projets.

Directeur artistique

Le directeur artistique définit le concept visuel d'un projet ou d'une campagne. Il assure sa réalisation et, le cas échéant, coordonne et valide le travail des graphistes, illustrateurs, photographes de l'équipe UI/UX et rend compte de l'avancement de sa mission au directeur de la communication.

Concepteur-rédacteur

Le concepteur-rédacteur définit les messages des campagnes : concept, ton, accroche, sur la base du brief création.

Il travaille généralement en étroite collaboration avec le directeur artistique.

Rédacteur

Doté d'un profil plus éditorial et journalistique que conceptuel, il travaille sur la rédaction des messages en phase avec les objectifs marketing et de communication définis dans le brief.

Il rédige des articles de blog, de la documentation, des livres blancs, etc.

Les relations publics pour s'adresser à toutes les parties prenantes

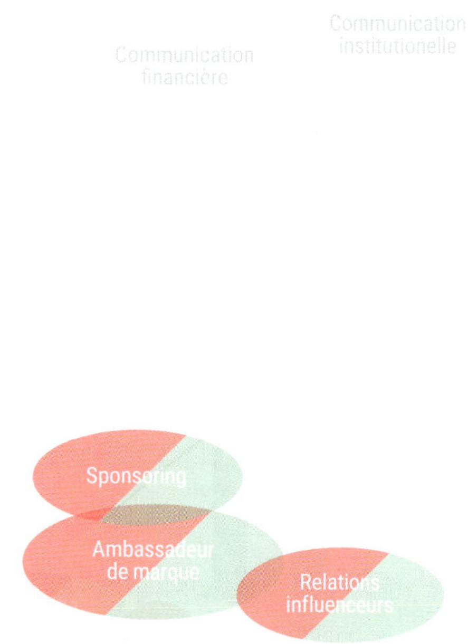

Qu'est ce que les relations publics ?

Les relations publics rassemblent l'ensemble de moyens et actions qui permettent de promouvoir l'image d'une entreprise et de véhiculer un message positif auprès de ses différentes parties prenantes.

Une entreprises est en relation avec de nombreuses parties :

- **des parties internes** comme les employés ou les fournisseurs
- **des parties externes** comme les consommateurs, les investisseurs, les prescripteurs et les influenceurs.

Dans les relations publics, on compte notamment les relations presse, le sponsoring, l'évènementiel, les relations influenceurs et les ambassadeurs de marque.

ATTENTION ! Il ne faut pas confondre les relations publics avec les relations publiques, qui était l'ancien terme de relations publics. C'est en 2011 que le terme est officiellement devenu "Relations Publics"

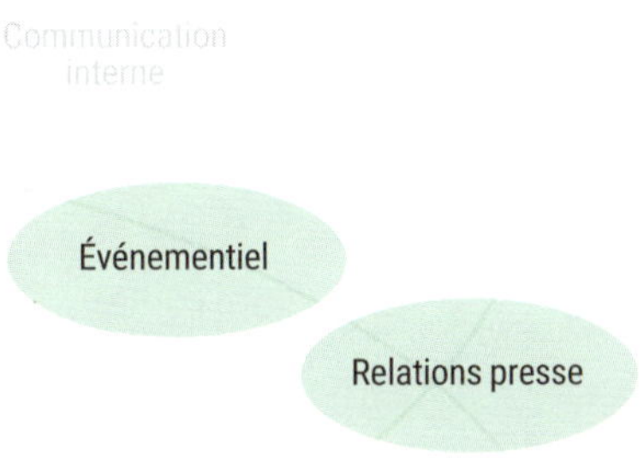

Connaissez-vous le Peso Model ? Cet acronyme signifie **Paid Earned Shared Owned** et décompose les 4 domaines d'action des relations publics.

La catégorie Earned ("gagné" en français) du Peso model rassemble les expositions "gratuites" dont bénéficie une entreprise. Par exemple, être invité dans une émission télé ou à la radio pour parler d'une nouveauté de votre entreprise s'inscrit dans la catégorie Earned : l'entreprise bénéficie d'une notoriété méritée par ses actions. Une partie des relations publics est au coeur de la catégorie Earned du PESO model (relation influenceur par exemple)

Bien évidemment, le *earned media* n'est avantageux qu'en cas de message positif ! Car, si on peut parler de vous en bien, on peut également le faire en mal...

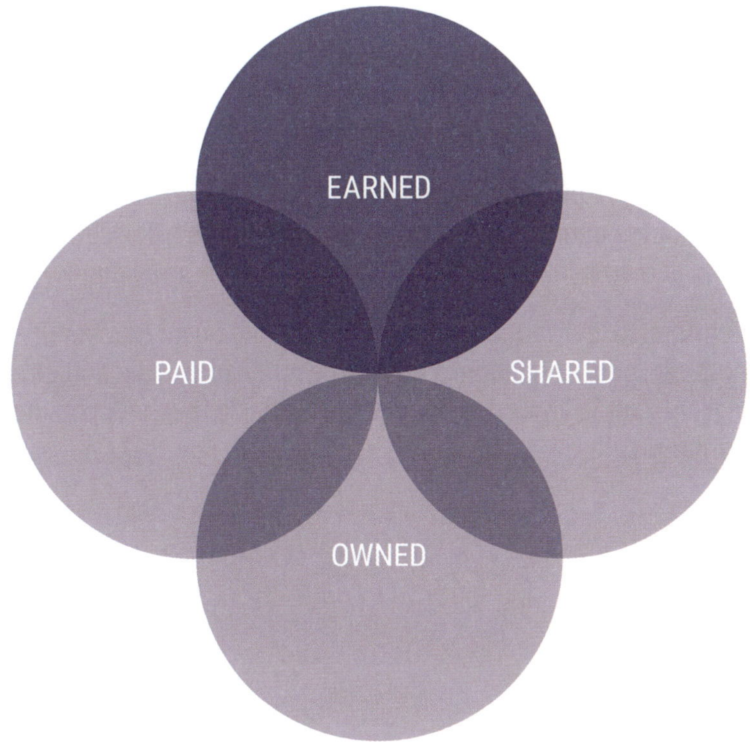

Plus d'infos sur **LE PESO MODEL** en scannant le QR Code ci-contre

Les différentes parties prenantes

Il existe plusieurs catégories de parties prenantes dès que l'on entre dans le détail. En plus de la seule notoriété, les parties prenantes peuvent être distinguées par ce qu'elles font et ce qu'elles apportent avec leur communauté.

Par exemple, une star hollywoodienne et un journaliste connu sont toutes deux des parties prenantes, mais ils n'agissent pas dans le même intérêt et dans la même "sphère" médiatique.

L'entreprise, qui veut élargir sa communauté ou en toucher une nouvelle, peut faire appel à des parties prenantes. Elle doit être vigilante sur le choix des bons acteurs afin de toucher la bonne communauté !

Le Journaliste

Le journaliste est au cœur des actualités et transmet les informations.
Il est le premier à savoir ce qui se passe dans le monde.

➔ Faites-vous connaître dans la presse en réussissant à l'intéresser avec des informations à valeur ajoutée

La Célébrité/Influenceur des réseaux sociaux

Des milliers voire des millions d'abonnés ou de followers constituent la communauté qui caractérise cet influenceur !

➔ Profitez de sa notoriété en l'associant à votre communication soit en jouant sur son égo, soit en le rémunérant

L'Activiste

Motivé par des croyances inébranlables, l'activiste communique avec son réseau autour de thématiques précises.

➔ Touchez les personnes qui partagent les mêmes croyances que vous

Le Connecteur

Possédant un réseau important, c'est un intermédiaire qui crée du lien entre les personnes.

➔ Élargissez votre réseau en collaborant avec lui

L'Analyste

Friand d'insights réseau, l'analyste contribue à éclairer les esprits de son entourage.

➔ Rassurez vos clients en lui fournissant toutes les informations nécessaires

L'Expert

L'expert a des connaissances approfondies dans un domaine particulier, qu'il démontre avec des articles denses ou un livre.

➔ Captivez votre audience, vos clients avec la présence de cet expert

Les relations presse pour que les médias parlent de vous

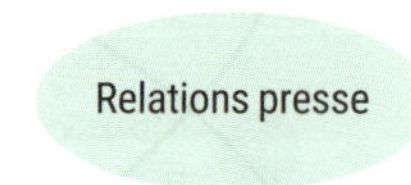

Les relations presse regroupent les actions effectuées à destination des entités de presse et des journalistes dans le but d'obtenir une couverture favorable à l'entreprise ou à ses produits. Les retombées prennent la forme d'articles rédactionnels et non pas d'espaces publicitaires.

Dans une entreprise, les relations presse sont gérées en interne ou en externe.

L'attaché de presse

- En interne, l'attaché(e) de presse s'occupe des relations presse de l'entreprise. Il a pour objectif principal de promouvoir les activités de l'entreprise auprès des journalistes. Pour cela, il nourrit l'agence de sujets potentiels, conçoit des livrables, sélectionne les journalistes pertinents et s'assure du suivi des retombées.

- En externe, une agence de presse se charge des relations presse de l'entreprise, ce qui présente plusieurs avantages. Tout d'abord, confier ses relations presse à des professionnels expérimentés permet de bénéficier d'un réseau important.

  L'agence connaît les attentes précises des journalistes.

  Enfin, elle prend le temps nécessaire pour relancer journalistes et influenceurs.

Quelques actions pour obtenir une couverture presse

Rédiger
des communiqués de presse, parfois sur des sujets connexes à l'entreprise (nominations, impact sociétal...)

Créer
des événements publics pour attirer les journalistes

Proposer
des études de produit pour mettre en avant ses caractéristiques et son fonctionnement

Organiser
un voyage de presse pour séduire les journalistes

Mettre à disposition
des Press Kit pour faciliter la démarche des journalistes

En B2C, les journalistes influencent les consommateurs dans leur parcours d'achat…

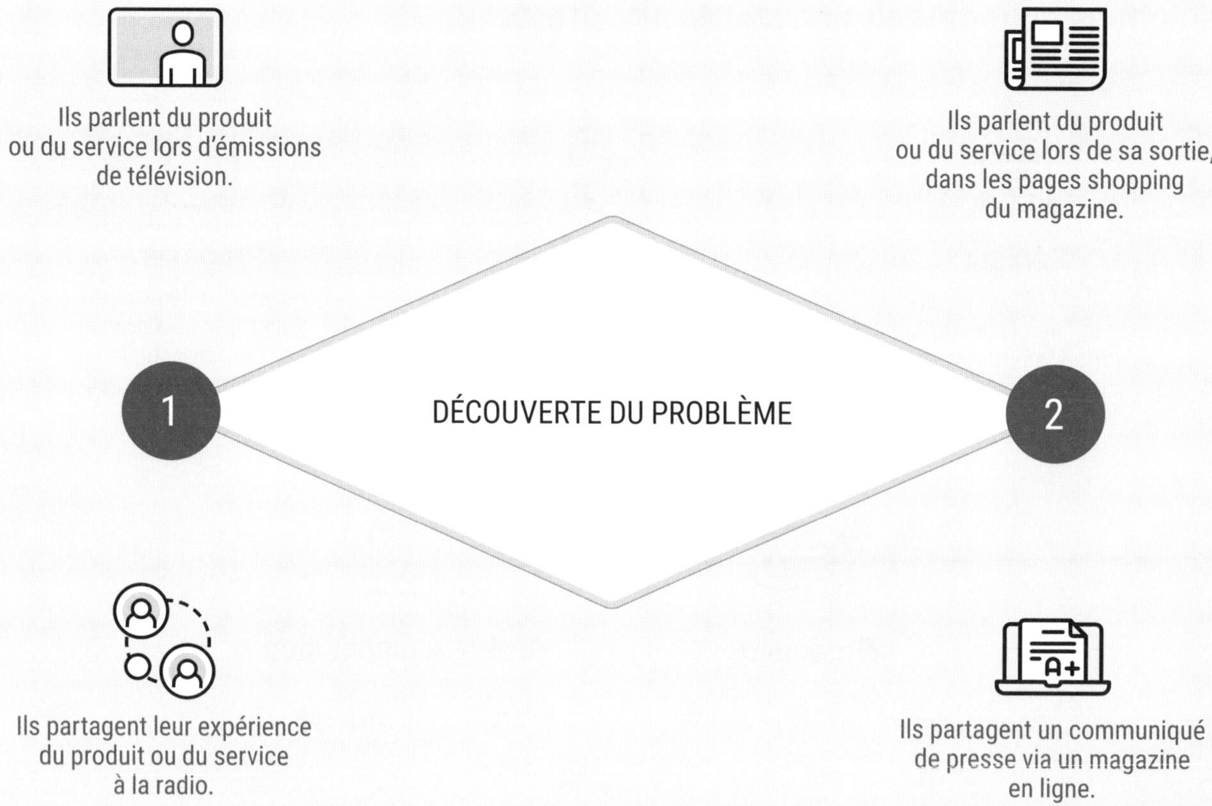

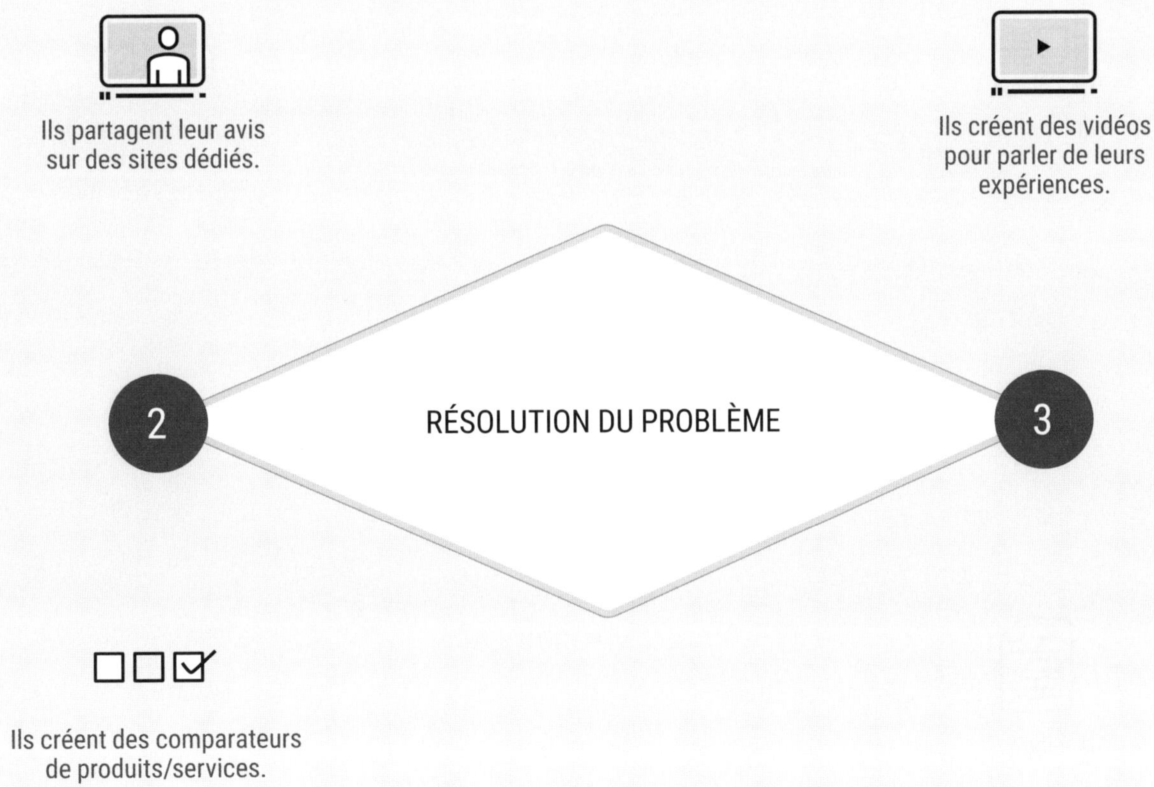
Ils partagent leur avis sur des sites dédiés.
Ils créent des vidéos pour parler de leurs expériences.
2
RÉSOLUTION DU PROBLÈME
3
Ils créent des comparateurs de produits/services.

Tandis qu'en B2B, les journalistes influencent les entreprises...

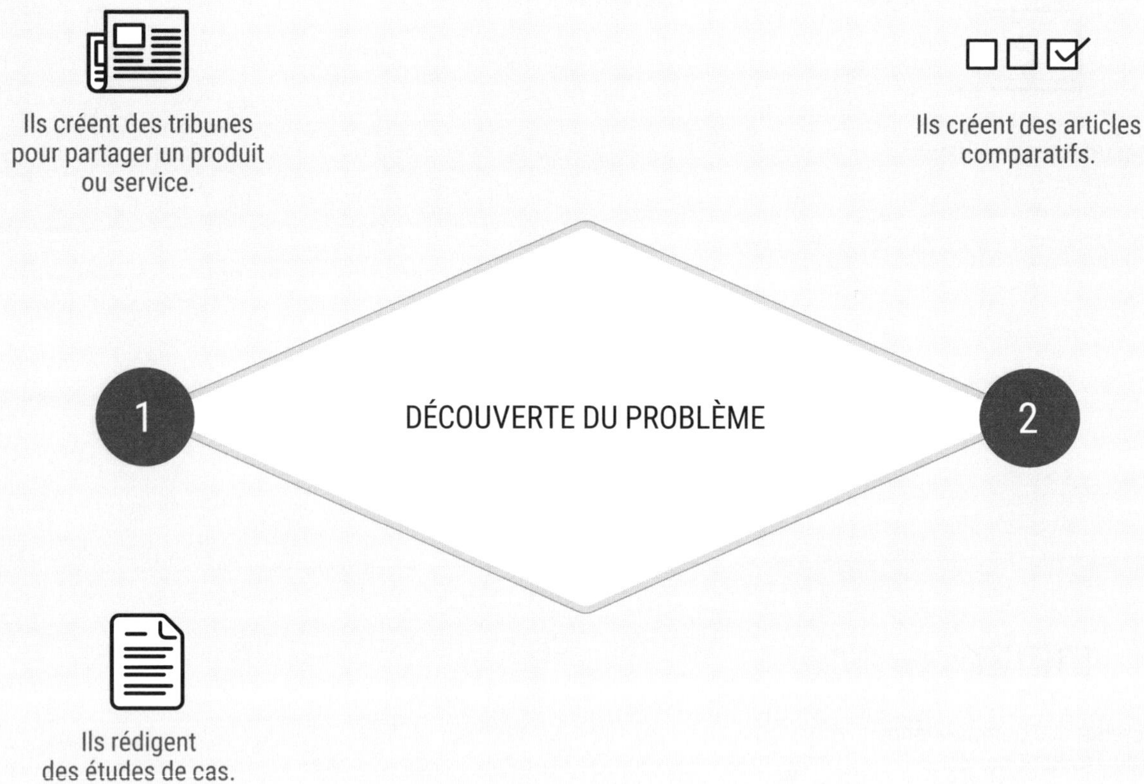

Avant l’arrivée du digital, lorsque les médias étaient peu nombreux, il existait une véritable muraille de Chine entre la régie publicitaire et la rédaction.

Aujourd’hui, cette muraille tend à s’effriter avec la concurrence et la multiplicité des nouveaux acteurs média. On retrouve ainsi de plus en plus de passerelles entre une annonce publicitaire et une citation rédactionnelle dans un même support, en particulier dans la presse professionnelle.

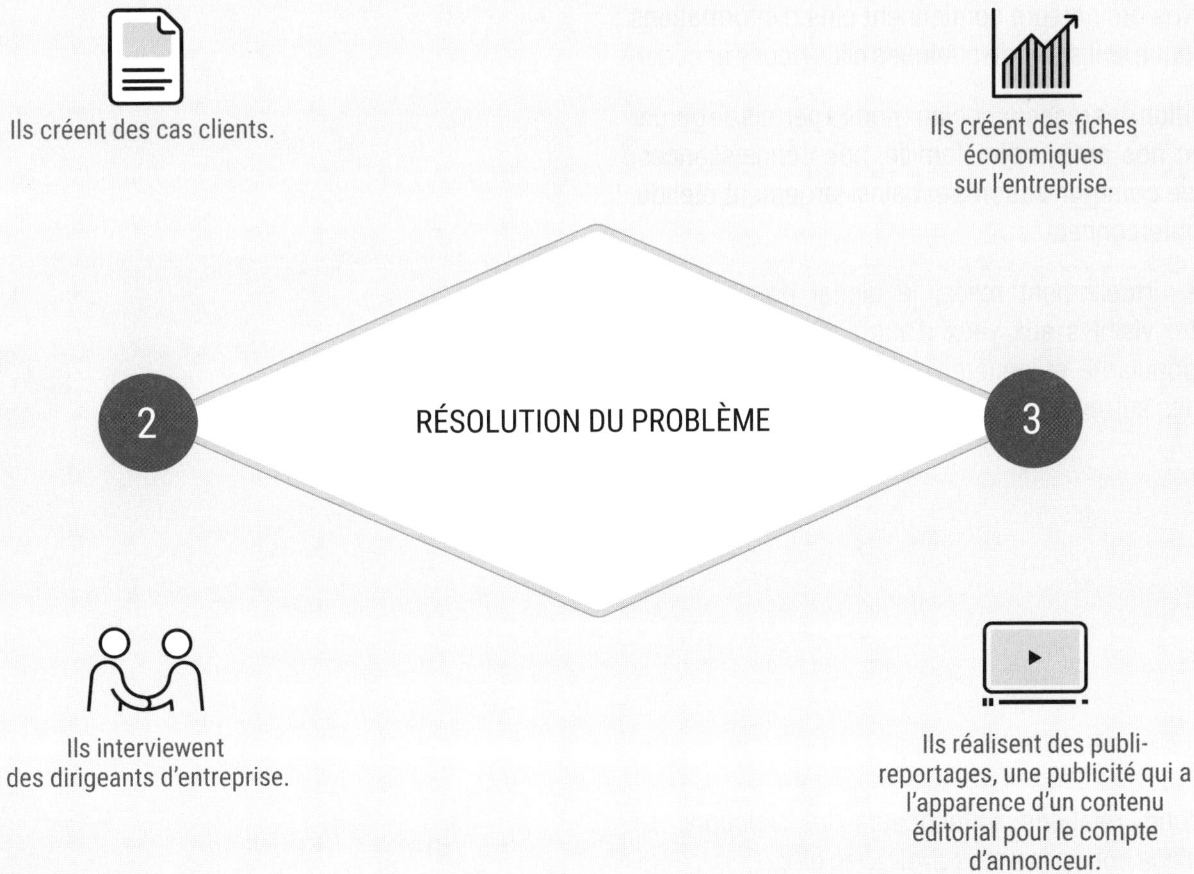

Les relations influenceurs pour s'adresser à des communautés

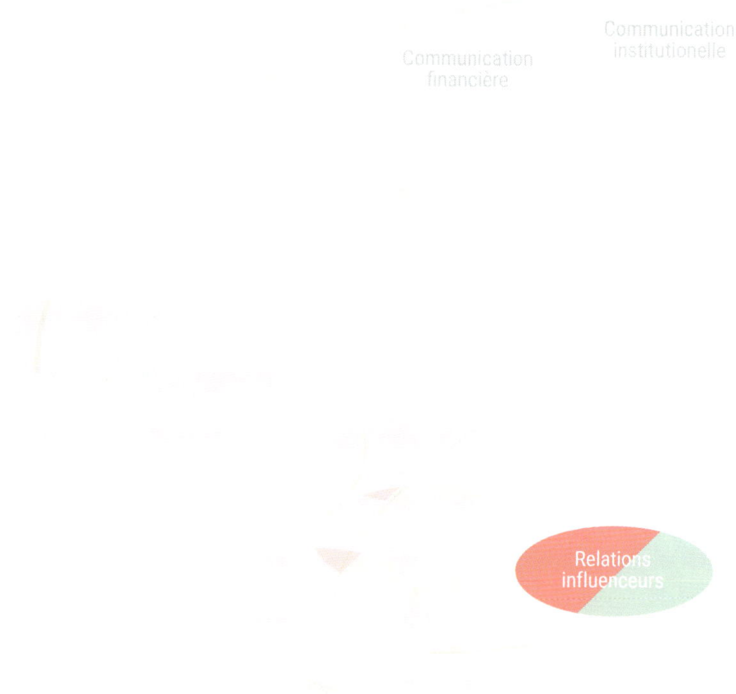

Le développement d'Internet a simplifié le partage et l'accès à l'information. Nos ordinateurs contiennent plus d'informations qu'une bibliothèque et il suffit de quelques clics pour y accéder.

Ensuite, l'apparition des réseaux sociaux nous a permis de garder le contact avec nos amis, notre famille, nos connaissances. Notre pouvoir de communication s'est ainsi largement étendu, nous rendant "interconnectés".

En plus d'être virtuellement reliés, le digital nous offre la possibilité d'être visibles aux yeux d'autrui. Ceux qui savent se créer une popularité et générer un nombre important de personnes qui les suivent sont appelés **"influenceurs"**.

i

On appelle donc relations influenceurs les relations et partenariats qu'une entreprise peut avoir avec eux.

On peut définir les influenceurs comme des personnes dont leurs mentions d'une marque ou d'un produit sont susceptibles d'influencer le comportement d'un nombre significatif de consommateurs.

De manière simplifiée, les influenceurs se différencient selon leur notoriété.

Nano influenceurs

MOINS DE 10 000 ABONNÉS

Leur coût est bas. Ils peuvent même promouvoir gratuitement une marque qu'ils affectionnent.

Micro influenceurs

10 000 → 100 000 ABONNÉS

Leur coût demeure faible, mais leur popularité croissante risque de limiter leur disponibilité.

Macro influenceurs

100 000 → 1 MILLION D'ABONNÉS

Leur coût est élevé et ils sont peu disponibles. Néanmoins, ils offrent une bonne visibilité.

Méga influenceurs

PLUS D'1 MILLION D'ABONNÉS

Ces véritables stars des réseaux sociaux affichent un coût très élevé et sont sollicités par beaucoup d'entreprises.

Avoir une bonne stratégie avec les influenceurs est la clé vers de bons résultats

Travailler avec des influenceurs peut être une bonne stratégie pour accroître votre notoriété et acquérir de nouveaux clients, encore faut-il bien s'y prendre. Voici quelques actions à mettre en place avec les influenceurs.

Faire un placement de produit

Cette technique initialement utilisée dans les séries et les films, s'étend aux influenceurs. Vous demandez à un influenceur de mentionner votre produit dans ses contenus. Il y a aussi la pratique du Unboxing dans laquelle l'influenceur partage le déballage du produit qu'il a reçu pour le présenter à sa communauté.

Pour réussir le placement de produit, celui-ci doit être naturel, en rapport avec le thème de l'influenceur et le contenu dans lequel votre produit ou service est placé.

Faire des articles ou des posts sponsorisés

Vous voulez annoncer la sortie d'un nouveau produit ou une promotion à durée limitée ? Si vous payez un influenceur pour relayer votre annonce, il s'agira alors d'un article ou d'un post sponsorisé, c'est aussi simple que cela.

N'hésitez pas à échanger avec l'influenceur sur la façon de faire passer votre message ! À noter : beaucoup de sites font de l'achat de lien, qui est une variante de l'article sponsorisé.

Faire des guest posting

Avec le guest posting, l'influenceur accueille l'article ou le contenu d'un invité, pour faire profiter celui-ci de sa notoriété. La qualité doit être au rendez-vous pour que l'auteur de l'article en tire des bénéfices !

Le guest posting est une pratique gagnant-gagnant : l'invité profite de la notoriété de l'influenceur, et ce dernier d'un contenu de qualité susceptible d'intéresser son audience !

Organiser des Meet-up

Le meet-up consiste à inviter un influenceur lors d'un évènement organisé par une marque. L'influenceur vit alors une expérience unique qu'il partage à ses fans sur ses réseaux. Le meet-up est une véritable occasion d'engager activement les influenceurs en leur donnant la possibilité de participer et de collaborer avec vous.

Ne conviez pas l'influenceur pour qu'il reste sur un banc ! Incitez-le à participer activement à votre événement, laissez-lui la chance de vivre un événement unique pour lui donner envie de continuer à travailler avec vous. Sa reconnaissance se répercutera inévitablement dans ses contacts avec ses fans.

Approche sur deux composantes des relations publics

Les ambassadeurs de marque : des incarnations vivantes d'une marque

Si je vous dis « Nespresso. What else ? », je parie que vous avez l'image de George Clooney en tête ! **Un ambassadeur de marque est une personne qui représente la marque,** c'est aussi simple que ça.

Les ambassadeurs de marque ont longtemps été des stars venant du monde de la culture (cinéma, musique, mode, etc.) mais ils rivalisent aujourd'hui avec les influenceurs des réseaux sociaux.

En choisissant un ambassadeur de marque, l'entreprise s'associe durablement avec une célébrité et prend le risque de voir son image écornée si la célébrité commet un faux pas...

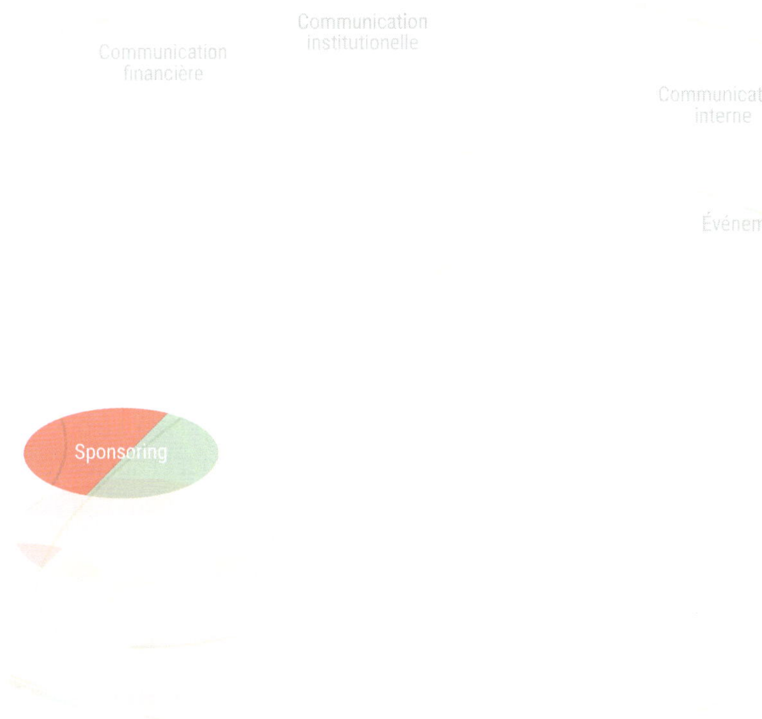

Le sponsoring, une histoire de soutien et d'association

Le concept est simple : les entreprises soutiennent de manière financière ou matérielle un évènement ou un individu en échange d'une certaine visibilité publicitaire. Les entreprises sponsors cherchent donc non seulement la visibilité, mais aussi une association de leur image avec celle de l'événement. Ainsi des marques comme McDonald's, Gazprom, Visa et Adidas se sont associées à la victoire des Bleus contre la Croatie lors de la coupe du monde de football en 2018.

Sponsoriser des événements sportifs et e-sportifs

qui rassemblent des joueurs et des spectateurs autour d'un match ou d'une compétition.

Soutenir des événements d'associations

qui sont publiques ou privées, reconnues d'utilité publique ou non, agissant dans différents domaines sociaux, caritatifs, environnementaux…

Être mécènes d'événements culturels

qui exposent des créations artistiques ou culturelles auprès d'un public, comme les festivals et les concerts.

La e-réputation ou la réputation digitale

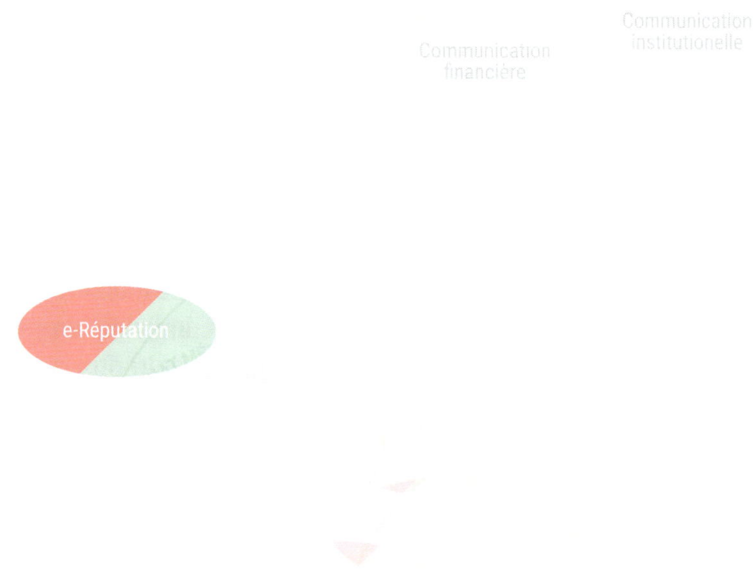

Quel est le pire cauchemar pour une entreprise ? Le bad buzz ! Sa réputation se ternit en un jour. Sur Internet et sur les réseaux sociaux, les consommateurs parlent et partagent leurs avis et leurs ressentis avec leurs pairs.

La e-réputation c'est simplement la réputation d'une entreprise sur le web.

Depuis l'apparition d'Internet, mais plus encore depuis l'avènement des plateformes de communication comme les blogs, forums et réseaux sociaux, les consommateurs communiquent directement entre eux. Ils partagent leur opinion sur une entreprise ou un service bien plus facilement qu'auparavant ! Ils accordent désormais une plus grande confiance dans les témoignages et les avis de clients que dans le message de l'entreprise.

La balance s'est inversée : auparavant, les consommateurs étaient de simples récepteurs et acheteurs ; aujourd'hui, ils possèdent un pouvoir d'influence non négligeable, et les avis en ligne sont très souvent consultés avant l'achat.

Certaines entreprises n'en sortent pas indemnes comme c'est le cas de BP avec le scandale Deep Water Horizon qui lui a valu de nombreuses fustigations sur les réseaux sociaux.

Les entreprises doivent faire attention à ce qu'elles font, car l'information circule vite de nos jours !

Pour les entreprises, l'enjeu est donc de créer une bonne e-réputation ou surtout d'éviter d'en avoir une mauvaise.

5 moyens pour contrôler votre réputation en ligne

Surveiller sa présence en ligne

Travailler sa marque employeur

Mettre en place un dispositif d'avis en ligne

Avoir une stratégie de référencement solide

Prévoir un plan d'action en cas d'avis négatifs

Allez à la rencontre des personnes et marquez leur esprit grâce à l'événementiel

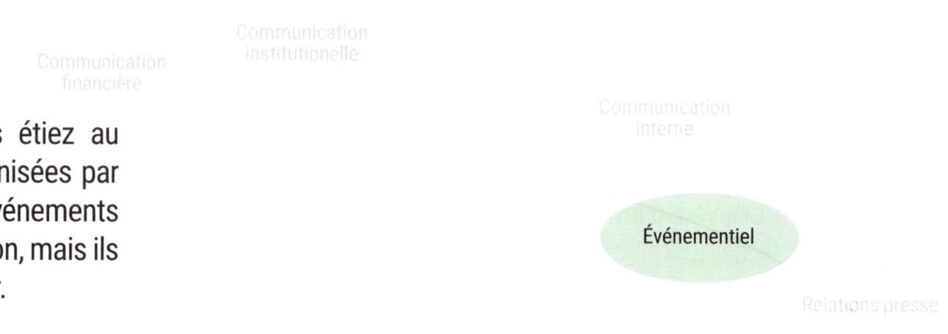

Rappelez-vous le bal de fin d'année quand vous étiez au collège ou au lycée, puis les soirées arrosées organisées par l'association des étudiants de votre université ! Ces événements demandaient préparation, planification et organisation, mais ils se distinguent de l'événementiel à proprement parler.

L'événementiel d'entreprise est tout simplement la création d'événements plus ou moins habituels et récurrents dans le but de promouvoir une marque, un produit ou une organisation auprès d'un certain public.

Les entreprises qui en ont les moyens ont recours à l'événementiel, car c'est un bon moyen de marquer les esprits en créant le buzz. Ces opérations sont de plus en plus utilisées à l'heure du digital, car elles peuvent être partagées et devenir virales en peu de temps.

Chaque entreprise organise un évènement totalement différent de celui de sa concurrente. Toutes les entreprises n'ont pas la même stratégie de communication, et toutes ne sont pas dans le même secteur. **Voici un aperçu des différents évènements existants.**

Participer à des salons
pour rencontrer des prospects et promouvoir ses produits et services

Organiser des évènements clients
pour leur accorder un moment privilégié et renforcer la relation

Organiser des matinées thématiques
autour d'un petit-déjeuner pour un moment utile et convivial

Co-organiser des évènements physiques avec une autre entreprise
pour rassembler plus de personnes

Participer à une conférence
pour exposer une problématique

Faire du Networking que l'entreprise n'a pas organisé
pour rencontrer des gens et élargir son réseau

Organiser des Webinaires
pour présenter une nouvelle offre à distance et susciter l'intérêt

Organiser des roadshows
pour promouvoir un produit et se rapprocher des partenaires

L'évènement en tant que parcours d'achat : focus sur le modèle d'un salon

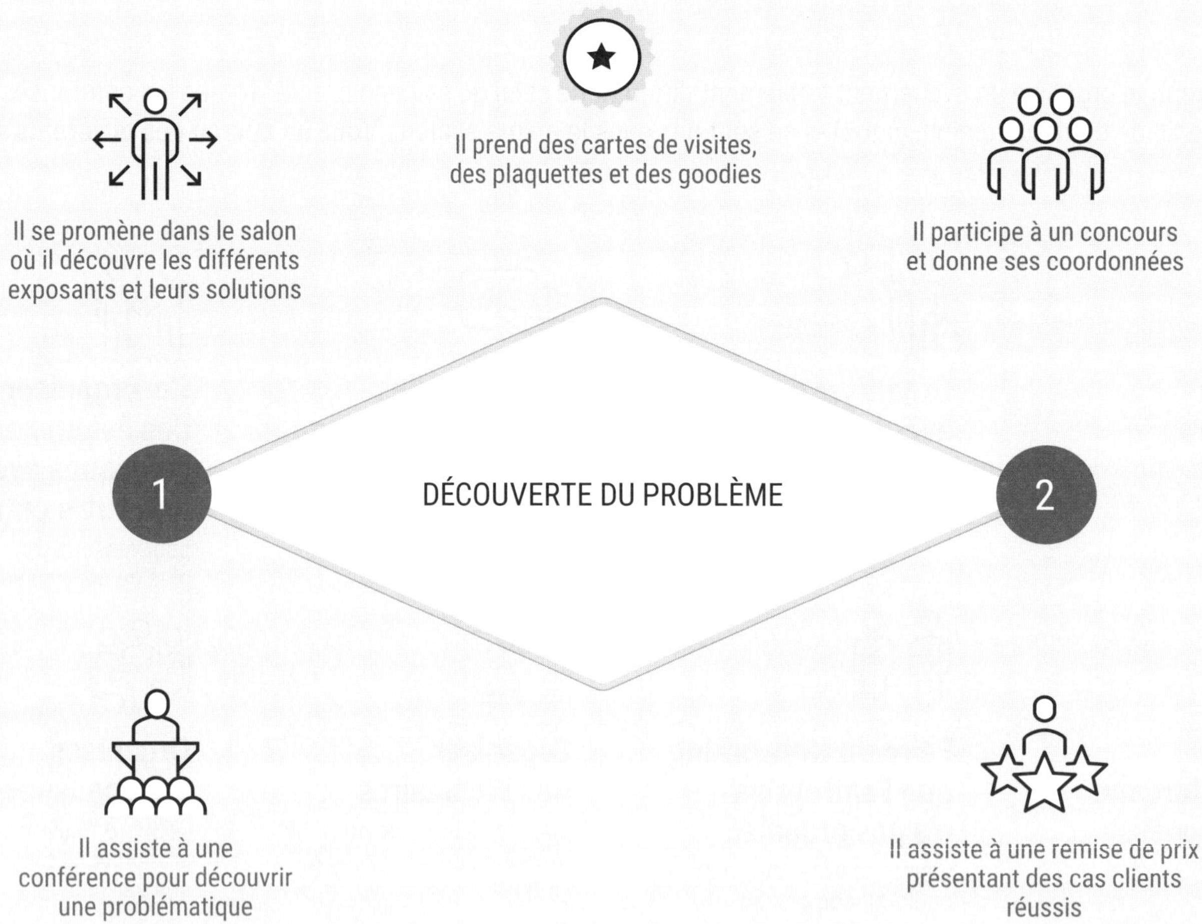

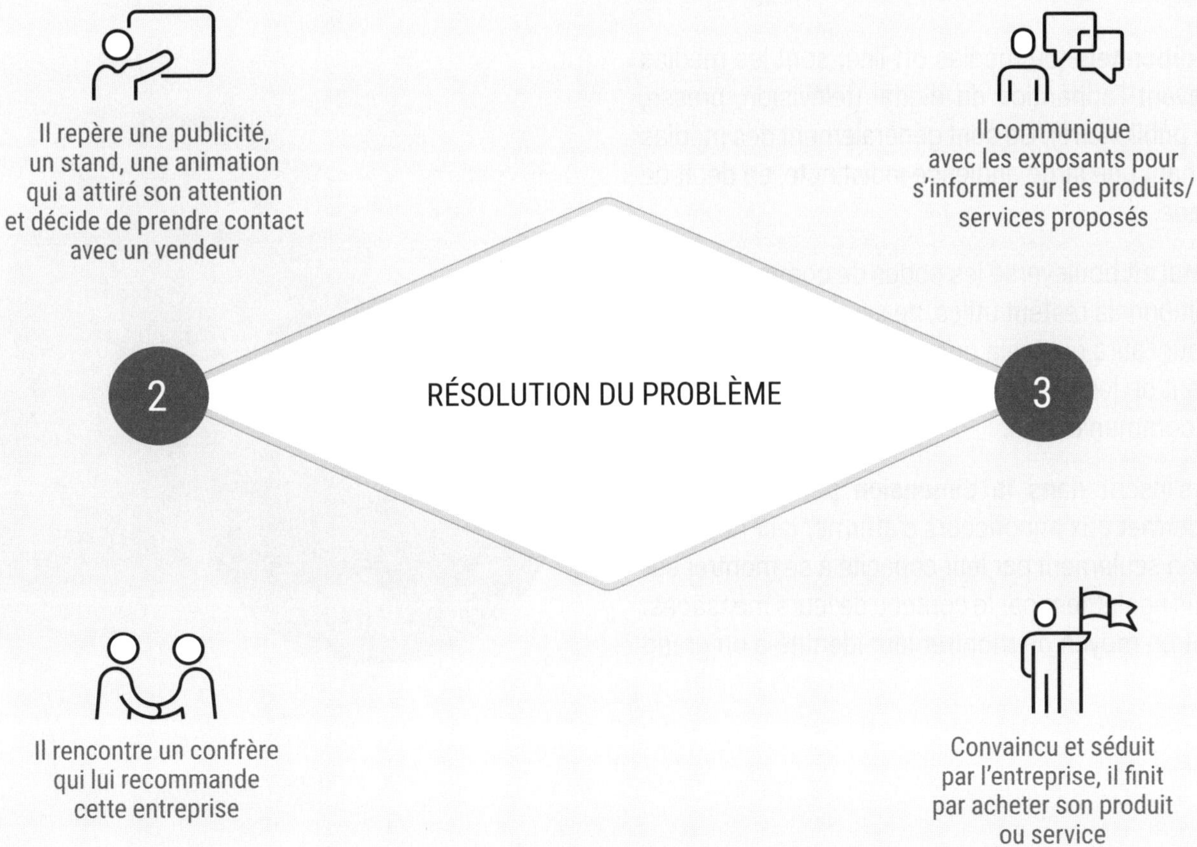
Il repère une publicité,
un stand, une animation
qui a attiré son attention
et décide de prendre contact
avec un vendeur
Il communique
avec les exposants pour
s'informer sur les produits/
services proposés
2
RÉSOLUTION DU PROBLÈME
3
Il rencontre un confrère
qui lui recommande
cette entreprise
Convaincu et séduit
par l'entreprise, il finit
par acheter son produit
ou service

L'achat média traditionnel pour cibler un maximum de monde

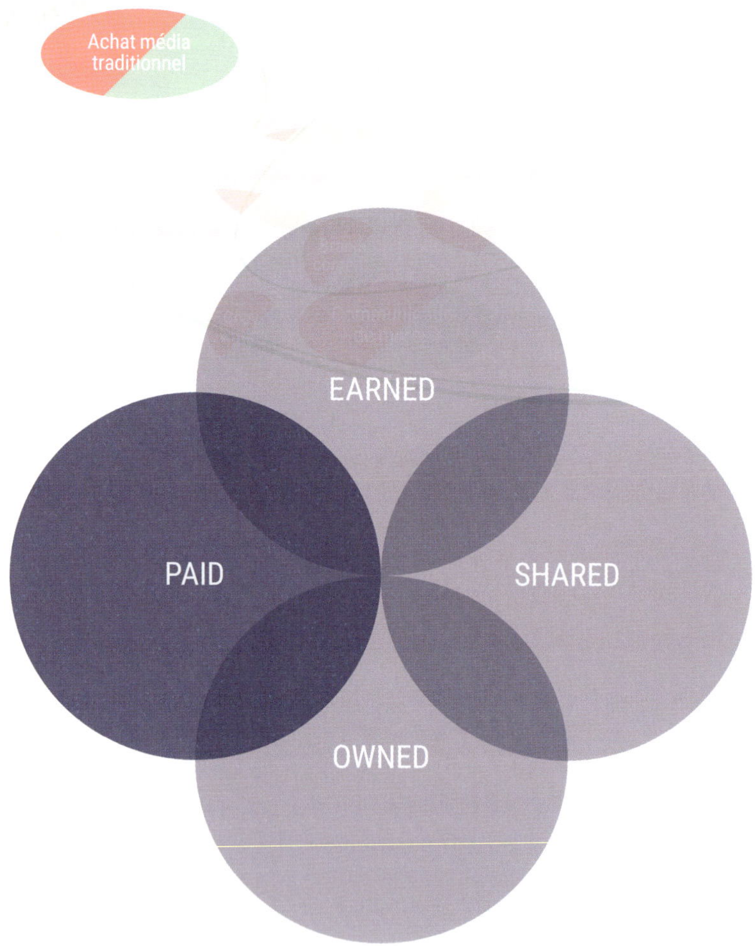

Les médias traditionnels (ou médias off-line) sont les médias qui existaient avant l'apparition du digital (télévision, presse, radio, affichage publicitaire). Ce sont généralement des médias de masse, touchant une large audience indistincte, en dépit de notions de ciblage.

Bien que le digital ait bouleversé les codes de communication, les médias traditionnels restent utiles, ne serait-ce que par leur puissance et pour l'aura que cela donne (l'effet « Vu à la TV »), et il est important de les utiliser pour maximiser l'efficacité de sa stratégie de communication.

L'achat média s'inscrit **dans la dimension paid** du modèle PESO. Le paid permet aux annonceurs d'affirmer leur notoriété et leur image, non seulement par leur capacité à se montrer sur ces médias, mais également par le contenu de leurs messages. C'est finalement un moyen de montrer leur identité à un grand public.

Les composantes des médias traditionnels

La télévision

pour toucher un public familial et diffuser des spots aux allures de mini-films

NOTE : la télé est utile pour créer de la notoriété et amplifier la visibilité d'une marque.

La presse

utilisée pour l'image de marque et dont la variété de titres permet un ciblage contextuel

NOTE : en B2B le magazine permet aussi de créer de la notoriété et l'entretenir afin d'être reconnu comme acteur de référence.

La radio,

média favorisant la répétition, utilisé notamment pour générer du trafic en magasin

L'affichage publicitaire

à la fois mass media par le public touché et média local par sa géo-localisation

Les médias offline sont les meilleurs leviers pour créer de la notoriété

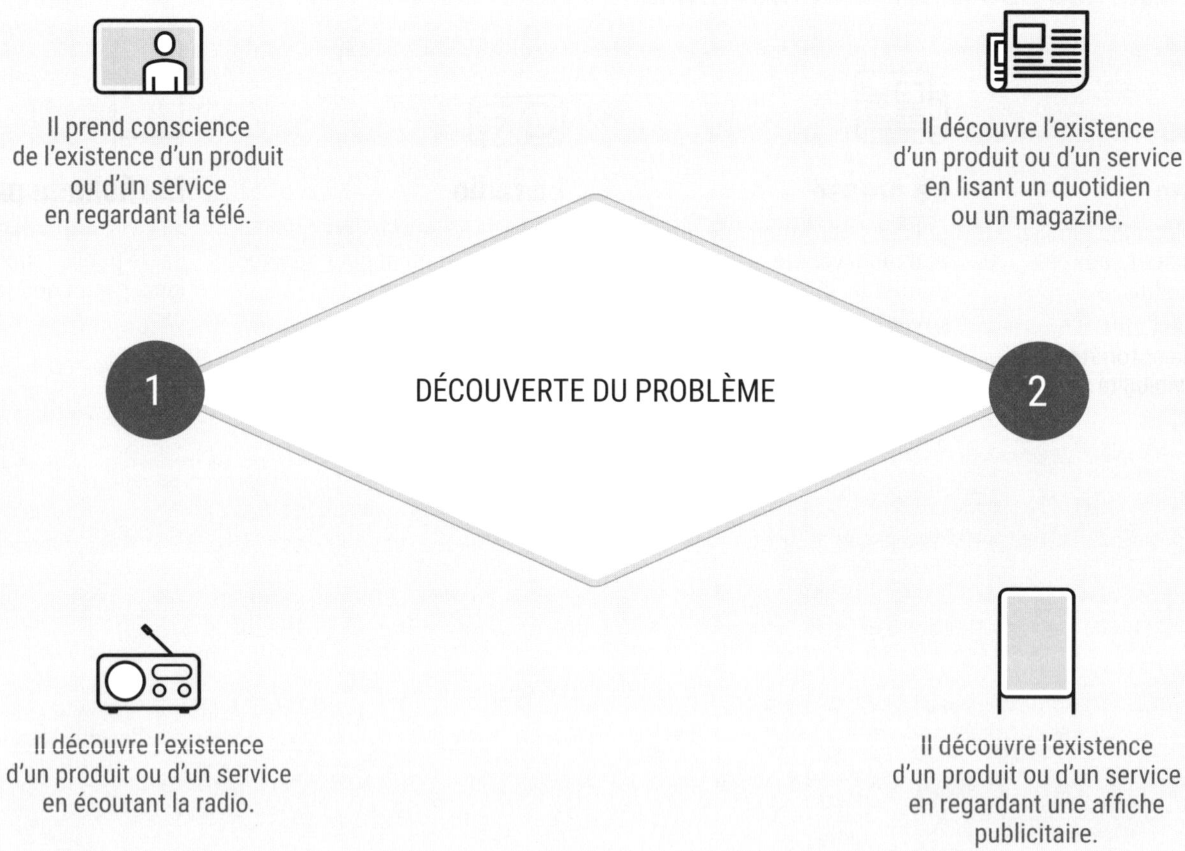

Les médias offline interviennent essentiellement dans les premières étapes du parcours d'achat, notamment lors de la prise de conscience. **Ce sont d'excellents outils pour raconter et faire prendre conscience d'un problème.**

L'objectif principal est la création de notoriété.

La répétition des messages amène le prospect à connaître et à identifier le produit, lui facilitant ainsi la prise de décision d'investir.

La répétition est la clé, elle assure la transmission du message !

« Découvrez le nouveau produit de la Vache Pourpre ! »

« Le nouveau produit de la Vache Pourpre vous attend ! »

[FOCUS] Le planning stratégique

Toute campagne de média traditionnel nécessite une planification et une organisation rigoureuse. Pour générer des idées innovantes et se démarquer de la concurrence, le planning stratégique est indispensable.

Au sein d'une agence de publicité ou de communication, il s'agit en quelque sorte du laboratoire où l'on rassemble des informations recueillies lors de veilles minutieuses.

Les sources d'information sont hétérogènes, car toutes les informations potentiellement exploitables doivent être retenues.

Le planneur stratégique

Il mène constamment des veilles à la recherche de nouveautés et d'informations utiles sur le marché et sur les concurrents.

Il conseille également les marques à partir d'analyses fines, émet des recommandations sur les axes de communication pertinents à privilégier. Il doit savoir comment atteindre les consommateurs.

Le planneur média

Aussi appelé media-planneur, il élabore un plan média pour organiser les étapes d'une campagne publicitaire. À partir d'analyses et d'études, il choisit les supports média les plus pertinents.

Il évalue les campagnes publicitaires tant en termes de coût qu'en termes d'efficacité, et ce, en s'appuyant sur des études de marché et en exploitant des outils statistiques.

La Vache Pourpre met en place sa communication

Pour que les clients aient l'intention d'acheter nos produits avant même de se rendre chez un distributeur, il faut qu'ils nous connaissent et nous préfèrent par rapport à toutes les autres marques.

Oui. La communication de marque est un bon moyen d'augmenter notre notoriété et de toucher nos clients. D'autant plus qu'on cible des personnes créatives !

Elle doit également refléter notre vision : être avant-gardiste et créative !

Il faudrait donc concevoir une campagne de communication qui puisse inspirer nos cibles et mettre en avant notre positionnement.

Dans ce cas nous pourrions faire un Creathon : en 48 heures seulement, nous avons un concept créatif. C'est une démarche rapide et co-créative !

C'est à prendre en compte. Mais pour l'instant, concentrons-nous sur les actions de communication que nous pouvons entreprendre !

Et si nous faisions une campagne de publicité ? Une annonce à la télévision nous permettrait de toucher une grande audience !

C'est un bon moyen, mais je ne crois pas que ce soit possible actuellement.

LA VACHE POURPRE

Melanie, CEO

Arthur, responsable de communication

Emma, responsable commerciale

Lee, responsable marketing

Pourquoi donc ?

Nous n'avons pas encore les moyens pour ce genre d'opération. Pour commencer, nous devrions faire des actions plus accessibles.

Dans ce cas, nous pouvons par exemple mettre en place des partenariats avec des influenceurs impliqués dans le domaine de la téléphonie mobile !

C'est envisageable ! Cela correspondrait plus à nos moyens.

Et qu'en est-il de la presse ? Apparaître dans des magazines pourrait nous servir !

À voir selon les coûts, mais cela peut également être envisagé ! Notons toutes les idées et faisons le tri ensuite !

La Vache Pourpre met en place sa communication

étapes de maturité	Jusqu'à décider d'acheter un téléphone	Jusqu'à désirer un téléphone la Vache Pourpre			Jusqu'à se rendre en boutique	Jusqu'à acheter un Purple Phone
actions du client		Il consulte son entourage	Il recherche sur Internet	Il s'intéresse à la Vache Pourpre		
informations		Qu'il soit physique ou virtuel, son entourage composé de sa famille, ses amis et ses collègues constitue un angle de recherche.	La recherche sur Internet comprend les moteurs de recherche et les réseaux sociaux, sur lesquels il est abonné à de nombreux influenceurs qui lui font découvrir la Vache Pourpre et son Purple Phone.	Après avoir découvert la Vache Pourpre, il cherche à en apprendre davantage sur l'entreprise, son histoire et ses produits.		
expérience émotionnelle						
actions d'acquisition		• Partenariat avec les influenceurs branchés high-tech • Page de publicité presse • Publicité télévisée / à la radio • Affiches publicitaires • Réalisation de clips vidéo sur les réseaux sociaux		• Site web vitrine		

Melanie,
CEO

Suite à notre travail sur la matrice d'acquisition et à la priorisation de nos actions, voilà le plan d'acquisition que nous avons établi.

	Actions d'acquisition	Objectifs	Indicateurs intermédiaires	Organisation
1	• Partenariats avec les influenceurs branchés high-tech, les artistes et les créatifs	• Gagner en notoriété • Se positionner grâce à l'image des influenceurs	• Nombre de vues de l'action • Nombre d'interactions	• Community Manager • Chargé de relation influenceurs
2	• Faire un Creathon pour concevoir un concept de campagne	• Obtenir une nouvelle identité visuelle • Communiquer son positionnement	• Satisfaction du résultat • Correspondance avec le positionnement de la Vache Pourpe	• Équipe marketing • Équipe communication
3	• Clips vidéo de la marque La Vache Pourpre sur les réseaux sociaux	• Communiquer sur la marque • Susciter l'intérêt • Gagner en notoriété	• Nombre de partages • Nombre de vues • Nombre d'interactions	• Community manager • Réalisateur vidéo • Monteur vidéo • Directeur marketing
4	• Mise en place d'un site web vitrine	• Avoir une présence sur Internet • Communiquer sur la marque	• Nombre de sessions	• Équipe Dév

Le marketing

« N'importe quel imbécile peut peindre un tableau, mais le vrai talent, c'est de faire en sorte que quelqu'un l'achète ! »

SAMUEL BUTLER (1835 - 1902)

Le marketing ou l'art de créer de la valeur

Qu'est-ce que le marketing ?

Fondé sur les mots "market in" qui signifient **mettre sur le marché,** le marketing englobe toutes les analyses et les actions nécessaires pour mettre un produit ou un service sur le marché et le vendre. Le terme apparaît après la Seconde Guerre mondiale et applique le vocabulaire de la guerre dans l'économie (cible, campagne...)

Quelques entreprises considèrent encore le marketing **comme une dépense** et non **comme une source de profit,** et c'est bien dommage pour elles !

Le marketing, s'il est parfaitement intégré dans la stratégie de l'entreprise, peut rapporter gros !

S'il est vrai que la rentabilité du marketing était autrefois difficilement mesurable, elle l'est beaucoup moins aujourd'hui grâce aux outils d'analyse de données.

Challengez cette cartographie et interrogez vous sur la place que les spécialités bicolores doivent avoir selon votre structure

HORS ACQUISITION

Le marketing est un domaine très vaste en constante évolution et peut s'appliquer à de nombreux secteurs, mais il est important de souligner ce qui ne contribue pas à l'acquisition dans un cadre commercial :

- **Le marketing stratégique** consiste à évaluer la pertinence d'adresser un nouveau marché ou de lancer un nouveau produit.
- **La fidélisation** désigne tous les efforts pour conserver les clients existants et les inciter à acheter à nouveau.
- **Le marketing international** désigne la mise en oeuvre de décisions marketing permettant la commercialisation d'un produit ou service sur un ensemble de marchés nationaux.

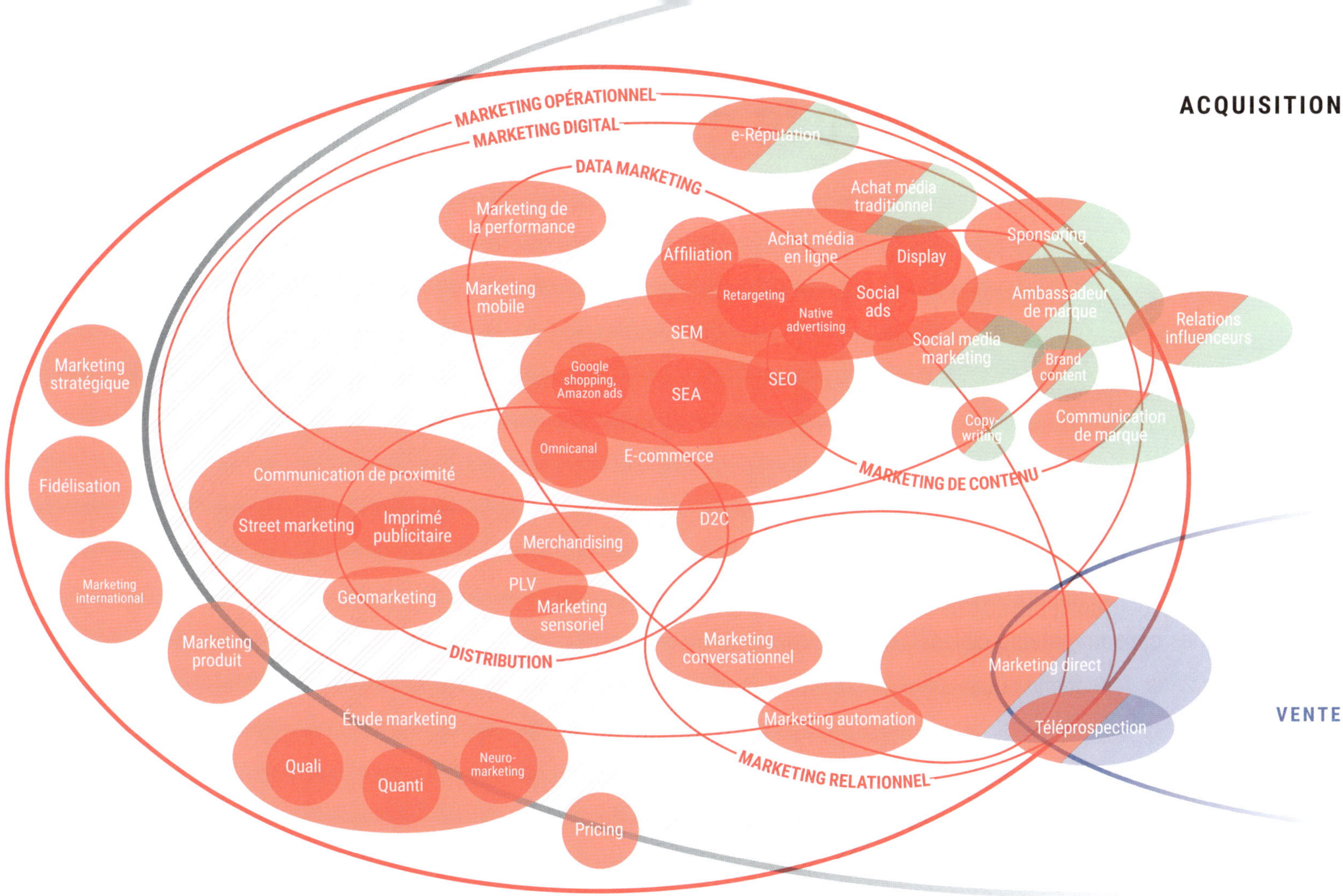

Le marketing opérationnel ou le cheval de guerre du marketing entre expérientiel et activation

Le marketing opérationnel est au coeur de l'acquisition. Il rassemble les techniques et les moyens qui servent à atteindre les objectifs fixés. Il se positionne entre **le marketing expérientiel** qui a pour objectif de proposer une expérience mémorable aux clients et **le marketing d'activation** qui est une autre approche de l'opérationnel à base d'actions qui ont pour but d'«activer» l'intérêt des clients. Plus simplement, le marketing opérationnel désigne les étapes où l'entreprise entre concrètement en action !

Tout commence avec le produit...

Une entreprise vend forcément quelque chose que ce soit un produit ou un service.

-Le produit est l'élément clé de son positionnement sur le marché. Il va résoudre les problèmes du client, répondre à ses attentes explicites ou implicites, faire face à la concurrence et surtout générer des revenus. Le produit est donc placé au coeur de la stratégie d'acquisition pour être sûr qu'il correspond bien aux attentes des consommateurs ciblés. C'est tout l'enjeu du marketing produit !

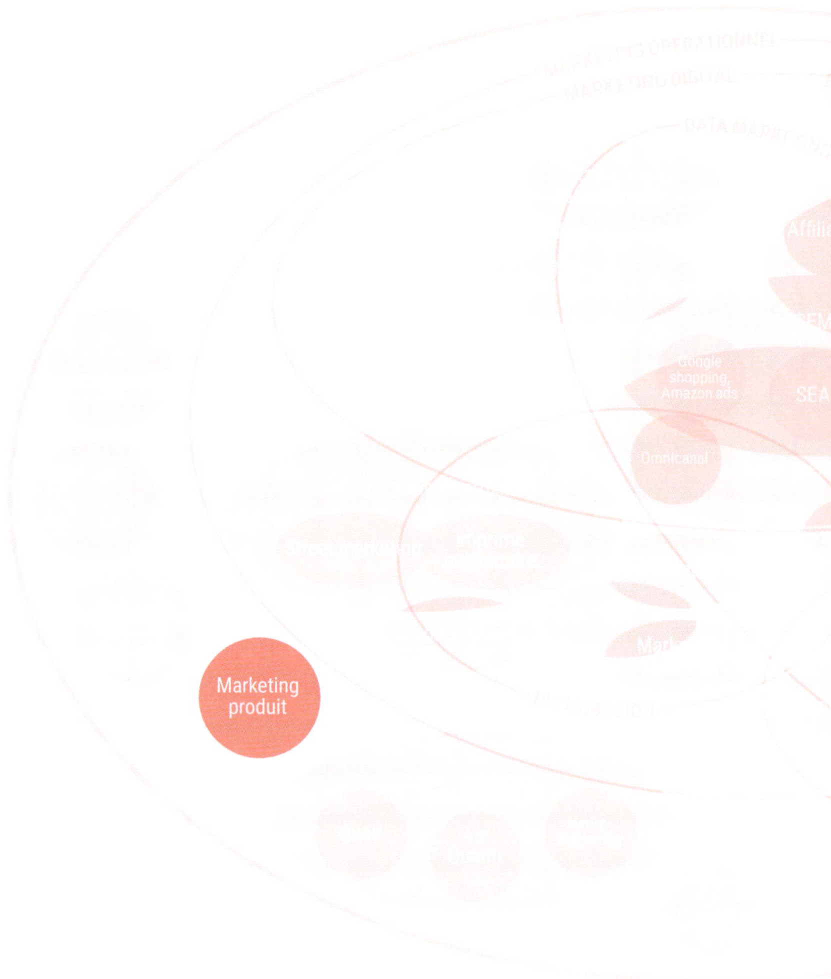

Le marketing produit a pour objectif d'assurer le succès d'un produit lors de son lancement et pendant les années à venir. Il regroupe les actions opérationnelles internes (former les équipes et optimiser les processus...) et externes (évangéliser le marché ou rédiger les argumentaires).

Inventé par Mc Carthy en 1960, **le mix marketing** ou modèle des 4P, détaille le positionnement marketing et commercial d'une entreprise.

Au sein des 4P, on compte le marketing produit qui se réfère à la politique produit d'une entreprise. À côté du produit, les 3 autres P concernent **le prix** (price), **la communication** (promotion) et **la distribution** (place).

Ces politiques doivent être cohérentes entre elles ! Par exemple, si la politique produit le positionne dans une certaine gamme, les politiques de prix, de communication et de distribution doivent être en accord avec le positionnement produit.

Le modèle des 4P est certes désuet aujourd'hui, mais il reste une référence !

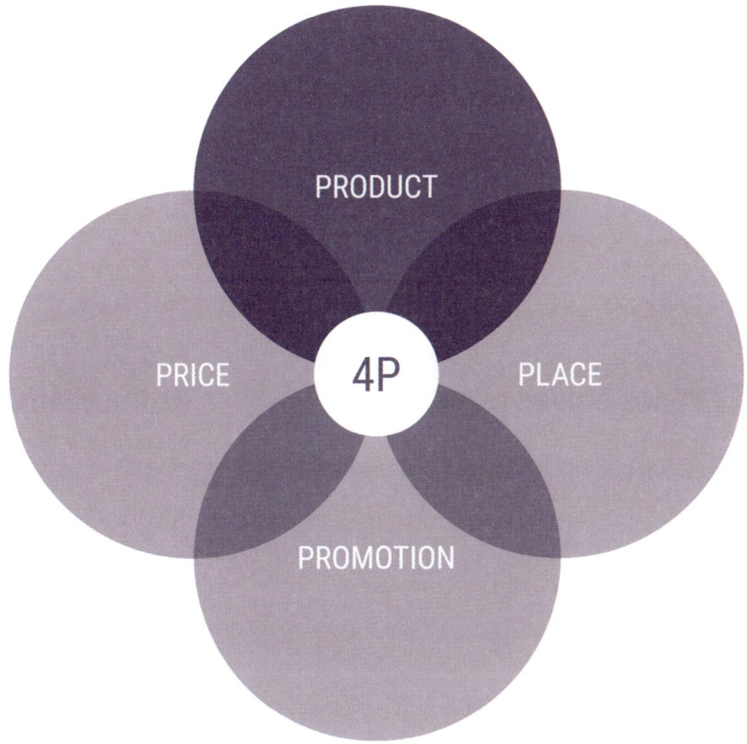

Le marketing produit se réfère à la politique produit et s'inscrit dans les 4P

Les actions et conseils pour un marketing produit au top

Il existe deux sortes de chefs de produit : **le Product Marketing Manager** qui s'occupe de la partie Marketing et métiers et **le Product Manager** qui est responsable des aspects techniques du produit. Le premier peut effectuer différentes actions pour mener à bien ses objectifs.

Faire des études de marché et des études clients
pour déterminer les tendances et être garant de la connaissance client grâce à des entretiens qualitatifs

Concevoir de nouveaux produits
et suivre leur évolution sur le marché

Former la force de vente
sur les différents canaux de vente aux nouveaux produits pour qu'elle soit capable de mieux les vendre

Briefer les équipes créa et com'
pour assurer la bonne promotion des produits

Rédiger des textes sur les produits
tels que fiches produits, sites web, landings pages et supports d'information pour détailler les caractéristiques du produit

Créer le packaging
avec le responsable packaging pour mettre en avant le produit

Construire la proposition de valeur

Une étape assez charnière sur le marketing produit

Prenez le temps de trouver le bon positionnement et de cibler la bonne clientèle.

Demandez-vous "Pour les clients qui ont ce problème, quel produit leur apporterait le meilleur bénéfice ?"

Rassemblez les équipes nécessaires à la planification et au lancement du produit.

Identifiez les avantages principaux, les bénéfices différenciants que vous souhaitez mettre en avant. Demandez-vous "Quelles sont les caractéristiques uniques de mon produit ?"

Assurez-vous de vous élever au-delà de la concurrence avec une proposition de valeur forte et unique. Pour cela demandez-vous "Pourquoi les clients vont-ils choisir mon produit plutôt que ceux de la concurrence ?"

Le juste prix, plus qu'une histoire de devinette

Déterminer le prix de vente de son produit est une démarche rigoureuse impliquant de connaître les coûts et de jongler avec des chiffres. Mais de manière très générale, la formule est :

Prix = Coûts + Marge

Dans les coûts, on note les coûts fixes, les coûts variables, les coûts d'achat, etc. Ce sont toutes les dépenses liées à la production et à la vente du produit.

La marge est la partie du prix qui revient à l'entreprise sous forme de revenus.

Le prix, en plus d'être une somme à dépenser pour acquérir un produit, est au cœur de la stratégie d'une entreprise. On distingue trois stratégies d'entrée de marché fondées sur le prix :

- **Stratégie de pénétration :** on s'insère dans le marché avec des prix bas.
- **Stratégie d'alignement :** les prix s'alignent sur ceux de la concurrence.
- **Stratégie d'écrémage :** on se différencie de la concurrence avec des prix supérieurs reflétant ainsi une meilleure qualité de produit.

Le prix doit bien évidemment être en accord avec le positionnement du produit ! Inutile d'opter pour une stratégie d'écrémage si la qualité du produit est équivalente à ceux dont les prix sont les plus bas…

Le prix est aussi le fruit **de l'offre et de la demande.** Pour rappel, l'offre est la proposition d'un bien, et la demande est l'ensemble des personnes prêtes à acheter ce bien. Mais en quoi la demande et l'offre influencent-elles le prix ? Un déséquilibre en faveur de l'offre engendre une baisse de prix (effet concurrentiel) et un déséquilibre en faveur de la demande engendre une hausse de prix.

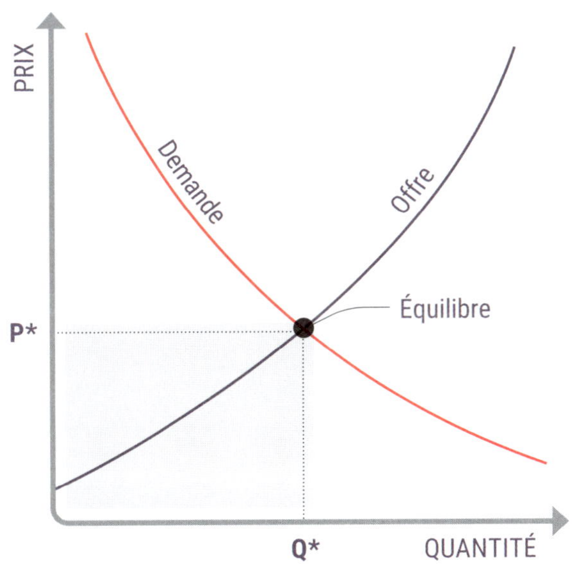

Le prix est très important, car il est l'un des principaux critères de choix pour le consommateur. À qualité similaire, plus le prix est bas, plus le consommateur a des chances d'acheter. Mais ce n'est pas tout le temps vrai, car l'image perçue du produit vient gommer la notion de prix. Ainsi un client acceptera de « surpayer » un iPhone grâce à son image de marque.

L'enjeu principal dans la détermination du prix est de trouver le prix qui va maximiser le volume de vente avec les bénéfices dégagés que ce soit en temps normal ou lors de promotions spéciales par exemple. N'oubliez jamais : ce n'est pas le chiffre d'affaires qu'une entreprise doit poursuivre, mais bien les bénéfices.

Approfondir la connaissance client avec les études marketing

En marketing, plus encore que dans tout autre secteur de l'entreprise, toutes les décisions doivent être mûrement réfléchies et pesées. Les études jouent alors un rôle essentiel dans la stratégie, que ce soit pour un lancement de produit ou un nouveau positionnement, car ce sont elles qui fournissent les informations nécessaires à la prise de décision. Dans les études marketing, on distingue deux principales sources de données : **les données quantitatives et les données qualitatives.**

Faire des études quantitatives

pour collecter un maximum d'informations afin d'élaborer des tendances ou des moyennes sur un échantillon représentatif d'une population. Ces études portent sur des données quantifiables (revenus, âge, composition du foyer,...) et utilisent des outils de collecte de données comme les questionnaires et les sondages, et désormais les outils d'analyse sémantique et de veille sur Internet (cf. l'Oréal sur Instagram...)

Faire des études qualitatives

pour comprendre en profondeur les consommateurs, les raisons de leur comportement, leurs émotions. Ces études reposent principalement sur des entretiens individuels ou collectifs.

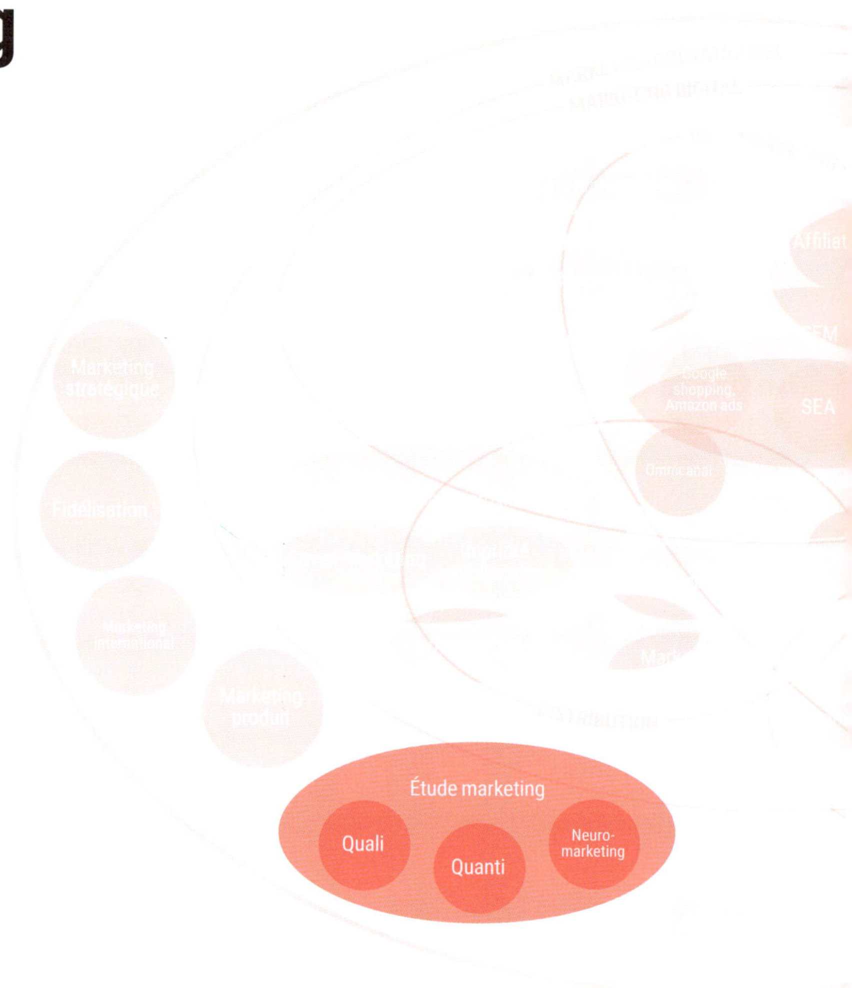

[FOCUS] Le neuromarketing

Offrir un cadeau
pour créer une réciprocité

Éditer un livre
pour montrer son expertise et son autorité

Respecter vos valeurs et vos engagements
pour être cohérent dans votre promesse

Générer des avis positifs
pour avoir une preuve sociale

Créer des éditions limitées
pour donner de la rareté

Adopter une communication positive
pour être apprécié

Certaines techniques d'influence, utilisées à mauvais escient, peuvent avoir des conséquences négatives sur votre entreprise… À exploiter avec prudence, ne manipulez pas le cerveau de vos clients !

Enfilez votre blouse de scientifique avec le data marketing

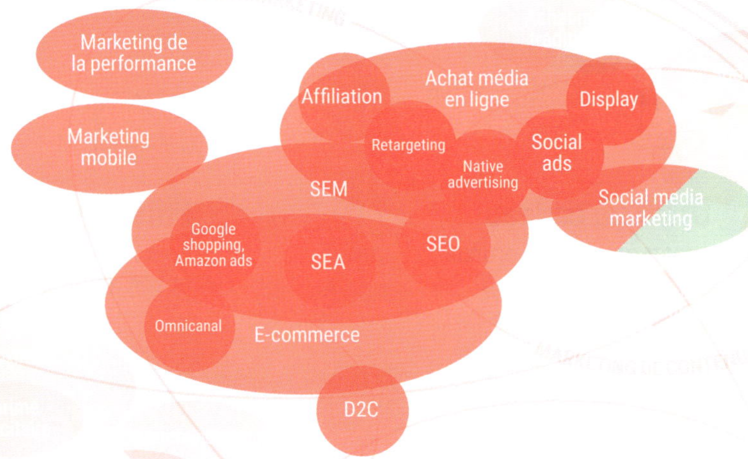

Avec la digitalisation croissante des moyens de communication et d'information, nous produisons une quantité importante de données. Celles-ci peuvent être utilisées en marketing : c'est le data marketing.

Le data marketing désigne la collecte et l'utilisation des données des visiteurs dans le but de gagner des insights et de créer des offres plus élaborées (les recommandations personnalisées d'Amazon par exemple).

Le data marketing est désormais indispensable aux entreprises de toutes tailles et de toutes activités, pour mieux connaître leurs secteurs. Pour les grandes entreprises qui disposent de grandes quantités de données (qui dépassent la capacité des outils de gestion), on parle de **Big Data**. En revanche, il n'est pas nécessaire d'avoir une quantité astronomique de données pour faire du data marketing ! Même les entreprises modestes peuvent en faire à l'aide de leur site web et de leur CRM par exemple.

Le data marketing comporte différentes sources de données : **first, second et third party data.**

L'entreprise doit absolument assembler toutes les sources de ces données pour en tirer des analyses, faire des études et s'adapter en temps réel.

First Party Data

Ce sont les données recueillies avec vos propres moyens. C'est la source de données la plus fiable !

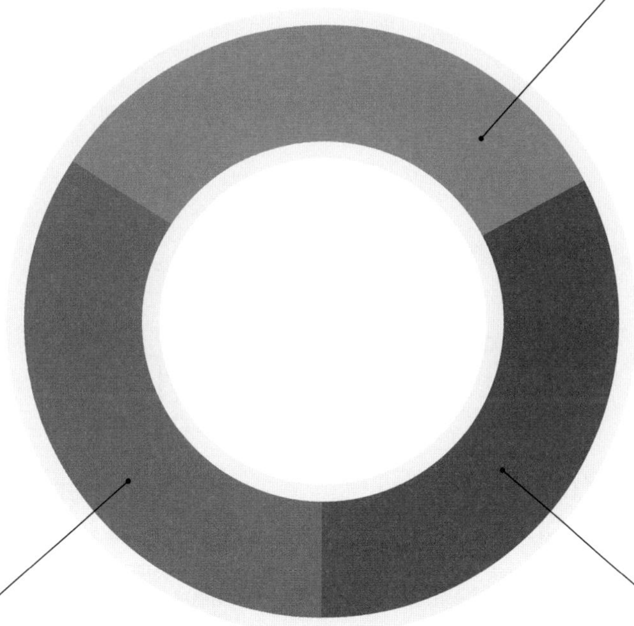

Third Party Data

Cette catégorie fait référence aux entreprises qui génèrent de la donnée en grande quantité pour la revendre. Ces données sont accessibles à toute entreprise moyennant finance.

Les données sont importantes pour l'entreprise, mais leur récolte et leur usage doivent être conformes au RGPD (Règlement général de protection des données). L'entreprise doit s'assurer que les utilisateurs ont donné un consentement explicite pour toute donnée personnelle !

Second Party Data

Si vous avez un partenaire de confiance qui accepte de partager ses données avec vous, c'est de la second party data.

Il faut également prendre en compte les Open Data qui sont des données publiques et totalement libres de droits. Ce terme peut s'appliquer à des informations en provenance de n'importe quelle source sur n'importe quel sujet. À titre d'exemple, la météo est une open data.

Exploiter la donnée client et média pour créer de la valeur

Déposer des cookies via les liens des emails
pour récolter des données des usagers.

Créer des cartes de fidélité
pour récolter des informations sur les achats des clients.

Être présent sur les réseaux sociaux
pour crawler les tendances, créer une communauté et interagir avec les membres.

Analyser les comportements des consommateurs sur Internet
(mouvement de la souris, navigation, heatmap, etc.)

Être présent sur les outils digitaux
pour élargir ses points de contact avec les clients et pouvoir recueillir de la donnée.

Créer des enquêtes et sondages
pour récolter des informations et les avis des clients.

Procéder à de l'A/B testing
pour avoir des données sur deux options et ensuite choisir la meilleure.

Être à l'écoute des clients,
pour répondre à leurs questions et réclamations via le service client.

Grâce à la donnée, les entreprises améliorent leurs offres et créent plus de valeur pour les clients. Plusieurs points de contact entre l'entreprise et le client peuvent être des sources de données.

Les données récoltées sont utilisées pour améliorer ses produits ou services, ses communications (médias, fréquence, messages, offres), voire personnaliser la navigation des utilisateurs sur son site web.

Utiliser un CRM ou un CDP
(Customer Data Platform) pour rassembler les données clients.

Segmenter, cibler les clients et leur proposer des offres personnalisées
pour augmenter l'efficacité des actions marketing et proposer une meilleure expérience client.

Analyser ses clients pour connaître :

- leur profil socio-démographique
- leur comportement d'achat
- leur réponse aux sollicitations commerciales (médias, offres, fréquence de communication)
- leur valeur et rentabilité.

Les métiers du data marketing

Le Data Scientist

Le Data scientist a pour mission principale la collecte des données non structurées en grande quantité, qu'il convertit dans un format exploitable. Son sens de l'analyse lui permet de découvrir des tendances et des modèles dans les données à sa disposition. Il travaille également en collaboration avec les responsables de l'entreprise et les informaticiens.

Le data scientist rédige des conclusions de ses analyses et les partage à la direction générale. Elles servent notamment à trouver des axes d'amélioration et de nouveaux leviers de croissance ainsi qu'à identifier de nouveaux usages et modes de fonctionnement.

Le Data Analyst

Le Data Analyst a pour mission de traiter les données de l'entreprise afin d'en extraire les informations essentielles à la croissance de celle-ci. Il définit la direction et la stratégie à adopter après l'analyse des données. Son rôle principal est de donner un sens aux données en les transformant en informations exploitables.

Le Data Analyst s'occupe également de la conception et de la modélisation des bases de données de l'entreprise dont il assure le parfait fonctionnement. Enfin, il élabore des critères de segmentation pour exploiter les données de la meilleure manière possible.

Le marketing de la distribution pour faire parvenir vos produits aux clients

Qu'est-ce que le marketing de la distribution ?

Le marketing de la distribution joue un rôle important dans l'entreprise dans la mesure où il permet l'acte d'achat. **La politique de distribution** recouvre la stratégie et le choix des canaux de distribution.

Autre notion liée : **le marketing du point de vente** désigne les techniques marketing réalisées sur un point de vente pour augmenter son efficacité commerciale.

Ces techniques marketing améliorent le trafic sur le point de vente, fidélisent les consommateurs, augmentent les actes d'achat et le panier moyen et favorisent une bonne expérience d'achat.

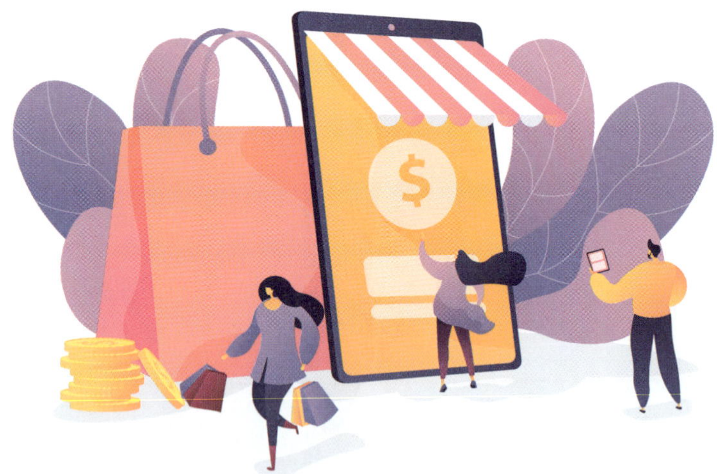

Omnicanal
E-commerce
Communication de proximité
Street marketing
Imprimé publicitaire
Merchandising
PLV
Geomarketing
Marketing sensoriel
DISTRIBUTION

Le géomarketing pour choisir son emplacement idéal

Avoir un endroit où vendre ses produits c'est un bon début, mais les vendre dans un lieu à forte affluence c'est encore mieux ! Et c'est pareil pour un site web ! D'où les concepts importants de **géomarketing** et de **référencement** (son pendant numérique...)

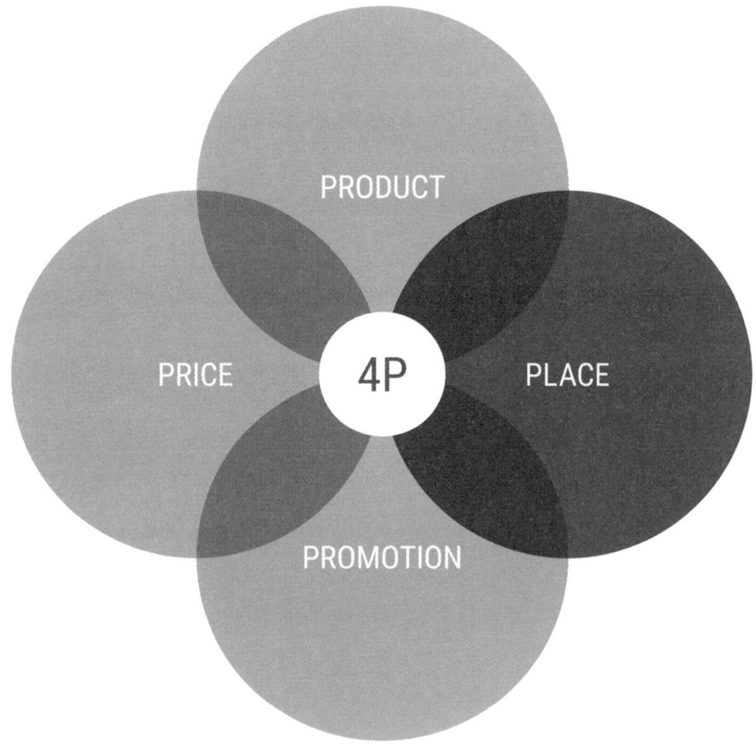

Le lieu de distribution prend une importance fondamentale pour tous points de vente. Il représente la Place dans les 4P.

Connaître sa géographie grâce au géomarketing

Le géomarketing rassemble les actions de marketing qui utilisent les données cartographiques ou géographiques, socio-démographiques et socio-comportementales. Connaître ces paramètres permet notamment d'optimiser l'affluence des consommateurs en magasin, d'optimiser le stock de produits proposés, de déterminer les éventuelles retombées commerciales et d'améliorer les actions de démarchage.

Ce concept de géomarketing repose sur l'utilisation d'un système d'information géographique (SIG) et sur la cartographie. Depuis le développement d'Internet, le géomarketing a connu de nombreuses évolutions, car les données de géolocalisation des individus collectées grâce aux smartphones enrichissent considérablement les applications géomarketing.

Le géomarketing donne des paramètres utiles pour choisir l'emplacement idéal de son point de vente : lieux les plus populaires, ceux qui ont une affluence importante, etc.

Ces lieux renvoient au concept **d'emplacement commercial n°1 et sont des localisations offrant un fort potentiel commercial.** Dans ces endroits, la fréquence et l'intensité de passage sont élevées. Des commodités comme les parkings et stations de métro sont à proximité pour en faciliter l'accès.

Les emplacements n°1 sont généralement situés dans les rues principales d'un centre-ville ou dans les galeries marchandes, ou à l'inverse en dehors des centres-villes dans des lieux de passage, ou encore dans un lieu facilement accessible qui regroupe plusieurs offres (par exemple, les centres commerciaux). Tous constituent des lieux incontournables pour le shopping !

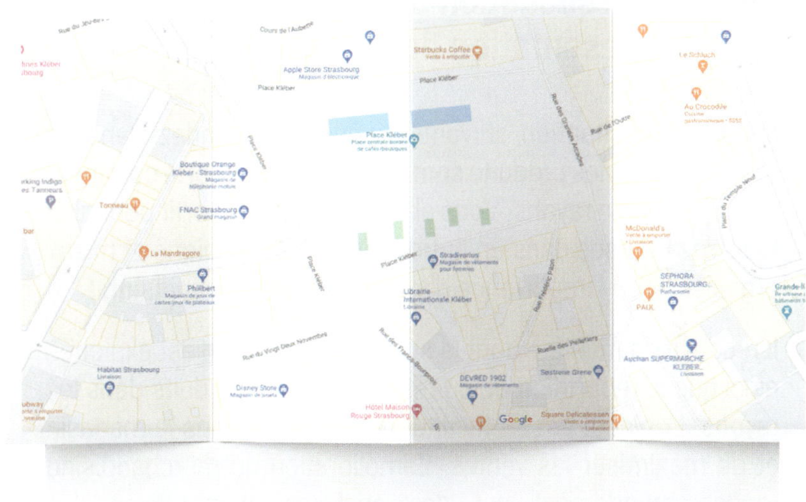

La Place Kléber à Strasbourg, un lieu de rencontre et de shopping incontournable !

[FOCUS] Deux composantes du marketing de la distribution

Le merchandising ou l'art de l'allocation des surfaces et de la présentation des produits

Imaginez la situation suivante : vous vous rendez dans un magasin, mais les produits sont dispatchés n'importe comment et il n'y a pas de rayons. Vous allez sûrement ressortir pour aller faire vos courses dans un autre magasin, plus soigné et mieux organisé. D'où l'importance d'avoir un bon **merchandising** !

Il recouvre la manière dont la surface du magasin est exploitée ainsi que la répartition et la présentation des produits dans les rayons. L'objectif est de faciliter la navigation dans le magasin et de maximiser les ventes. L'amélioration du merchandising repose grandement sur des analyses quantitatives des ventes et des résultats ainsi que sur la prise en compte des comportements des clients (parcours, vitesse de circulation, consommation...).

Le secret d'un bon merchandising ? Faites en sorte que vos clients sachent exactement où aller pour chercher un produit même si c'est leur première visite dans votre boutique !

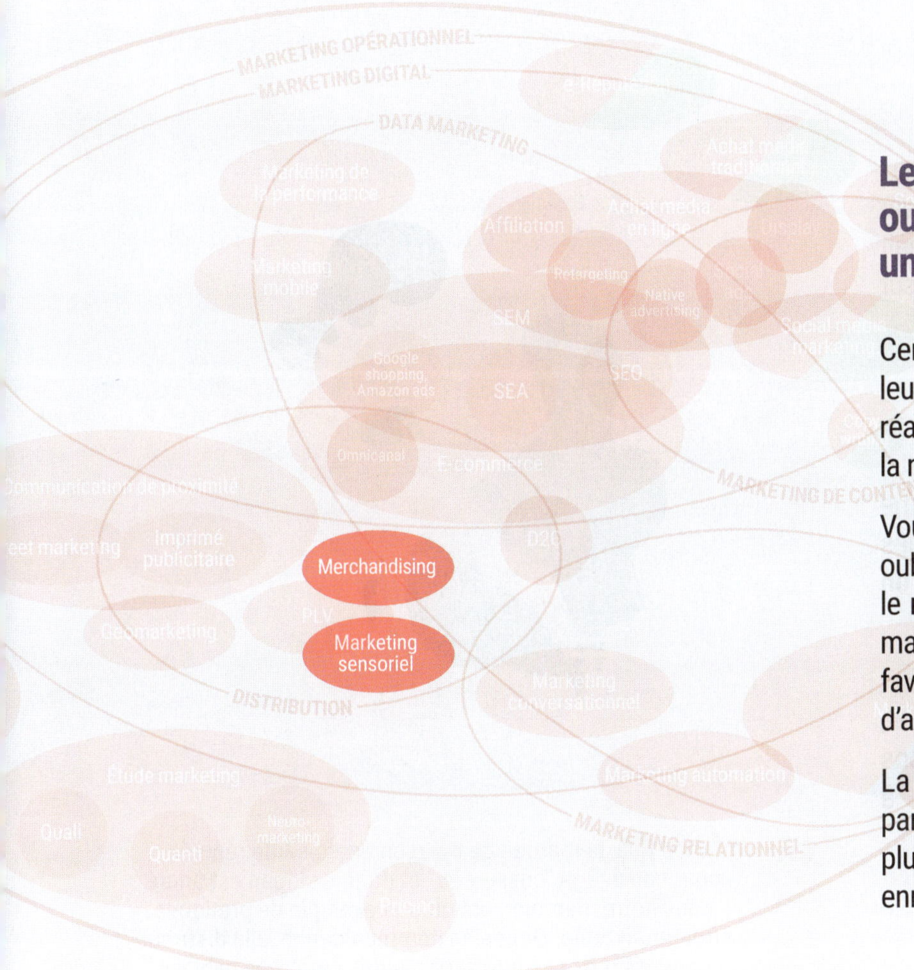

Le marketing sensoriel ou comment proposer une expérience client plus sensorielle

Certains disent que l'homme a 6 sens, d'autres 7. Peu importe leur nombre, nos sens nous permettent d'appréhender notre réalité et notre environnement. Ce sont de précieux cadeaux de la nature qui nous servent au quotidien.

Vous vous doutez bien que les marketeurs ne les ont pas oubliés ! Ils ont même fondé un marketing spécifique : c'est le **marketing sensoriel.** Il consiste à élaborer des techniques marketing qui stimulent un ou plusieurs des 5 sens pour favoriser l'achat d'un produit ou service et offrir une expérience d'achat unique et mémorable.

La vue, le toucher et le goût pour les produits alimentaires font partie du marketing produit. En revanche l'ouïe et l'odorat sont plutôt délaissés. Certains magasins intègrent ces sens-là pour enrichir l'expérience de leurs clients.

Street marketing et communication de proximité

Vous êtes-vous déjà promené avec vos amis par beau temps avec une forte envie de vous désaltérer, mais pas un sou sur vous ? Soudain, vous avez aperçu un petit stand où l'on donnait gratuitement des boissons aux passants. Vous avez bondi sur cette offre inattendue pour étancher votre soif.

Sachez qu'il s'agit là d'une action de **street marketing** ! Comme son nom l'indique, elle consiste à exploiter des techniques marketing dans la rue. **L'objectif peut être de promouvoir un événement, une marque ou un produit.**

Dans l'exemple ci-dessus, le but est de promouvoir un produit (la boisson) et une marque. Mais on trouve aussi les QR codes, à flasher sur des flyers, par exemple, ainsi que les beacons permettant d'envoyer des notifications aux personnes à proximité.

Red Bull, la marque de boisson énergisante réputée pour son image "casse-cou" et dont le slogan est ancré dans notre mémoire, est un bon exemple de pratiques street marketing. Douée en communication, elle distribue dans les rues ses boissons via des employés habillés aux couleurs de la marque. Elle se distingue aussi avec les voitures Red Bull, à mi-chemin entre moyen de transport et canette-mobile !

Communiquer aux alentours de son point de vente est essentiel pour attirer les clients et les informer des dernières nouveautés.

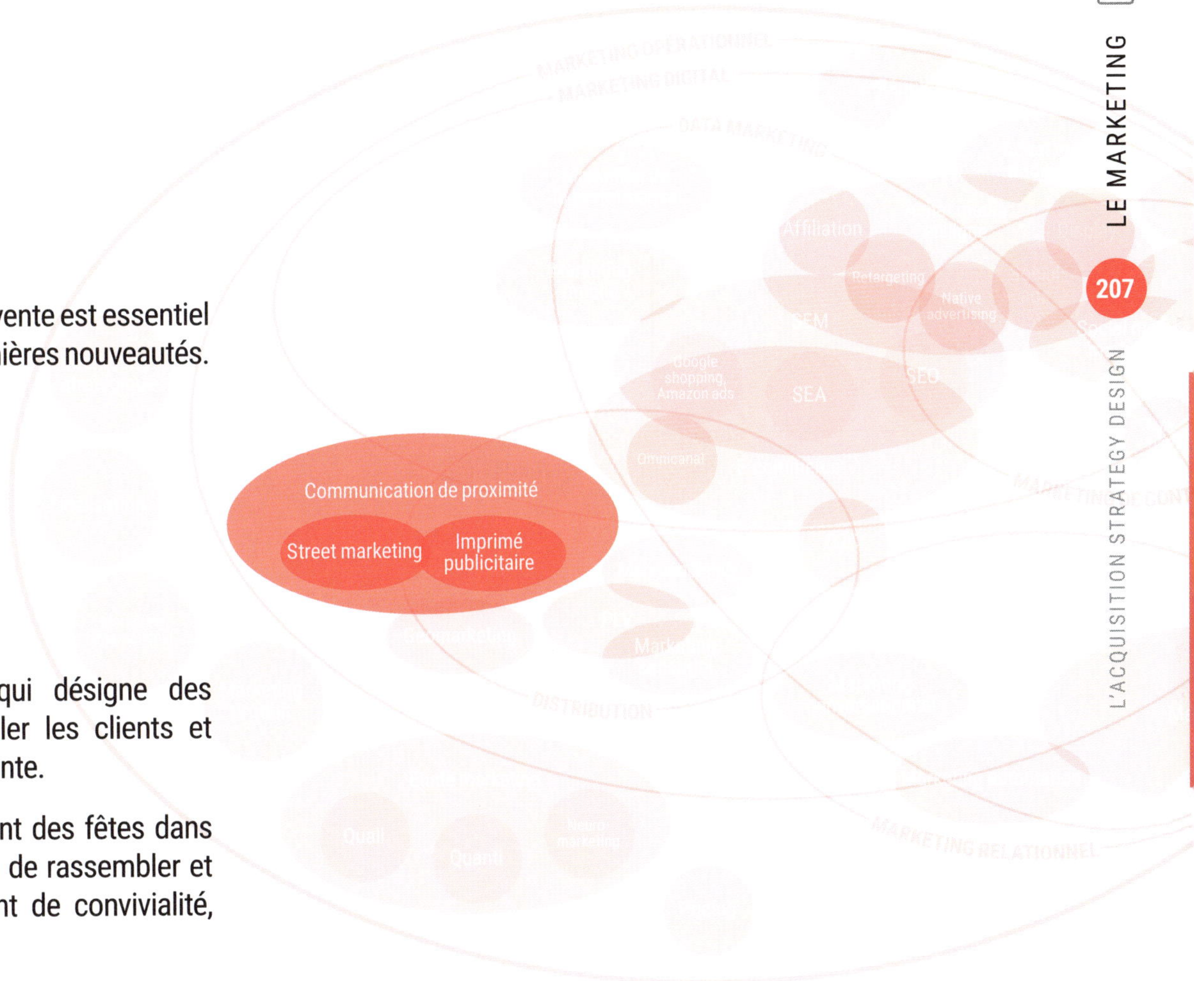

C'est la **communication de proximité,** qui désigne des techniques marketing employées pour cibler les clients et prospects situés à proximité d'un point de vente.

À titre d'exemple, certains villages organisent des fêtes dans les rues commerçantes. C'est une occasion de rassembler et d'inviter les personnes autour d'un moment de convivialité, mais aussi de communiquer sur sa marque.

L'imprimé publicitaire est une forme de communication de proximité. Il recouvre tous les documents au format papier qui ont pour objectif de promouvoir une marque, un produit, ou une offre. Ces prospectus ou flyers sont distribués à proximité du point de vente et dans les boîtes à lettres. Cette pratique paraît dépassée, mais est toujours d'actualité.

Attirer les consommateurs en magasin et les faire progresser dans leur parcours d'achat

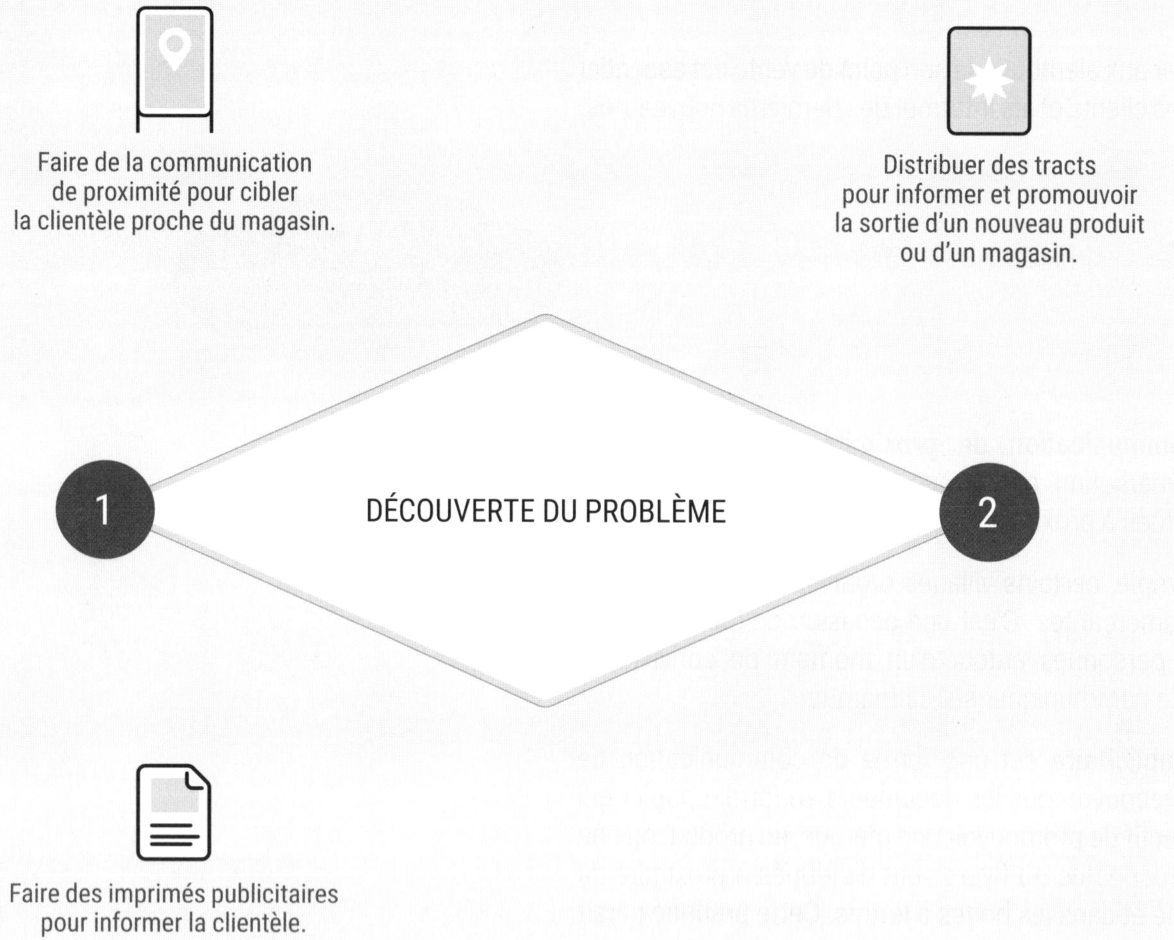

Faire du street marketing pour susciter l'intérêt des passants et améliorer sa notoriété.

Créer des publicités sur le lieu de vente pour attirer l'attention des consommateurs sur certains produits.

2

RÉSOLUTION DU PROBLÈME

3

Mettre en avant des produits en vitrine du magasin pour attirer les consommateurs.

Les métiers du marketing de la distribution ou du point de vente

Le responsable trade marketing

Il optimise les relations entre l'entreprise et son réseau de distribution en créant un partenariat dans l'objectif de maximiser les gains des deux côtés.

Avec le directeur marketing ou le directeur commercial, il définit et applique les plans d'actions promotionnelles en fonction de la politique commerciale définie.

Le responsable merchandising

Dans une enseigne de la distribution, il analyse la disposition des produits dans un rayon. Son but principal est d'améliorer la présentation, la valorisation et donc les ventes de son rayon.

Pour cela, il étudie le bilan des ventes réalisées périodiquement dans son rayon. Il s'appuie également sur les études qualitatives et quantitatives réalisées par l'équipe marketing pour comprendre les besoins des consommateurs.

Le responsable marketing point de vente

Rattaché à la direction marketing, le responsable marketing point de vente a pour mission d'établir les stratégies marketing des points de vente dont il a la charge.

Il supervise les actions de trade marketing et de merchandising et s'assure de l'application de la stratégie marketing.

Category Manager

Le Category Manager représente les marques de produit d'une entreprise. Il conseille les points de vente sur leur politique d'assortiment de gammes et orchestre la mise en place des produits en magasin.

Il analyse les données à sa disposition pour en déduire des informations stratégiques qui servent de support à ses recommandations.

La première boutique de la Vache Pourpre

Nouvelle étape : ouvrir notre toute première boutique La Vache Pourpre. Cela nous permettra d'être moins dépendants des distributeurs et d'accroître nos activités sur le secteur B2C.

Ouvrir notre première boutique nous offre un canal de vente supplémentaire pour accroître nos ventes !

La boutique est aussi un bon moyen pour véhiculer notre image de marque ! Cette ouverture devra être communiquée pour améliorer notre notoriété !

Faisons de cette ouverture un véritable évènement !

Notre première boutique sera donc un concept-store qui mettra en avant nos produits, dans un espace de vente unique propre à notre image de marque.

Concernant l'emplacement géographique, il serait judicieux de l'ouvrir dans une métropole !

Melanie, CEO **Arthur,** responsable de communication **Emma,** responsable commerciale **Lee,** responsable marketing

Assurément ! Les coûts d'ouverture seront sûrement plus élevés, mais cela entraînera de nombreuses ventes !

Nous pouvons également entreprendre des actions de communication de proximité aux alentours de la boutique.

Voyons donc dès maintenant comment ce concept store influence et fait évoluer le parcours d'achat !

L'évolution du parcours d'achat de la Vache Pourpre

étapes de maturité	**Jusqu'à décider d'acheter un téléphone**	**Jusqu'à désirer un téléphone la Vache Pourpre**			
actions du client		**Il consulte son entourage**	**il recherche sur Internet**	**Il s'intéresse à la Vache Pourpre**	**Il visite le concept store de la Vache Pourpre**
informations		Qu'il soit physique ou virtuel, son entourage composé de sa famille, ses amis et ses collègues constitue un angle de recherche.	La recherche sur Internet comprend les moteurs de recherche et les réseaux sociaux, sur lesquels il est abonné à de nombreux influenceurs qui lui font découvrir la Vache Pourpre et son Purple Phone.	Après avoir découvert la Vache Pourpre, il cherche à en apprendre davantage sur l'entreprise, son histoire et ses produits.	
expérience émotionnelle		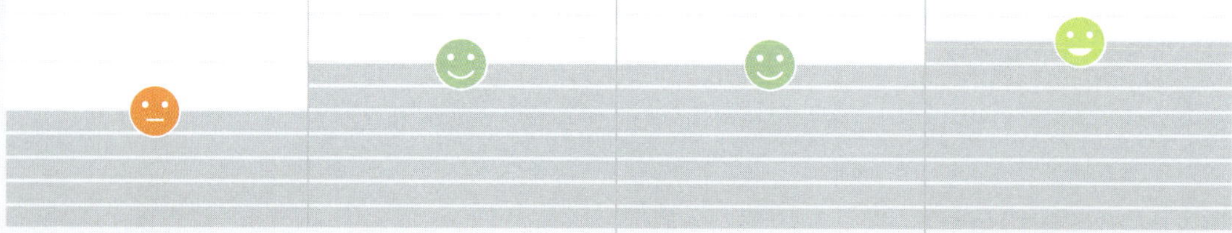			
actions d'acquisition		• Partenariat avec les influenceurs branchés high-tech • Page de publicité presse • Publicité télévisée / à la radio • Affiches publicitaires • Réalisation de clips vidéo sur les réseaux sociaux		• Site web vitrine	• Communication de proximité • Communication sur les réseaux sociaux • Communiqué de presse • Actions de merchandising • Création d'offres uniquement disponibles dans le concept store • Force de vente spécialisée

Jusqu'à se rendre en boutique		Jusqu'à acheter un Purple Phone	
Il compare les prix sur Internet	**Il recherche un distributeur de la Vache Pourpre**	**Il retourne dans le concept store**	**Il achète le Purple Phone**
Il fait du showrooming : après avoir visité le concept store, il cherche en ligne si des sites e-commerce vendent le Purple Phone a un prix inférieur à celui proposé dans le concept store.	N'en ayant vu aucun, il décide d'aller voir chez un distributeur si les prix sont moins élevés.	Après avoir vu que les prix des distributeurs de la Vache Pourpre étaient alignés sur ceux du concept-store, il décide de retourner dans celui-ci pour acheter le Purple Phone dans de meilleures conditions.	Une fois le Purple Phone acheté, il quitte le magasin et commence à l'utiliser.

- Actions de merchandising
- Création d'offres uniquement disponibles dans le concept store
- Force de vente spécialisée

Attirer et convertir les consommateurs par différentes mécaniques promotionnelles

L'art du marketeur consiste à communiquer ses offres promotionnelles au bon moment, aux bonnes personnes avec les bons médias, mais également à choisir les mécaniques promotionnelles pertinentes qui incitent les clients à acheter.

Les mécaniques promotionnelles sont différentes selon la cible : tous les clients avec des offres publiques (en magasin, sur un site web, dans les médias traditionnels) ou certains clients avec des offres privées (marketing direct).

Les offres privées permettent de moduler la valeur commerciale en fonction des clients et même de personnaliser le prix en fonction de l'appétence client pour un produit ou une catégorie. On optimise ainsi l'incitation à l'achat tout en maîtrisant le coût de la promotion pour l'entreprise.

Faire des offres promotionnelles publiques

- Tout à x €
- Sélection "x produits achetés, le xème offert"
- Sélection produits "à partir de"
- Sélection produits à prix fixe
- Sélection produits à "moins x %" ou "jusqu'à moins x %"
- Lots à prix réduit
- Cadeau pour montant d'achat atteint

Faire des offres promotionnelles privées (ventes privées, soldes privées)

- Moins 30 %, 40 %, 50 % sur tous les produits, sur x produits, sur une catégorie de produits, sur une sélection de produits (personnalisée ou pas)
- Un produit acheté, un offert
- Points fidélité octroyés
- Cadeau pour toute visite, sans obligation d'achat
- Cadeau pour tout achat supérieur à x €

Vendre sur le web grâce au e-commerce

Qu'elle est loin l'époque où nous devions nous déplacer pour acheter un produit au sein d'une offre limitée ! Aujourd'hui, nous pouvons en quelques clics acheter n'importe quel produit sur le web et nous le faire livrer en moins d'une semaine. Bienvenue dans l'ère du e-commerce !

Le commerce électronique ou e-commerce désigne les transactions commerciales effectuées à distance grâce à des interfaces électroniques et digitales. Parmi ces interfaces, on trouve les ordinateurs, les tablettes, les smartphones, les consoles de jeux vidéo et même les télévisions.

Le e-commerce s'est rapidement installé dans nos vies et a révolutionné nos comportements d'achat. Pour les consommateurs, il offre un gain de temps et une plus grande variété de produits. Pour les entreprises, c'est un nouvel horizon à fort potentiel de croissance.

Du point de vue de l'entreprise, vendre en ligne comporte différentes opportunités & contraintes

- Ouverture sur le monde entier
- Disponibilité 7/7 et 24/24
- Constitution d'une base de données clients
- Actions de ciblage et de personnalisation (retargeting)
- Automatisation du business (upsell, crossell) sans être dépendant de "l'humain"

- Concurrence accrue (emplacements limités sur Google et les marketplaces)
- Concurrence possible de ses propres distributeurs
- Complexité de la logistique d'expédition
- Maîtrise d'un service client en ligne
- Perte de la proximité dans la relation client
- Risque de se transformer en "cost killer" (l'e-commerçant doit réduire ses coûts au maximum)

Les invariants d'un parcours d'achat e-commerce

La 1ère partie du parcours d'achat e-commerce, le premier diamant qui couvre les étapes de découverte et de prise de décision d'investir, **est variable selon les parcours** ce qui le rend spécifique. Il faut donc utiliser le Canvas d'Acquisition comme pour tout autre projet pour le définir et se poser les bonnes questions en amont ! En revanche, la 2e partie du double diamant en e-commerce est assez invariable, car les actions des clients en ligne seront relativement similaires, quel que soit l'achat.

Quelques questions complémentaires pour bien ajuster votre stratégie

Les produits sont-ils à votre marque ou êtes-vous uniquement un distributeur ? Avez-vous l'exclusivité ou non ?

Quelles sont les alternatives aux produits que vous vendez ?

Quels sont les bénéfices d'acheter en ligne vos produits par rapport à un achat en magasin ?

Qui sont vos concurrents ? Quels prix pratiquent-ils ? Quels services proposent-ils ? Quelle est leur réputation ?

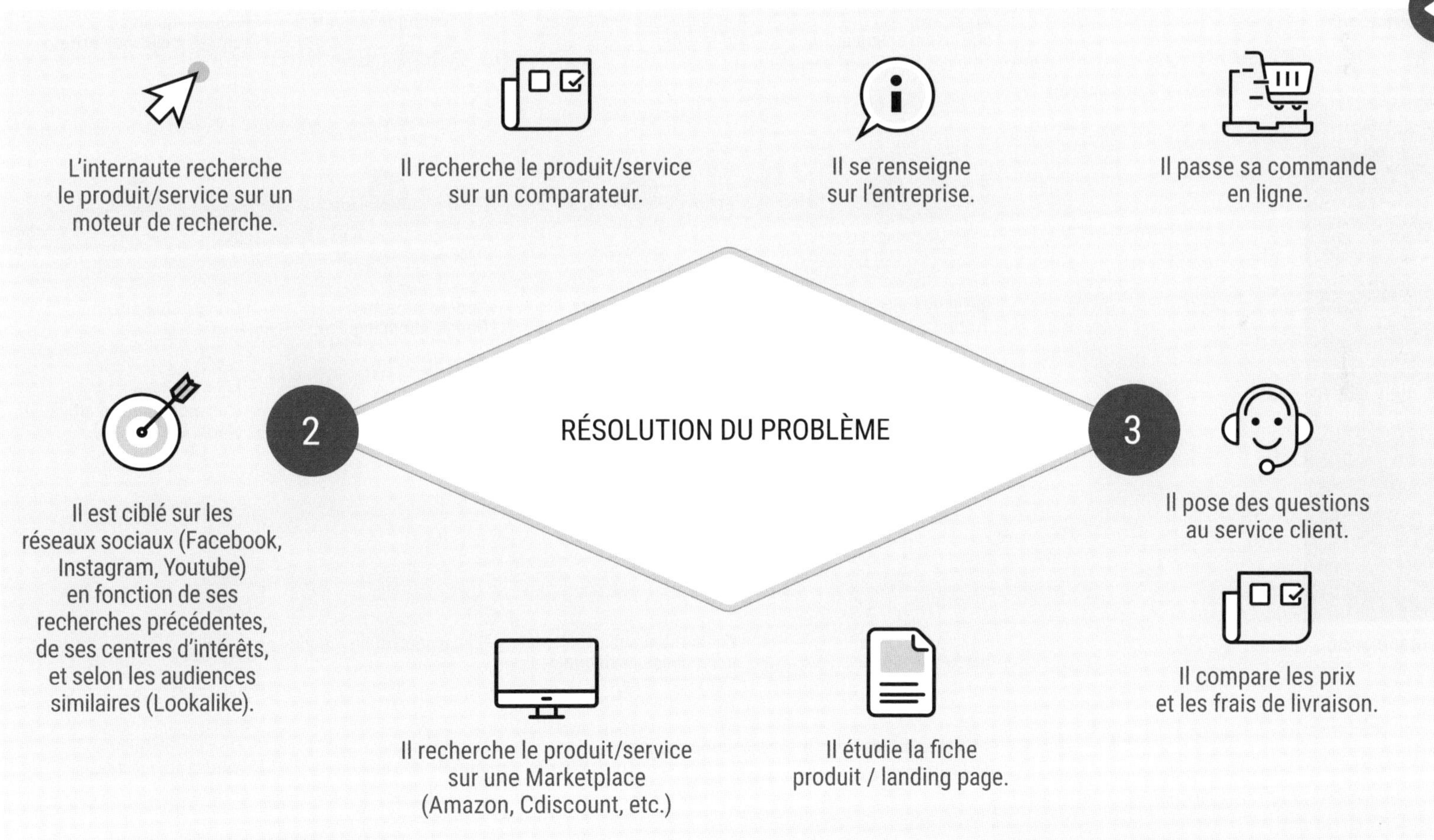
L'internaute recherche le produit/service sur un moteur de recherche.
Il recherche le produit/service sur un comparateur.
Il se renseigne sur l'entreprise.
Il passe sa commande en ligne.
2
RÉSOLUTION DU PROBLÈME
3
Il est ciblé sur les réseaux sociaux (Facebook, Instagram, Youtube) en fonction de ses recherches précédentes, de ses centres d'intérêts, et selon les audiences similaires (Lookalike).
Il pose des questions au service client.
Il compare les prix et les frais de livraison.
Il recherche le produit/service sur une Marketplace (Amazon, Cdiscount, etc.)
Il étudie la fiche produit / landing page.

Diagnostic de votre site e-commerce

étapes de maturité	**Jusqu'à décider d'acheter le produit / service**	**Jusqu'à découvrir le site de l'entreprise**			
actions du client		**Il est ciblé sur les réseaux sociaux**	**Il recherche le produit/ service sur un moteur de recherche**	**Il recherche le produit/service sur une Marketplace**	**Il recherche le produit/service sur un comparateur**
informations		Après avoir fait une action antérieure	Il effectue des recherches sur Internet	S'il a l'habitude ou préfère passer par une marketplace	Pour voir quelles sont les meilleures offres
expérience émotionnelle					
canaux		• Réseaux sociaux (Facebook, Twitter, Instagram…)	• Moteur de recherche	• Google, Amazon, Google shopping	• Google Shopping
actions d'acquisition		• Ciblage Lookalike • Custom Intent • Retargeting	• Articles de blog • Optimisations SEO • Optimisation navigation site web desktop et mobile	• SEO • SEA • Google Shopping	• Mise en place d'un programme d'affiliation (Awin, Daisycom…)
organisation		• Équipe marketing / marketing digital	• Équipe communication / communication digitale • Content manager • Équipe marketing	• Équipe marketing / marketing digital	
KPI		• Nombre de vues de la publicité	• Trafic site web • Positionnement SEO mots-clés liés au produit	• Positionnement SEO • Taux de conversion • Positionnement des pub sur market place	• Nombre d'affiliations • Ventes sur les sites associés

Nous vous proposons une matrice d'acquisition type pour ces deux étapes de votre parcours d'achat sur laquelle vous pouvez faire votre diagnostic.

Jusqu'à acheter le produit / service sur le site de l'entreprise					Jusqu'à recevoir le produit / service
Il étudie la fiche produit	**Il se renseigne sur l'entreprise**	**Il compare les prix et les frais de livraison**	**Il pose des questions au service client**	**Il passe commande en ligne**	
Pour en apprendre plus sur le produit	Pour vérifier sa crédibilité et son expertise	Pour dépenser le moins d'argent possible	Si l'information n'est pas présente dans la fiche produit ou sur le helpdesk		

• Site web	• Site web de l'entreprise	• Site web	• Site web de l'entreprise, téléphone, mail	• Site web de l'entreprise, service de paiement en ligne	
• Actions de product content (description détaillée du produit, visuels attractifs…) • Mettre en avant des avis positifs des consommateurs	• Mettre en place des avis (Trustpilot, Avis Vérifiés, etc.) • Répondre aux commentaires • Travailler sa e-reputation • Être actif sur les réseaux sociaux	• Proposer un comparateur entre produits d'une gamme • Mettre en avant des opérations spéciales • Mettre en place des cookies et des campagnes de retargeting • Proposer des appâts sur le site pour capter les adresses mails	• Mettre en place un service client multicanal (téléphone, chat, réseaux sociaux) • Améliorer la qualité du service client (réduire le temps de réponse, etc.) • Proposer la prise de commande téléphonique	• Limiter le nombre d'étapes du tunnel de vente • Proposer plusieurs moyens de paiement sécurisés • Proposer des facilités de paiement	
• Équipe communication / communication digitale • Content manager • Équipe marketing	• Équipe communication / communication digitale • Content manager • Équipe marketing • Community Manager		• Service client • Équipe technique • Équipe marketing / marketing digital	• Équipe technique • Équipe marketing / marketing digital	
• Nombre de commentaires positifs • Nombre d'ajout au panier	• Trafic site web		• Nombre de contacts • Nombre d'appels • Nombre de prises de commandes par téléphone	• Nombre de commandes validées	

Les éléments à ne pas rater sur votre site web

Se positionner sur des mots-clés
que votre client inclut dans sa recherche

Créer des filtres et des catégories
pour simplifier la recherche des utilisateurs

Présenter le produit
avec des visuels attractifs

Renseigner le prix du produit

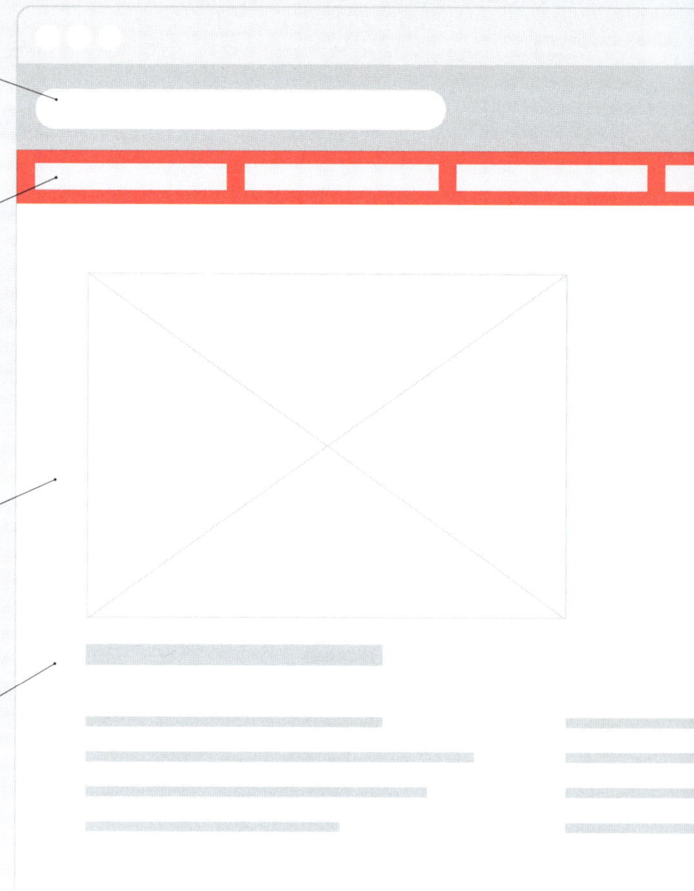

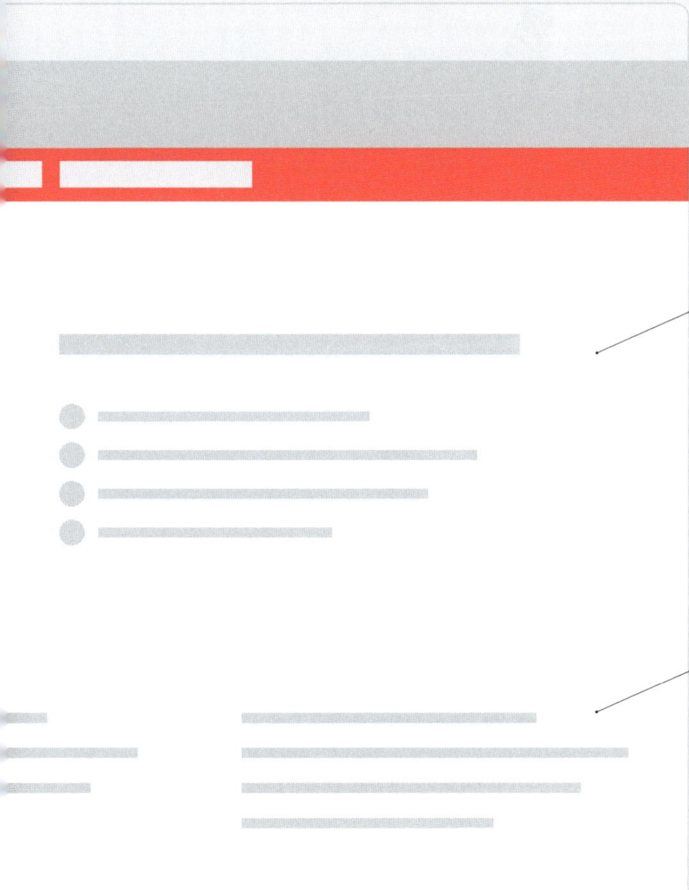

Créer et optimiser les fiches produits

à travers la pratique du product content pour informer les utilisateurs et mettre en valeur les produits.

Rassurer les clients

en mettant en avant les avis clients positifs

Les métiers du e-commerce

Le Responsable e-commerce

Il gère au quotidien le site e-commerce et la stratégie digitale pour améliorer le placement des produits ou services, augmenter le nombre de ventes en ligne et accroître le chiffre d'affaires. Pour ce faire, le responsable e-commerce utilise de nombreux leviers comme le référencement naturel et payant, l'emailing, l'affiliation, la mise en place de partenariats ou encore les réseaux sociaux. Il s'accorde avec le directeur marketing ou le directeur commercial afin d'optimiser la politique tarifaire pour rester compétitif.

Le développeur web

Sa mission consiste à réaliser et créer les fonctionnalités techniques d'un site Internet. Il construit l'architecture du site web et optimise son ergonomie. Il s'assure du parfait usage de toutes les fonctionnalités développées. En plus de la conception, le développeur web peut également être chargé d'assurer le suivi et d'apporter des solutions aux problèmes présents dans un site déjà en ligne et détectés par les internautes. Il procède alors au diagnostic et à la mise en place des corrections sans pour autant arrêter l'activité du site Internet.

Le Traffic Manager

Sa mission principale est de générer de l'audience sur un site Internet ou une application mobile. Pour cela, il crée des campagnes de publicité en ligne dont il suit les évolutions. Le traffic manager manie efficacement les outils de publicité en ligne dont il connaît les secrets. Aussi, pour assurer une efficacité maximale de ses efforts, il doit être capable de cibler parfaitement les besoins de ses clients s'il est en agence, ou d'avoir une fine connaissance du produit ou service en question s'il est du côté de l'annonceur. Il doit notamment assurer une veille constante de la concurrence et des audiences potentielles.

L'UX designer

L'UX (User eXperience) designer identifie les objectifs de son client et les reformule si besoin pour créer ou améliorer l'usage d'un site web, d'une application mobile ou tablette, d'une borne interactive ou tout autre dispositif numérique. Il doit simplifier leur usage par les utilisateurs et susciter chez eux une émotion et du plaisir. Pour ce faire, il organise les écrans en partant des besoins des différents utilisateurs (personas) tout au long de leur parcours. Le recours au "storytelling" est un levier clé dans cette réalisation. Il maquette ensuite les écrans et leur enchaînement et les teste auprès d'un panel d'utilisateurs. Il travaille avec l'UI (User Interface) designer sur les éléments graphiques du site ou de l'application.

La Vache Pourpre se digitalise avec le e-commerce

Après avoir ouvert notre première boutique physique, ouvrons notre première boutique en ligne !

Je suis tout à fait d'accord, c'est un excellent moyen pour accroître nos ventes ! Le marché en ligne est un tremplin d'opportunités !

N'oublions pas le rôle du marketing dans la conception du site web ! Un site bien construit est un site qui attire plus facilement les visiteurs !

Nous pourrions aussi faire la promotion sur nos réseaux de l'ouverture de notre boutique en ligne et des produits disponibles !

Finalement, de multiples actions d'acquisition peuvent être mises en place pour notre site web.

Il serait utile d'établir un plan d'action...mais par où commencer ?

Pour cela, aidons-nous justement du diagnostic des sites e-commerce !

Melanie, CEO

Arthur, responsable de communication

Emma, responsable commerciale

Lee, responsable marketing

Étapes	Actions d'acquisition	Objectifs	KPI	Organisation
Jusqu'à la découverte du site de la Vache Pourpre	• Ciblage lookalike sur les réseaux sociaux	• Cibler une audience selon des critères définis • Être mobile friendly • Augmenter le trafic	• Nombre de vues de l'action • Nombre d'interactions	• Traffic manager
	• Optimisation SEO	• Gagner en positionnement • Augmenter le trafic	• Nombre de visiteurs • Nombre de nouvelles sessions	• Référenceur SEO
	• Campagnes SEA	• Avoir une visibilité immédiate • Vendre	• Nombre de clics • Nombre de conversions • Valeur de conversions • Position moyenne	• Traffic manager
	• Optimisation de la navigation sur mobile	• Être mobile friendly • Augmenter le trafic	• Nombre de visiteurs mobile • Nbre de sessions depuis mobile	• Équipe dev • Équipe marketing
Jusqu'à l'achat d'un produit sur le site de la Vache Pourpre	• Actions de product content (fiches produits, visuels attractifs)	• Donner les informations aux consommateurs • Donner envie d'acheter les produits • Se positionner sur mots-clés	• Nombre de sessions sur la page produit • Nombre d'ajouts au panier	• Product content manager • Content manager
	• Mise en place des avis	• Rassurer le visiteur et le conforter dans son choix • Rendre les produits plus attractifs	• Nombre d'avis positifs • Score moyen du produit	• Équipe dev
	• Mise en place des cookies	• Favoriser les actions de retargeting	• Nombre de personnes retargetées • Nombre de cookies déposés	• Équipe dev • Équipe marketing
	• Mise en place d'un service client multicanal (téléphone chat, réseaux sociaux)	• Faciliter le contact avec le client tout au long du parcours d'achat	• Nombre de contacts • Nombre de demandes d'information • Nbre de demandes satisfaites	• Équipe dev • Équipe service client

L'omnicanal pour être présent sur tous les fronts

Formé du préfixe latin omni signifiant “tout” et du mot canal, le terme **omnicanal** désigne en marketing l'utilisation et la synergie de tous les canaux de vente possibles pour une entreprise.

L'omnicanal est une évolution du multicanal : dans les deux cas, on retrouve la présence de multiples points de vente et points de contact. Mais l'omnicanal va bien plus loin avec une synergie totale des différents canaux. L'omnicanalité est notamment née en réponse aux attentes et aux évolutions des comportements des consommateurs.

L'objectif d'une stratégie omnicanal est d'optimiser l'expérience client et de faciliter le parcours d'achat en incluant et en synchronisant les différents points de contact et points de vente

RECHERCHE

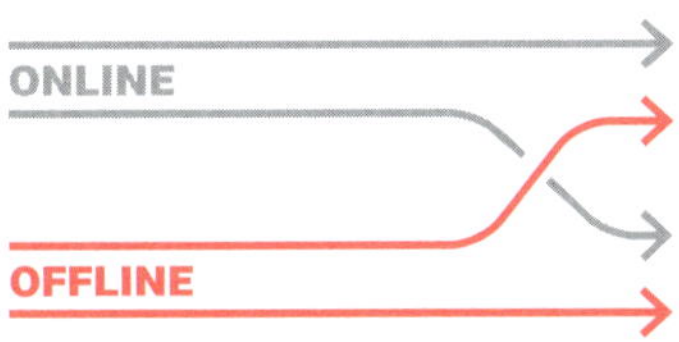

Recherche online

Il s'agit de rechercher un produit en ligne, sur le site web ou l'application d'une enseigne par exemple…

Showrooming

Il s'agit d'aller voir un produit en boutique, pour le voir directement et le toucher ou pour discuter avec un vendeur…

Drive to store

Il s'agit d'une action marketing qui cible un automobiliste (drive) pour l'inciter à se rendre dans un point de vente physique (store).

ACHAT

Achat offline

…puis de se rendre en magasin pour aller acheter le produit. (ROPO en anglais Research Online, Purchase Offline)

Pour acheter en ligne

Pour ensuite chercher sur Internet si des e-commerçants vendent l'article à moindre coût, et dans ce cas, l'acheter en ligne.

Web to store

Le web to store désigne les dispositifs marketing utilisés en ligne pour amener le consommateur sur un point de vente physique.

RÉCEPTION

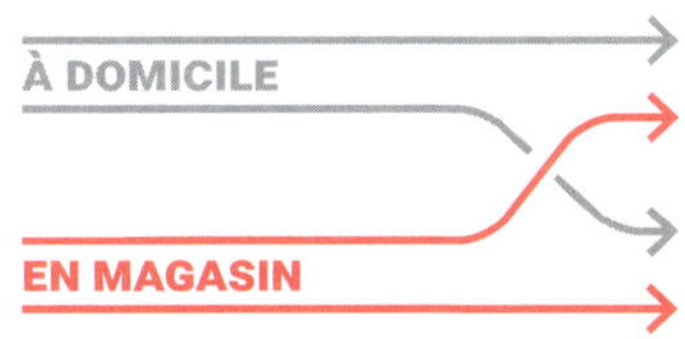

Le click and collect pour recevoir en magasin

Commander en ligne et récupérer en magasin, tel est le concept du click and collect. Cette pratique est très répandue dans les enseignes de prêt-à-porter.

RETOUR

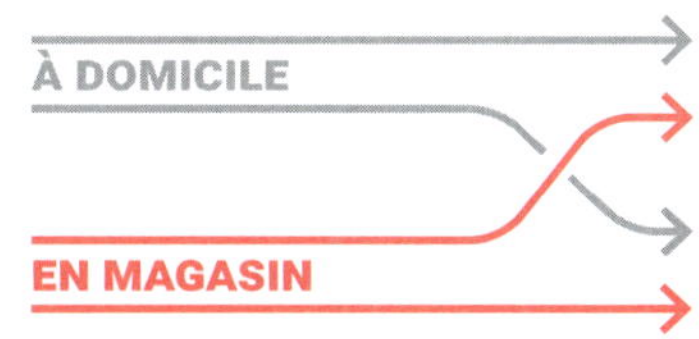

Et retourner en magasin

Il est ensuite possible de faire les retours ou échanges directement en boutique, ce qui évite d'aller à la poste.

Le D2C pour être en contact direct avec vos clients

Le circuit de distribution direct, aussi appelé D2C ou **Direct to Consumer** en anglais, est un circuit de distribution court sans intermédiaire. Les ventes à distance comme les ventes par correspondance en sont un exemple. Ci-dessous, un petit rappel des circuits de distributions existants.

CIRCUIT LONG	CIRCUIT COURT	CIRCUIT DIRECT (D2C)
PRODUCTEUR	PRODUCTEUR	PRODUCTEUR
↓	↓	↓
GROSSISTE		
↓		
DÉTAILLANT	DÉTAILLANT	
↓	↓	
CONSOMMATEUR	CONSOMMATEUR	CONSOMMATEUR

La notion de circuit direct est tendance ! Les DNVB ou **Digital Native Vertical Brand** sont des entreprises, nées sur le web, qui développent une approche directe avec leurs clients. Elles ne restent pas des pure players pour autant, car certaines ouvrent leurs propres boutiques.

Apprenez en plus sur **LES DNVB** en scannant le QR Code ci-contre

Si le circuit D2C existait déjà, comment les DNVB ont-elles su l'exploiter et même le réinventer ? Leur coup de génie est fondé sur plusieurs points :

Un modèle vertical

De l'approvisionnement en matières premières jusqu'au service après-vente, les DNVB contrôlent chaque étape (même si souvent les producteurs sont des sous-traitants).

La qualité des produits

Les DNVB misent sur la qualité plutôt que sur la quantité. La production est en général locale ou régionale.

Une approche centrée sur l'expérience client

Les DNVB fondent une relation forte et personnalisée avec leurs clients en s'appuyant sur les données qu'elles récoltent directement.

Le marketing de contenu pour établir votre légitimité

Pour faire simple, **le marketing de contenu** rassemble l'ensemble des opérations marketing qui visent à créer et à mettre en place des contenus dans différents formats pour attirer, fidéliser et convertir les clients et prospects.

Selon le domaine d'activité et le type d'entreprise, la stratégie de contenu sera bien différente, en particulier entre un marketing de contenu B2C et B2B.

B2C

- Contenus émotionnels et visuels
- Ton simple, peu de termes techniques
- Mise en avant des bénéfices produits et du prix

B2B

- Contenus rationnels + émotionnels
- Ton professionnel, beaucoup de termes techniques
- Présentation des problématiques adressées par le produit ou service, de cas clients, etc.

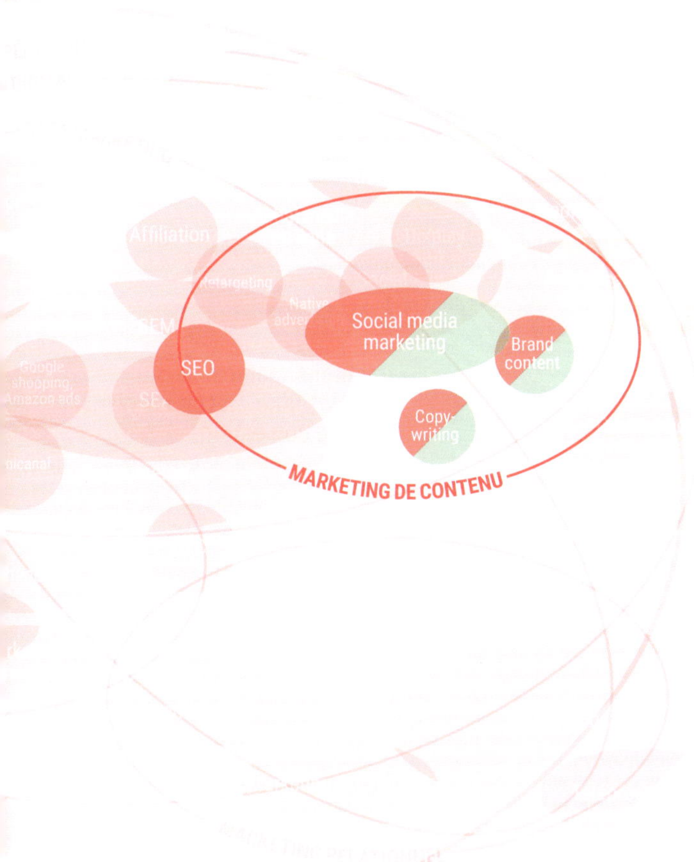

Il ne faut cependant pas confondre marketing de contenu et Inbound Marketing. Bien que les deux utilisent des contenus à des fins similaires, l'Inbound Marketing est plus général et intègre d'autres moyens que le marketing de contenu (emailing, SEO, Social media…).

Le marketing de contenu prend toute son importance dans un contexte où le consommateur mène seul ses achats. Il se renseigne alors sur les produits ou sur des problématiques qui le concernent. L'entreprise en capacité de répondre à son besoin a donc un avantage sur les autres entreprises : elle se positionne dans l'esprit du client et accroît ses chances de vendre.

Créer des contenus permet de montrer son expertise dans son domaine. Les clients ont davantage confiance dans une entreprise qui affirme sa légitimité plutôt que dans une entreprise sans prise de parole. Au moment de l'achat, les consommateurs se tournent vers l'entreprise dont ils ne doutent pas de l'expertise.

Les contenus peuvent se baser sur différents fonds...

Les histoires

Les histoires et anecdotes ont pour but de partager un vécu ou une expérience. Il s'agit d'un contenu plutôt ludique pour le consommateur.

Les témoignages clients

Ils racontent l'expérience d'utilisation d'un produit ou service par les clients. Ils sont très pratiques pour rassurer avant l'acte d'achat et permettent aux prospects de s'identifier aux clients.

Les comparaisons

Généralement, elles sont utilisées pour mettre en avant l'offre d'une entreprise par rapport à ses concurrents.

Les études et rapports sectoriels

Ils fournissent des informations très détaillées et pointues dans un domaine précis. L'entreprise montre ainsi son expertise.

Les guides

Les guides sont des contenus très détaillés et à vocation pédagogique. L'entreprise qui fournit ces guides à ses clients leur prouve ainsi son expertise. En B2B, il peut s'agir de modèle de cahier des charges par exemple.

Les démonstrations

Les démonstrations de produit ou services servent notamment à démontrer l'efficacité du produit ou service en question. C'est un moyen de "vendre la peau de l'ours avant de l'avoir tué".

Les emails

En marketing de contenu les emails sont utilisés pour relayer le contenu d'un site web. Ils sont généralement automatisés et périodiques (newsletter).

Les articles de blogs

Les articles de blog sont l'outil le plus efficace en marketing de contenu. Hormis le temps et une thématique, ils ne nécessitent aucun budget et leur facilité à être créés en fait un moyen massivement utilisé.

Les vidéos

Le format vidéo est très apprécié, car il facilite la transmission et l'assimilation d'un message. En revanche, les contenus vidéos nécessitent du temps et des efforts.

Les livres blancs

Les livres blancs permettent d'aborder une thématique en profondeur. Ils sont très utilisés pour démontrer son expertise et récolter des coordonnées par la même occasion.

Les livres

En termes de contenu, le livre est un must. Écrire un livre sur une thématique permet de montrer véritablement votre expertise à vos clients. Le format livre papier permet en plus d'être partagé et emporté partout. C'est donc un bon moyen de rester proche de vos clients.

Les webinaires

Ils sont généralement utilisés pour la présentation d'une nouvelle offre. Leur format permet d'établir un contact avec les participants, ce qui peut avoir un effet positif dans la relation avec vos clients.

Les différents contenus qui font progresser votre client dans son parcours

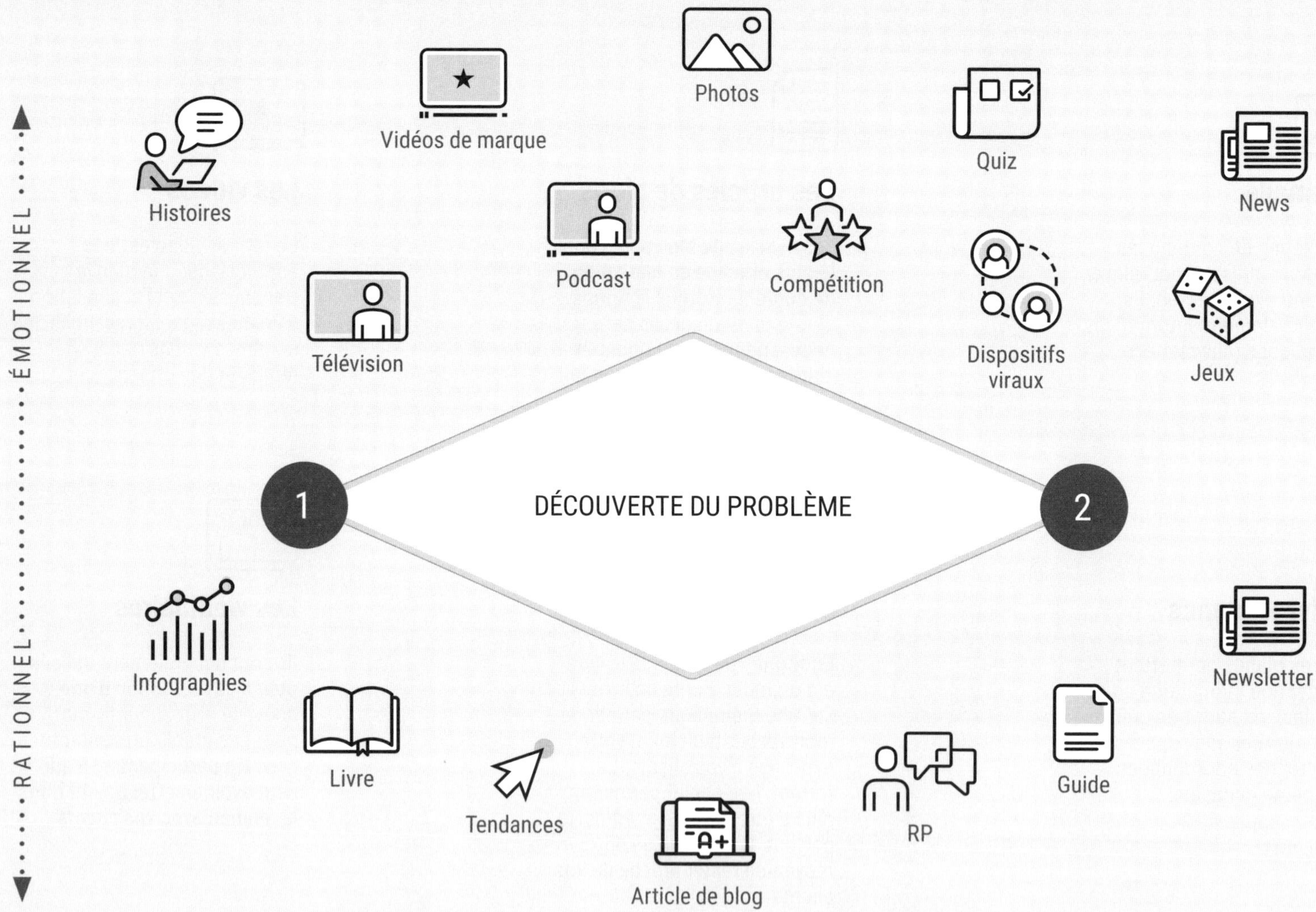

Démonstrations
Influenceurs
Forums
et groupes
Test & évaluations
Évènements
2
RÉSOLUTION DU PROBLÈME
3
Tutoriels
Q & R
Témoignages
Comparaisons
Catalogue
Fiches produits
Webinaires
Livre blanc
Études et rapports
sectoriels
Notation
ÉMOTIONNEL
RATIONNEL

[FOCUS] Deux composantes du Content marketing

Le Copywriting ou l'art de concevoir des messages clés

Le copywriting, ou conception-rédaction en français, est l'art de concevoir les messages clés d'une marque, d'un produit ou d'un service en vue de créer une émotion forte chez son destinataire. Si son domaine de prédilection était la publicité au XXe siècle, le copywriting est désormais partout, de la télévision au web (à travers les sites, les bannières et les annonces sponsorisées, les emails, etc.)

Le copywriting SEO fait référence à la création et à l'optimisation des éléments d'un site web contribuant à un meilleur référencement naturel.

Le copywriting technique concerne les thématiques complexes comme la chimie, la biologie, la R&D, les sciences, etc.

Enfin, **le copywriting publicitaire** est le plus connu et le plus ancien. Il contribue à la création des messages publicitaires et a pour objectif d'ancrer un slogan dans nos mémoires.

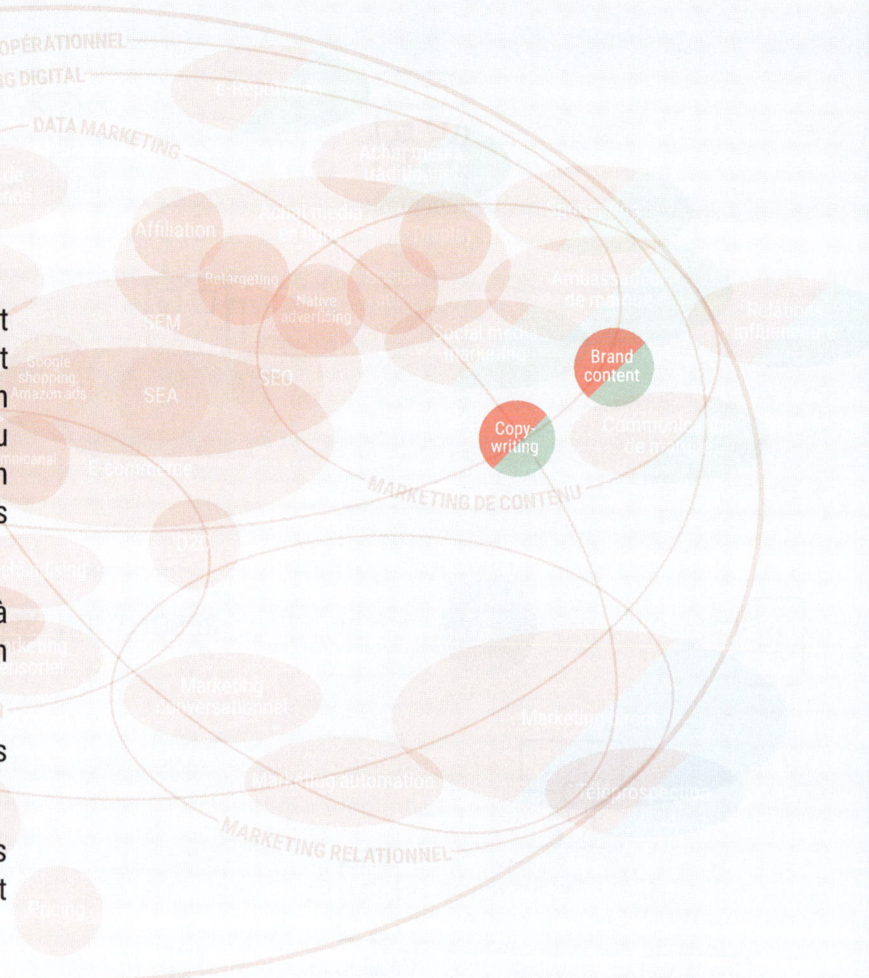

Se mettre en avant avec le Brand Content

Une entreprise crée du contenu non seulement pour mettre en avant ses produits et services, mais aussi pour mettre en valeur sa marque. C'est le Brand Content ou contenu de marque, qui fait également partie de la Communication de Marque vue précédemment.

Le but du Brand Content est de créer un univers de contenu qui va prouver, par le storytelling, la contribution de l'entreprise aux besoins profonds de son audience. On ne part pas de la marque, mais de ce qu'attend le public. À titre d'exemple, l'entreprise Lego a su s'inscrire dans cette démarche : quand Knudsorp prend la tête du groupe en 2004, Lego va mal. Il s'interroge sur ce que veulent les enfants à l'ère où les jeux vidéos commencent à se multiplier. Il comprend alors l'idée d'associer le jeu physique (lego brique) à l'imaginaire du virtuel en passant des accords avec des franchises Star Wars ou Harry Potter. Lego voit ensuite ses ventes exploser.

Pour construire une stratégie de Brand Content efficace, il est bon de respecter 3 principes en rapport avec la ligne éditoriale.

- **Le positionnement** doit refléter une vision à moyen terme de l'entreprise et pas simplement la décrire.
- **Le style, le ton et l'esprit** doivent être élaborés dans une sémantique propre à la marque.
- **Le storytelling** doit permettre à vos personas et clients de s'identifier à vos histoires.

Le marketing digital pour améliorer ses ventes en ligne

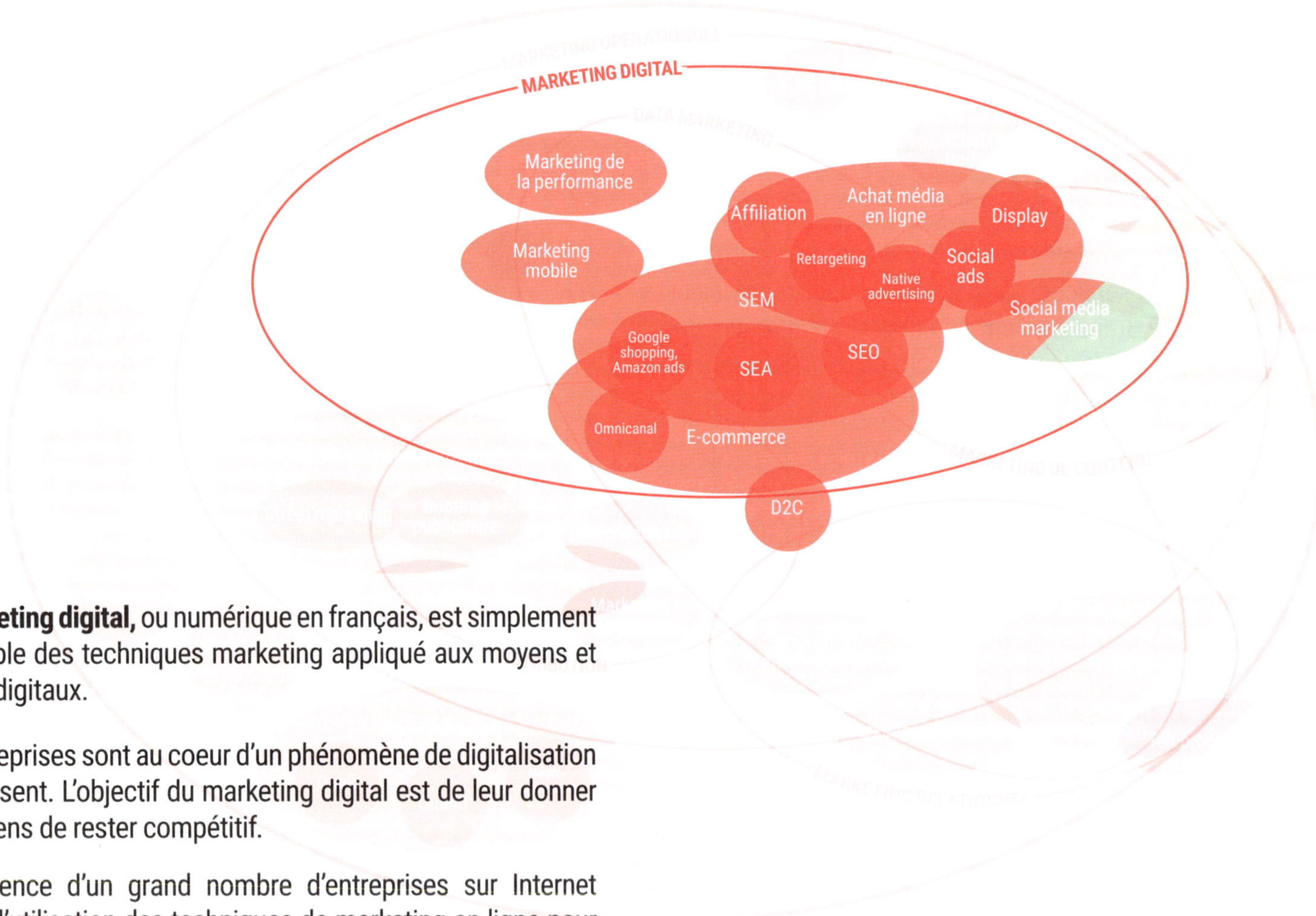

Le marketing digital, ou numérique en français, est simplement l'ensemble des techniques marketing appliqué aux moyens et canaux digitaux.

Les entreprises sont au coeur d'un phénomène de digitalisation omniprésent. L'objectif du marketing digital est de leur donner les moyens de rester compétitif.

La présence d'un grand nombre d'entreprises sur Internet impose l'utilisation des techniques de marketing en ligne pour émerger du lot et se différencier.

Bien que marketing digital et marketing traditionnel soient complémentaires, le marketing digital se distingue par plusieurs aspects. Parmi ces aspects, on trouve notamment :

- L'utilisation de la donnée (big data) et du tracking
- Des décisions fondées sur des faits et non plus des intuitions
- L'action en temps réel
- La priorité sur les économies d'échelle et la domination par les coûts
- Une approche fondée sur la performance
- L'automation (emailing, sms, retargeting, posts sur les réseaux sociaux…)

En dehors de ces distinctions, le marketing digital peut être intégré et compléter les techniques de marketing traditionnel. On parle alors de **digitalisation du marketing**. Par exemple, les points de vente incluent des outils digitaux comme des bornes interactives ou des tablettes pour les vendeurs : c'est la **digitalisation du point de vente**. Autre exemple en lien avec la partie précédente sur l'omnicanal : la **digitalisation du parcours d'achat**, lorsque les consommateurs utilisent des outils digitaux tout au long de leur parcours d'achat.

Le SEM ou le marketing des moteurs de recherche

Le SEM ou **Search Engine Marketing** désigne l'ensemble des techniques marketing appliquées sur les moteurs de recherche. L'objectif de l'entreprise est de profiter du trafic important issu de ces moteurs.

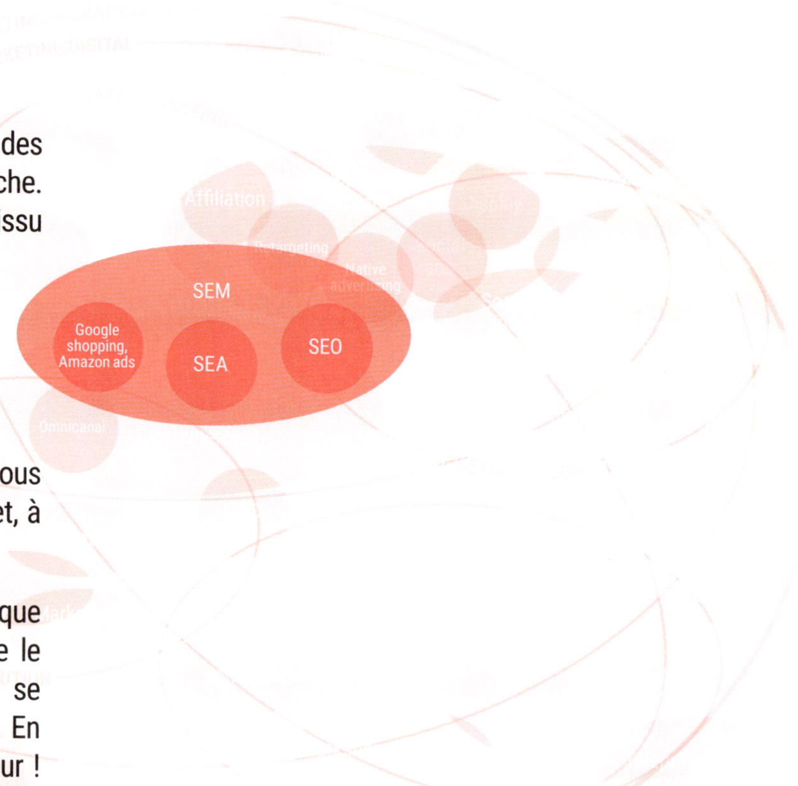

De nos jours, l'omniprésence d'Internet dans nos vies nous conduit à effectuer des recherches en ligne pour tout sujet, à tout instant, depuis tout support.

Une entreprise présente sur le Web doit faire du SEM au risque de passer à côté de nombreuses opportunités. Bien que le SEM désigne l'ensemble des moteurs de recherche, il se focalise actuellement sur le seul géant américain Google. En France, 9 recherches sur 10 sont effectuées sur ce moteur ! Mais pour combien de temps encore ? En effet, les nouvelles générations se détournent de plus en plus de l'Internet ouvert pour concentrer leurs usages sur des plateformes fermées (réseaux sociaux, applications, etc.)

Le SEM désigne la présence en ligne selon la formule : SEM = SEA + SEO

SEO

- Visibilité dans les résultats organiques
- Notoriété d'Expert
- Aspect cumulatif du trafic
- Choix du positionnement sémantique
- Autonomie dans la création de contenus

- Dépendance à Google
- Optimisation sans fin
- Exigence de connaissances techniques
- Lenteur des résultats (3 à 6 mois)
- Incertitude (perte des positions selon le bon vouloir de Google)

SEA

- Résultats très rapides
- Meilleure visibilité sur Google
- Variété de canaux (Facebook Ads, Google Ads…)
- Metrics et KPIs précis

- Rentabilité difficile des campagnes
- Mots-clés concurrentiels hors de prix
- Dépendance financière onéreuse à la publicité
- Exigence d'une bonne conversion
- Expertise pour créer de bonnes annonces
- Fraude au clic

La Search Engine Result Page : le podium des moteurs de recherche

La page de résultat sur les moteurs de recherche est appelée SERP ou **Search Engine Result Page**. L'objectif du SEM est d'obtenir la meilleure position dans le classement de la SERP. Il faut bien évidemment être sur la première page et, idéalement, atteindre l'un des 3 premiers résultats. À défaut, vous avez de grands risques d'être ignoré. En outre, l'entreprise a intérêt à se positionner sur les bons mots-clés : ceux recherchés par les clients, en particulier en phase de maturité d'achat.

La meilleure position possible est connue sous le nom de **position #0**, qui est le tout premier résultat de Google par exemple. Mais pourquoi est-elle appelée position #0 et pas position #1 ? Tout simplement parce qu'elle affiche, sur certaines requêtes, des résultats de fonctionnalités de Google qui apparaissent avant les résultats commerciaux ou organiques !

Toujours en quête d'amélioration, Google modifie son algorithme et l'affichage des SERP à un rythme soutenu (3 234 améliorations pour la seule année 2018) pour suivre l'évolution du Web et des pratiques des internautes.

Voici quelques fonctionnalités qui composent la SERP :

Image pack

Un ensemble de visuels en lien avec la requête de l'internaute

Knowledge Card

Des informations générées par les requêtes des internautes et présentées sous forme de blocs. Cherchez la définition d'un mot et vous verrez que Google fait apparaître cette petite boîte en haut de la SERP ou en haut à droite !

Shopping results

Un affichage de produits suite à une recherche précise (ex : ordinateur portable)

Featured Snippet

Un extrait de site qui répond à la requête de l'internaute

Comprehensive content

Des résultats qui ont une grande variété de significations. Ils sont classés dans un bloc à part et obéissent à des règles différentes de référencement.

Le SEO pour améliorer naturellement son référencement

À l'origine, le référencement désignait le fait pour une entreprise d'avoir un produit inclus dans l'assortiment d'un ou plusieurs points de vente.

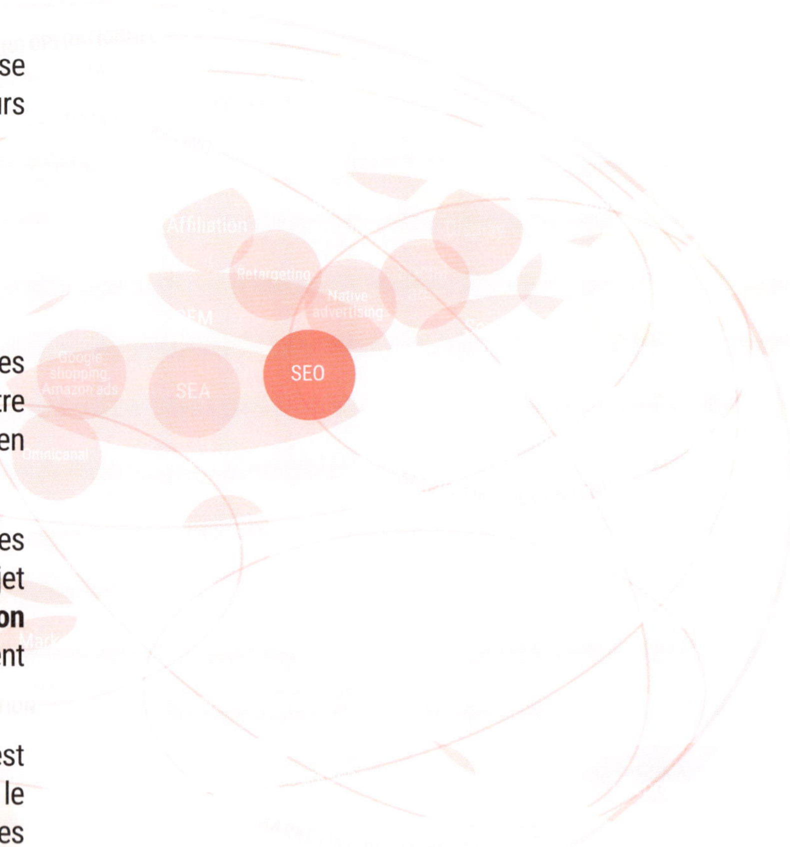

Imaginez Google comme un grand magasin dont les places dans les rayons sont limitées. Vous devez vous battre pour être présent dans le rayon et vous battre encore plus pour être en tête de gondole !

Pour obtenir la meilleure place, soit vous payez, soit vous êtes "unique", soit vous êtes "rusé". Le dernier moyen est tout l'objet du référencement naturel ou **Search Engine Optimisation** (SEO). C'est un travail long dont les bénéfices s'apprécient également sur le long terme !

Un des objectifs ultimes du référenceur ou expert SEO est la première position dans le classement. Grâce à celle-ci, le site web s'assure un trafic et une visibilité importants. Les centaines de critères pris en compte dans l'algorithme sont confidentiels et évoluent sans cesse, mais de bonnes pratiques sont communément admises.

De manière plus détaillée, voici les 3 principaux domaines à travailler pour obtenir un bon positionnement dans Google

La partie technique du site

- Vitesse de chargement des pages
- Compatibilité mobile
- Présence des balises <title>, <h1>
- Présence d'une meta description
- Structure équilibrée de liens internes
- URL propres, courtes, uniques avec mot-clé
- Présence de sitemap
- Utilisation appropriée des codes http (200, 301, 302, 404)
- Paramétrage des extraits enrichis

Le contenu du site

- Cocon sémantique (thématique cohérente, mots-clés…)
- Types de contenus (texte, image, vidéo)
- Longueur des contenus (les contenus longs performent mieux)
- La qualité du nom de domaine

Le profil des liens entrants vers le site

- Sites éditoriaux dans la même thématique
- Liens issus de sites différents
- Liens récents
- Liens issus de thématiques connexes
- Liens avec un bon équilibre Nofollow/DoFollow

Le cocon sémantique est un concept initié par le référenceur français Laurent Bourrelly, basé sur une architecture de site web (de type « silos ») alliant une structure arborescente, un maillage interne et une optimisation des contenus, conçus sur la base d'une analyse sémantique des besoins du visiteur.

Le SEO contribue à faire avancer le client tout au long de son parcours d'achat

Au début du parcours, les recherches des clients sont génériques.

Établir le cocon sémantique pour se positionner sur des mots-clés précis

Construire le maillage interne pour faciliter la navigation

1 — DÉCOUVERTE DU PROBLÈME — 2

- téléphone portable
- téléphone portable 2020
- marque téléphone portable

- quel téléphone portable acheter
- choisir téléphone portable
- choisir smartphone

Ensuite, les recherches deviennent plus spécifiques et intentionnistes.

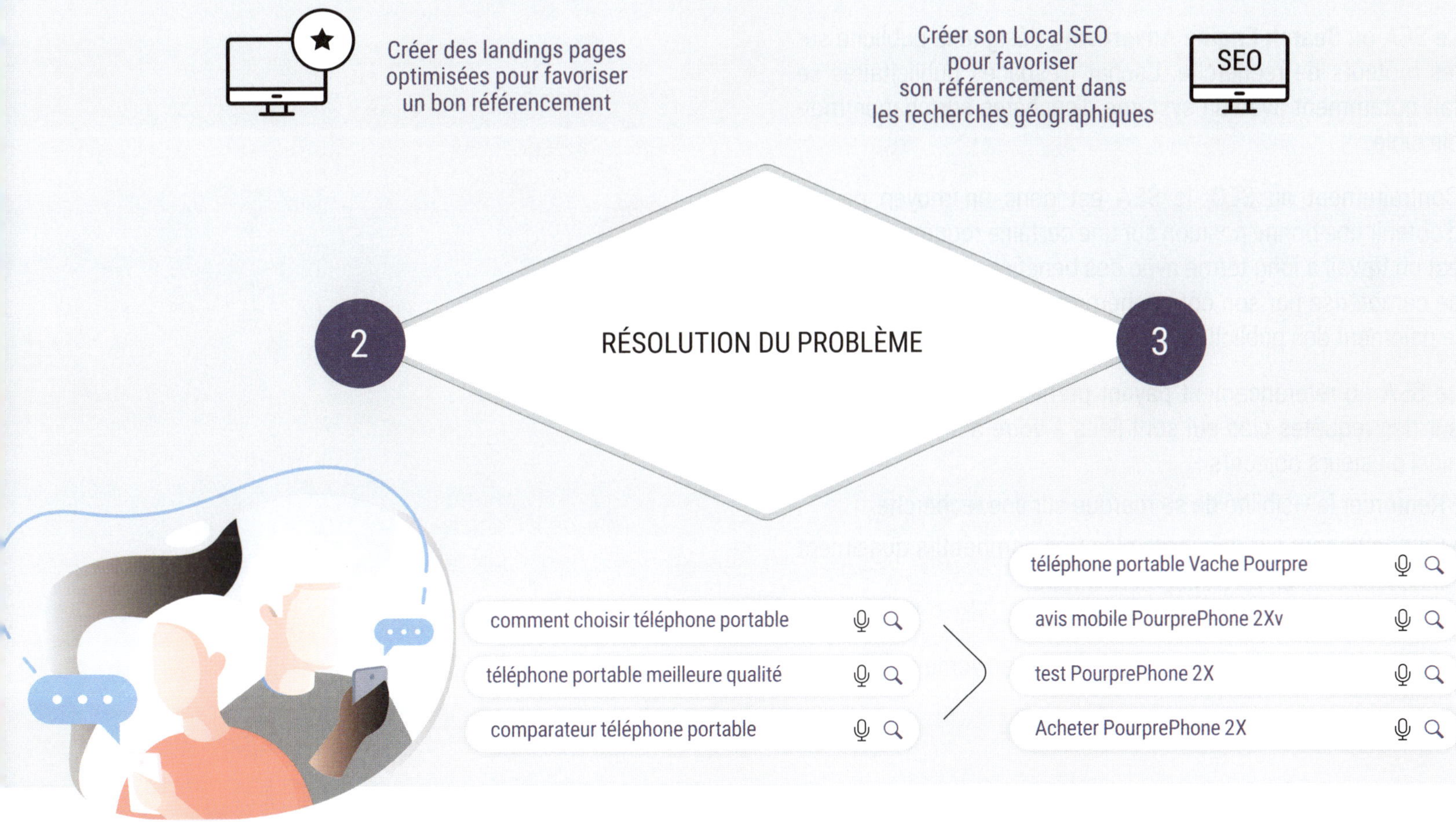

Le SEA pour faire de la publicité sur Internet

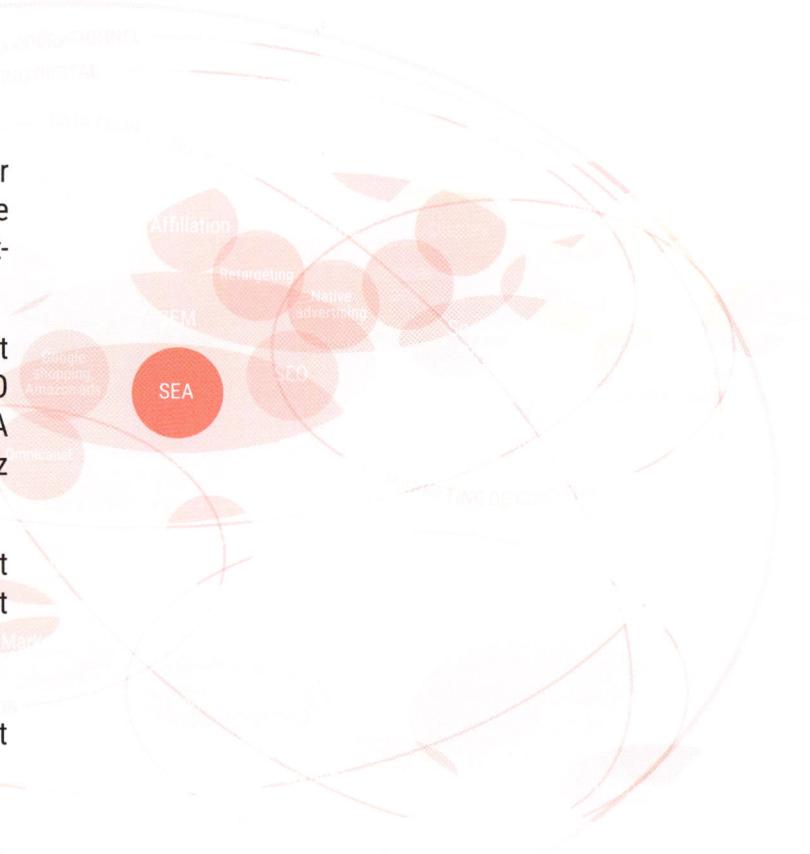

Le SEA ou **Search Engine Advertising** désigne la publicité sur les moteurs de recherche. L'achat d'espaces publicitaires se fait notamment avec un système d'enchères sur chaque mot-clé ciblé.

Contrairement au SEO, le SEA est donc un moyen payant d'obtenir une bonne position sur une certaine requête. Si le SEO est un travail à long terme avec des bénéfices durables, le SEA se caractérise par son côté éphémère : dès que vous stoppez le paiement des publicités, vous disparaissez.

Le SEA ou référencement payant permet donc d'être présent sur des requêtes clés qui sont liées à votre activité. Il remplit ainsi plusieurs objectifs :

- Renforcer la visibilité de sa marque sur une recherche
- Se positionner sur des mots-clés très compétitifs quasiment inaccessibles en référencement naturel
- Trouver les messages les plus performants
- Référencer ses produits ou services mis en vente rapidement

La publicité sur Internet concerne différentes plateformes. Si vous vendez des produits de prêt-à-porter Google Shopping est idéal pour les mettre en avant. Pour d'autres types de produits, acheter des publicités sur la Marketplace d'Amazon sera plus pertinent.

Google Shopping

Google shopping est une plateforme de Google dans laquelle les entreprises renseignent les produits qu'elles vendent (flux produit), pour que ces derniers soient mis en avant par Google (via un algorithme) lorsqu'un internaute effectue une recherche.

L'entreprise renseigne plusieurs paramètres précis comme le titre, la description, les attributs, le prix. L'algorithme de Google se base ensuite sur ces éléments pour afficher les résultats.

À NOTER : la création d'un compte Google Ads, qui est la plateforme de publicité de Google, est un prérequis à la mise en place d'annonces Google shopping.

Amazon advertising

Au sein de la Marketplace d'Amazon, la bataille fait rage entre les entreprises. La publicité est un des moyens proposés pour améliorer sa visibilité auprès des internautes.

Amazon propose 3 manières d'améliorer sa visibilité :

1 - **Le produit sponsorisé** est une publicité classique pour un produit déterminé.

2 - **La marque sponsorisée** est une publicité qui met en avant la marque et son portefeuille de produits à la suite d'une recherche.

3 - **Les Display Ads** sont en réalité des recommandations sponsorisées de produits en lien avec l'historique de recherche de l'internaute.

Le Social Media pour être au plus près de vos clients

Avec la démocratisation des moyens de communication, l'acronyme ATAWAD (Any Time, Any Where, Any Device) est une réalité de notre quotidien et, avec lui, le social media est omniprésent dans nos vies.

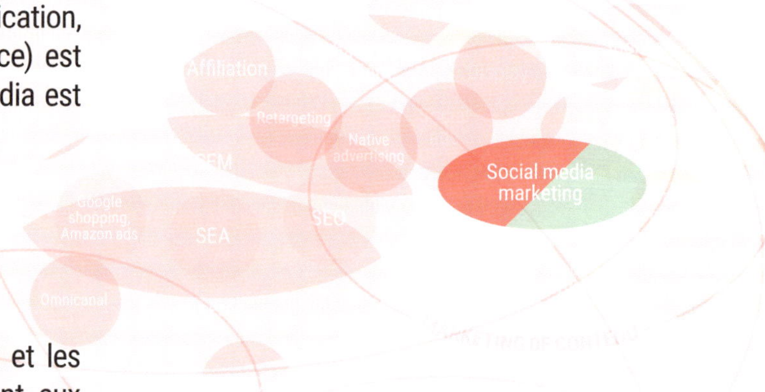

i

Le Social media rassemble tous les réseaux sociaux et les médias sociaux. Il réunit les sites Internet permettant aux personnes d'être en relation et de communiquer grâce à différents outils. Les moyens de communication sont de plus en plus variés : messages textuels, vidéos, fichiers, photos, musiques, et bien d'autres.

Parmi les réseaux sociaux les plus connus, citons ceux destinés au grand public comme YouTube, Twitter, Facebook, Instagram, Snapchat et Tik Tok et d'autres plutôt professionnels comme LinkedIn.

Le social media est autant utilisé pour partager une passion que pour rebondir sur l'actualité. Côté professionnel, l'entreprise y cherche de nouveaux employés ou développe son image de marque et sa e-réputation.

	Facebook	Instagram	Twitter	LinkedIn	YouTube	Tik Tok
Objectifs	Construire et fidéliser une communauté de fans	Construire des relations, conversation	Toucher les influenceurs et se positionner comme tel	Se positionner comme expert et prospecter	Rechercher « comment… »	Divertir sa communauté
Spécificité	Polyvalence des formats et outils	Mise en avant de l'aspect graphique et visuel	Messages courts avec un nombre de caractères limité	Réseau social professionnel	Utilisation principale du format vidéo	Clip vidéos de courte durée, utilisateurs très jeunes, utilisé essentiellement sur mobile
Points positifs	Génération de leads, outils marketing, e-commerce, groupes	Génération de leads, impact sur les ventes, filtres, capter une image sur le vif	Relations publics, service client, Newsjacking, tendances	Développer son business en B2B, toucher une majorité de personnes, asseoir son expertise	SEO, Webinars, notoriété de marque, contenu très varié, droits, qualité vidéo	Génération de leads, notoriété de marque, différents formats de publicité
Points négatifs	N'est plus populaire chez les jeunes	Utilisation limitée sur ordinateur, difficile de renvoyer sur les autres supports	Nombre limité de caractères Audience limitée à une certaine catégorie d'influenceurs	Ne représente pas toutes les professions	Investissement considérable (logiciels, temps, argent, connaissances, contenus…)	Peu professionnel, ne convient pas pour un contexte B2B, utilisation limitée sur ordinateur

Créez le post parfait pour l'homme et l'algorithme

Quel que soit le réseau social, l'important est de soigner ses posts ! Pour cela, voici quelques bonnes pratiques à respecter :

- Un message clair
- Un visuel d'enfer
- Une dose d'humour sans exagération
- Des hashtags
- Un bon timing
- Une incitation à l'action
- Une interaction avec ses abonnés

S'il n'est pas possible de respecter toutes ces best-practices en même temps, essayez d'en inclure un maximum dans chacun de vos posts;

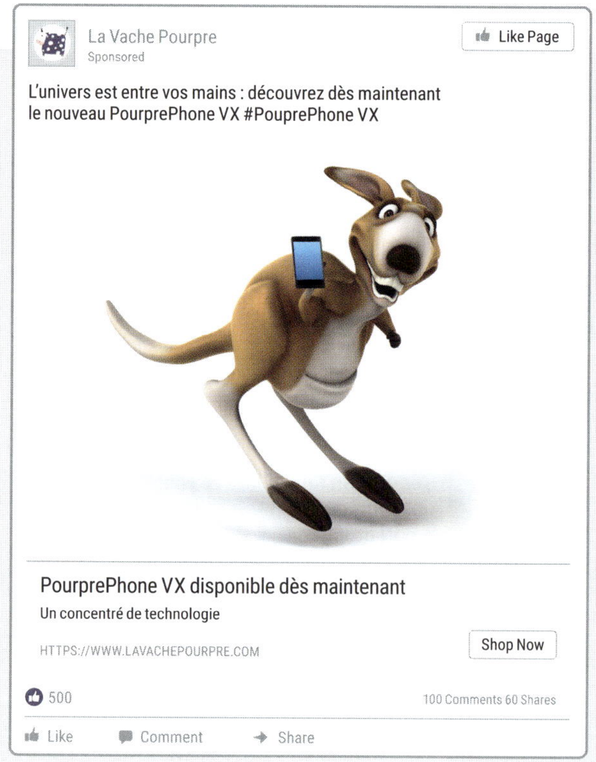

À titre d'exemple voici un post bien construit sur Facebook pour la sortie du nouveau téléphone La Vache Pourpre !

Derrière ces machines sociales, la structure de l'algorithme est commune. L'étude réalisée par Stephen Davis sur les différents algorithmes des réseaux sociaux nous fournit la représentation suivante :

Un reach qui a décliné

Au fur et à mesure de leur existence, les dirigeants de ces machines sociales tendent à améliorer l'algorithme de leurs réseaux sociaux. Le résultat ? Un reach ou portée qui diminue : alors qu'auparavant votre post était montré à une grande partie de vos amis/abonnés, il ne s'affiche désormais que s'il répond à des critères de qualité et uniquement à une petite partie de votre entourage. Pour quelle raison ? Pour proposer uniquement le meilleur aux utilisateurs. Aujourd'hui, il est donc bien plus difficile de toucher les utilisateurs des réseaux sociaux.

Des critères de performances différents

Les critères de l'algorithme varient en fonction du réseau social. Par exemple, pour juger de la qualité du contenu, YouTube se base sur la durée de visionnage, les likes, les commentaires, le titre et la description, alors que Facebook prend en compte si les images/vidéos sont importées nativement, si la publication n'a pas été publiée avant, etc. Vous devez donc tenter de respecter les critères d'algorithme de chacun des réseaux sociaux pour optimiser l'efficacité de vos posts !

Le Social Media contribue à faire avancer le client tout au long de son parcours d'achat

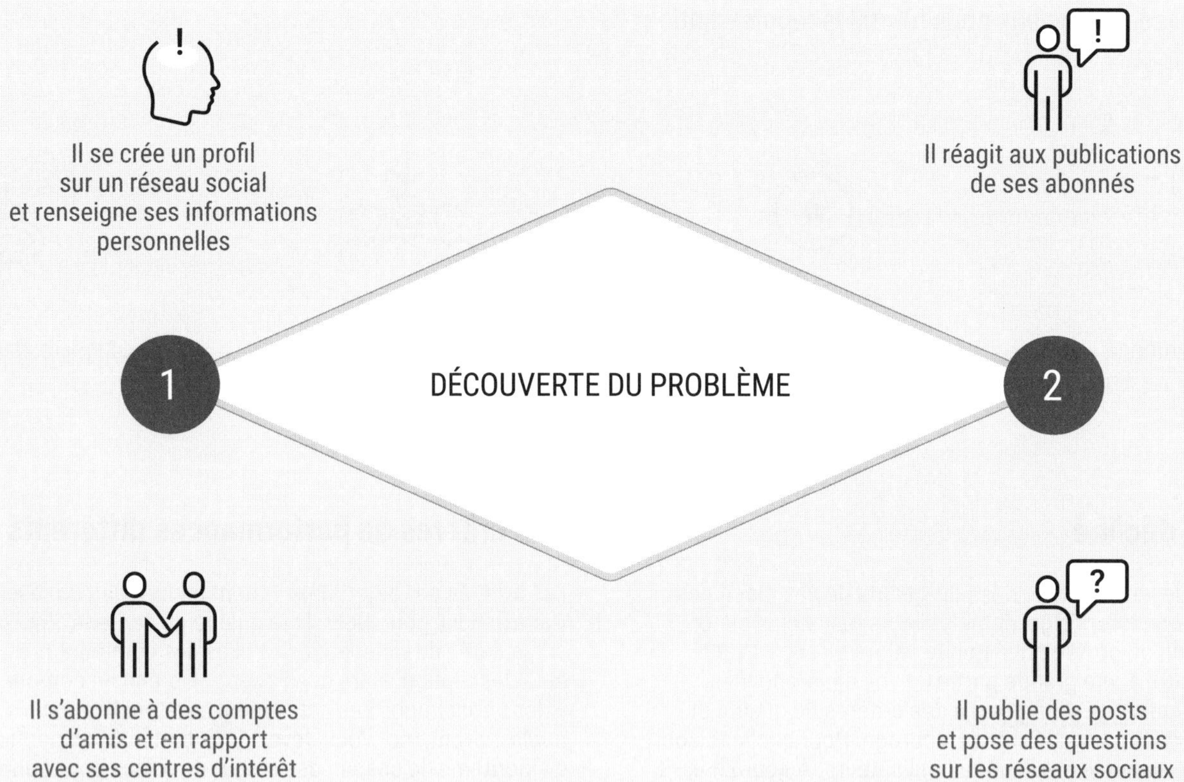

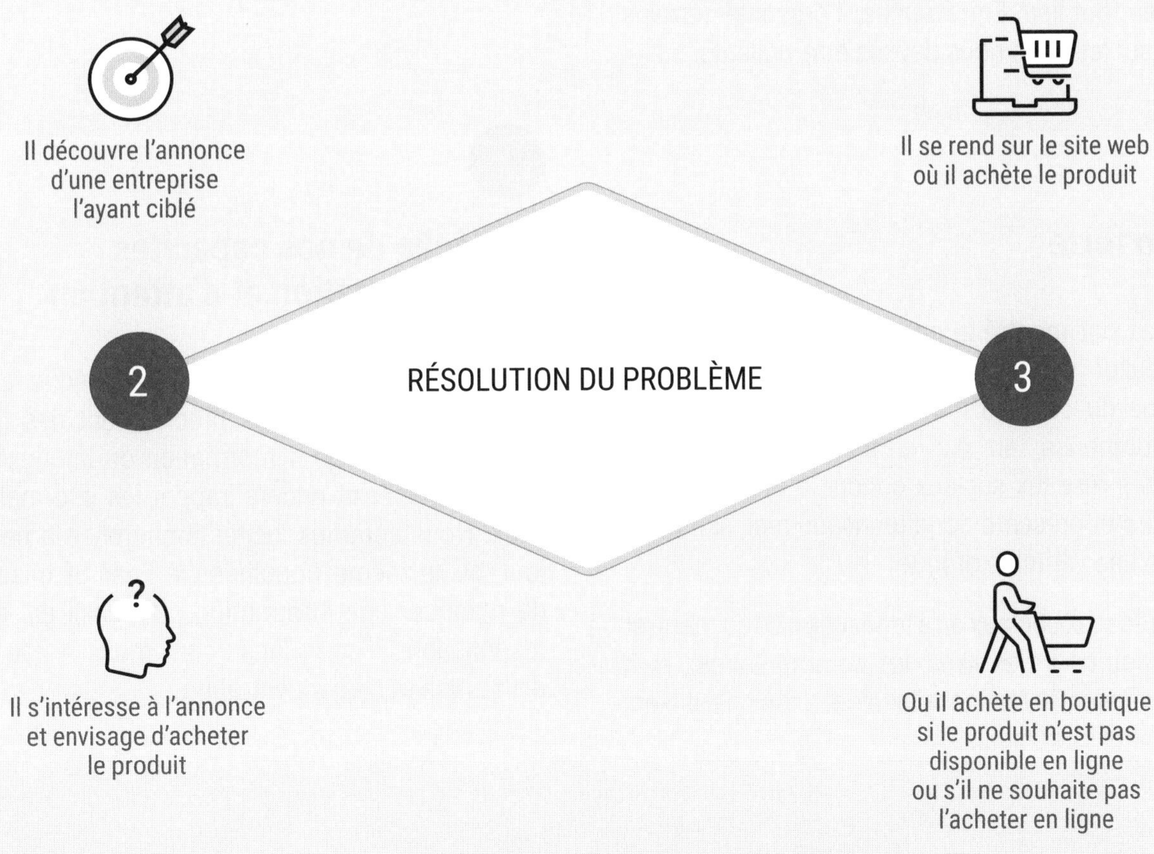
Il découvre l'annonce d'une entreprise l'ayant ciblé
Il se rend sur le site web où il achète le produit
2
RÉSOLUTION DU PROBLÈME
3
Il s'intéresse à l'annonce et envisage d'acheter le produit
Ou il achète en boutique si le produit n'est pas disponible en ligne ou s'il ne souhaite pas l'acheter en ligne

Le côté obscur du Social Media

Le Social Media est une très belle invention, qui nous permet de communiquer avec nos amis, notre famille ou des inconnus, à toute heure et en tout lieu. En revanche, il présente certains aspects négatifs sur lesquels nous devons être vigilants.

Une addiction forte

Beaucoup d'études ont montré le potentiel addictif du social media, en particulier des réseaux sociaux. La dopamine, molécule chimique du cerveau qui s'inscrit dans le schéma motivation - récompense, en est la principale cause. Le fonctionnement des réseaux sociaux conduit à une addiction de leurs utilisateurs et présente donc un risque réel, sans être considéré comme une véritable drogue.

De même, sur les réseaux sociaux on a tendance à se concentrer sur les « vanity metrics » (les likes, les commentaires), et à oublier qu'il faut générer du business (avoir des fans c'est bien, mais avoir des clients c'est mieux !).

Un déclin de nos capacités de concentration et d'attention

La multiplication des écrans a pour conséquence l'omniprésence du social média, et plus précisément des réseaux sociaux. Aussi, la surcharge d'information ou infobésité, nous incite à zapper, zapper et encore zapper les informations devant nos yeux. Nous sommes incités à chercher la perle rare, l'info du jour, ou le meme populaire (le Fear of missing out, la peur de manquer une information clé). Ceci est en grande partie responsable d'une diminution massive de notre capacité d'attention et de concentration.

La vérité, une denrée bien cachée

Cette infobésité est liée à un autre phénomène : toute personne peut, à tout moment, produire une information et la partager. Dans cet amas d'informations, il devient de plus en plus difficile de distinguer le vrai du faux. Les Fake News ou « fausses nouvelles » circulent rapidement sur ces plateformes sociales. Si les croyances conditionnent nos comportements et nos actions, la désinformation nous désoriente et nous déstabilise. L'intelligence collective est menacée par ces mensonges qui prennent la même apparence que la vérité et par la surcharge cérébrale causée par l'infobésité.

Et cette infobésité a un impact aussi sur vous : devant la masse des contenus produits, il faut encore plus sortir du lot, se distinguer, mettre de l'émotion. La génération de contenu sans utiliser la publicité devient de plus en plus difficile (vers le déclin du owned media)

La confidentialité : illusion ou réalité ?

Les réseaux sociaux nous permettent de partager des moments avec notre entourage mais nous leur donnons en contrepartie des informations personnelles ou non. La question de la confidentialité de ces informations fait débat. Les propriétaires de ces plateformes ont tout intérêt à nous assurer que nos données sont bien confidentielles, mais est-ce vraiment le cas ? Le scandale Cambridge Analytica avec Facebook, relatif à la fuite de données personnelles d'utilisateurs dans le but d'influencer les intentions de vote, a créé une brèche dans l'illusion de la confidentialité. Il a soulevé une méfiance générale quant à l'utilisation des réseaux sociaux.

L'achat média en ligne

L'achat média en ligne désigne tout simplement l'achat d'un espace publicitaire sur un support digital dans le but de promouvoir un produit ou un service.

La publicité traditionnelle, offline, cible une audience très large et indistincte. La publicité en ligne permet un ciblage plus précis, voire personnalisé. Elle permet de toucher certains internautes sur la base de critères géographiques (ville, pays) et socio-démographiques (âge, genre, situation professionnelle), mais aussi sur la base de données comportementales et/ou attitudinales.

La mesure de l'efficacité d'une publicité en ligne est également plus précise que celle d'une publicité traditionnelle. Vous obtenez, par exemple, le nombre de fois où la publicité s'est affichée dans les résultats de recherche, le nombre de clics sur cette publicité, ou encore le nombre d'engagements générés.

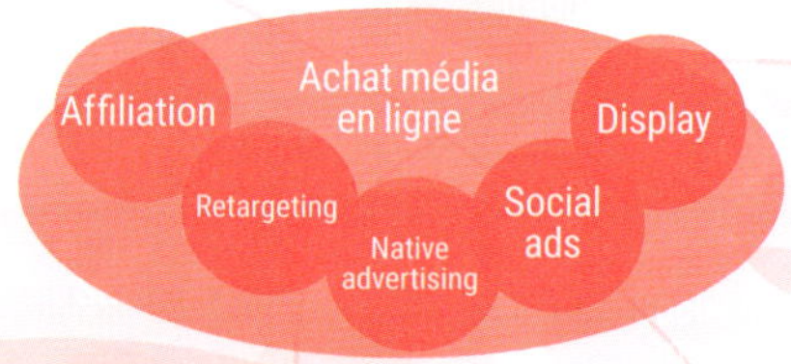

Les différentes formes de publicité online

Les search ads
pour faire apparaître une annonce en haut des résultats de recherche.

L'affiliation
pour utiliser des « mercenaires de la vente » qui vont promouvoir vos produits et services en échange d'une rémunération.

Les social ads
pour faire apparaître une annonce ciblée sur les réseaux sociaux.

Les display ads
pour afficher une publicité sur un site web.

Le native advertising
pour donner à la publicité l'apparence d'un contenu éditorial sur des sites de contenu.

Le retargeting
pour cibler des internautes ayant déjà visité un site web et trouver des audiences similaires.

Les médias online sont les meilleurs leviers pour cibler vos clients

Les médias online interviennent sur l'ensemble du parcours. Dans le premier diamant, les actions ont pour objectif de créer de la notoriété et de faire prendre conscience de l'existence d'un problème en s'appuyant sur des mots-clés génériques.

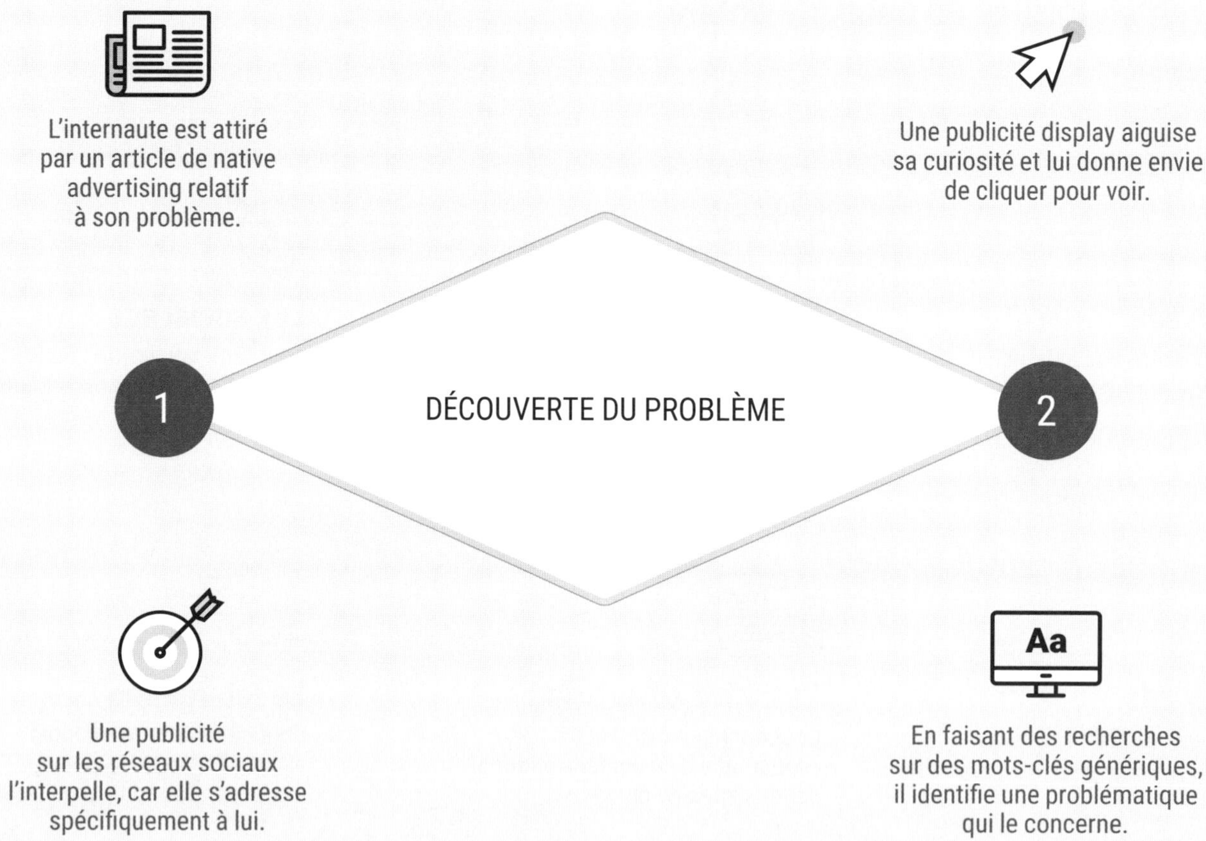

Dans la deuxième partie du double diamant, les publicités sont plus ciblées et personnalisées. Elles reposent sur des mots-clés spécifiques qui traduisent une réelle intention de recherche de solution.

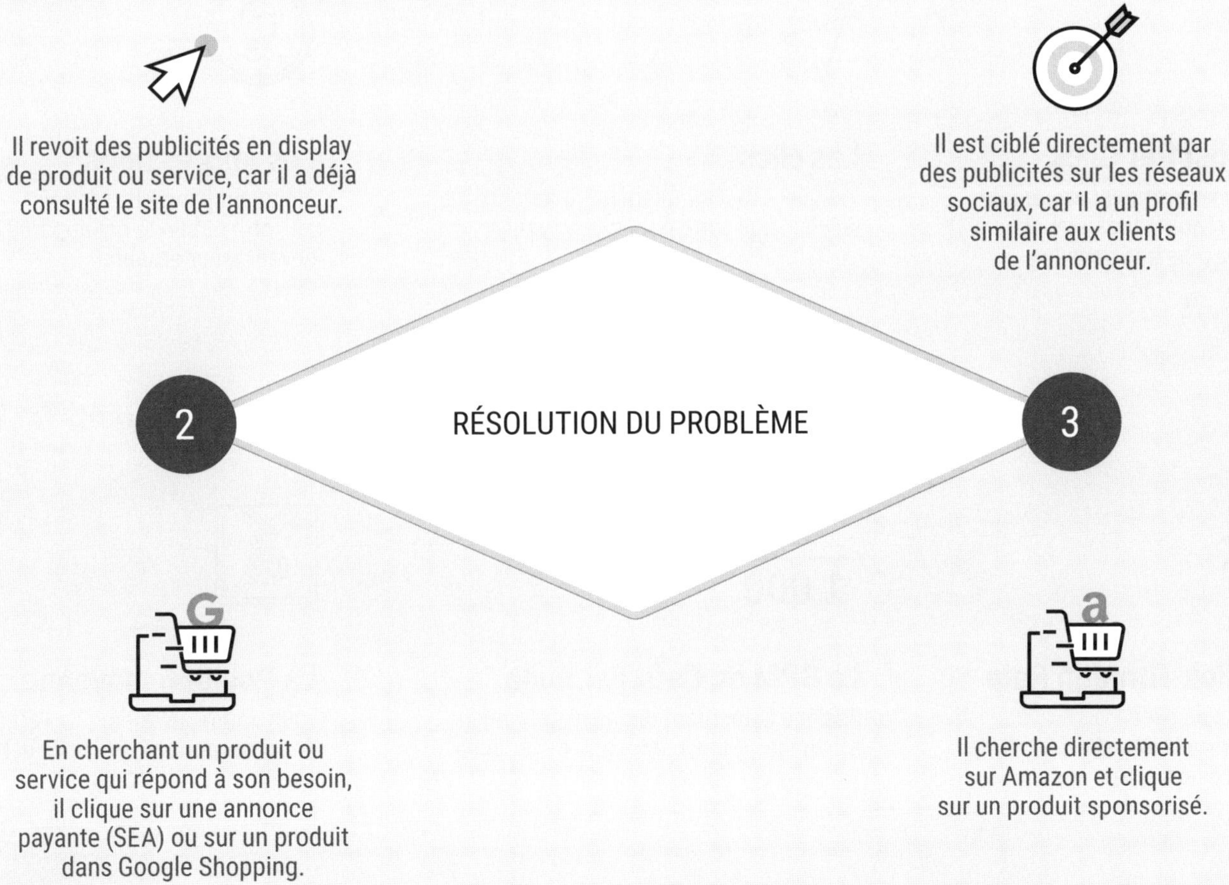

Les KPIs à prendre en compte

Le CPC ou Cost Per Click
désigne combien vous dépensez par jour pour chaque clic récolté. Idéalement, le CPC doit être le plus bas possible.

Les clics
indiquent tout simplement le nombre de clics que votre publicité a reçus.

Les impressions
indiquent le nombre de fois où votre publicité est apparue devant un internaute.

Le CTR ou Click Through Rate
désigne votre taux de clics. C'est le rapport entre le nombre d'impressions et le nombre de clics.

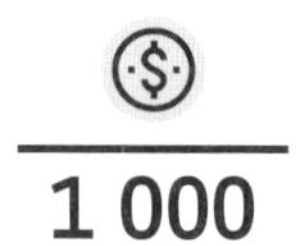

Le CPM ou Coût par mille
désigne le montant dépensé pour mille affichages d'une campagne de publicité.

La Position moyenne
vous donne un aperçu de l'efficacité de vos annonces. Plus elle est basse, plus elle est bien positionnée.

Les Conversions

représentent les objectifs que vous avez définis. Que ce soit un achat, une demande de brochure, un téléchargement de livre blanc, c'est l'indicateur à surveiller de près !

Le CvR ou Conversion Rate

est simplement votre taux de conversion. C'est le rapport entre vos clics et vos conversions. Il indique si votre publicité est efficace ou non.

Le Search Impression Share

désigne le nombre d'impressions pour un terme divisé par le nombre d'impressions que ce terme était susceptible de recevoir. Cette mesure vous indique si vous avez réussi à cibler votre marché.

Le CPA

aussi connu sous le nom de coût par acquisition désigne le coût moyen d'une conversion et doit donc être le plus bas possible. Elle varie largement selon les secteurs d'activité.

Le quality score

est une note de 1 à 10 attribuée aux termes sur lesquels vous vous positionnez. Il donne une indication sur la performance de vos mots-clés en se basant sur le CTR attendu, la pertinence de votre annonce et l'expérience de votre landing page.

Attention à l'effet de ciseaux

Le Paid Media s'avère efficace pour augmenter ses ventes, en particulier dans l'e-commerce. Tant que le Coût d'Acquisition est inférieur à la marge, il est rentable d'investir.

En revanche, si cette approche est efficace au début, elle peut vite devenir dangereuse en raison d'un effet de ciseaux qui peut mener à la faillite :

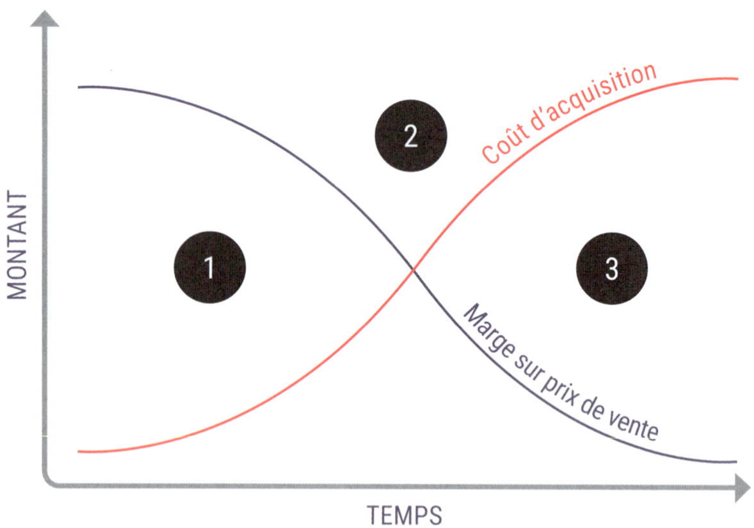

1. Les coûts d'acquisition augmentent avec la concurrence et les mécanismes d'enchères
2. La concurrence entraîne une baisse des prix, et donc une baisse des marges
3. Jusqu'au moment où le coût d'acquisition devient supérieur à la marge ! C'est la fin de l'aventure !

Comment remédier à cet effet de ciseaux ?

La réponse : construire une image de marque différenciante dans la durée, instaurer une qualité de service irréprochable et exploiter sa base de clients pour maximiser ses revenus ! Au final, il faut se donner les moyens de survivre, même quand la concurrence est rude, sans être dépendant d'une quelconque plateforme.

- N'hésitez pas à revendiquer qui vous êtes et pourquoi les clients doivent venir chez vous plutôt qu'ailleurs. Améliorez en permanence votre notoriété et mettez en avant vos atouts !

- Puis, fidélisez vos clients en leur proposant une expérience client exceptionnelle. Pour cela, soignez la relation que vous avez avec eux ! (voir plus loin marketing relationnel);

Devenez « l'incontournable » de votre marché, et soyez short listé automatiquement !

Le marketing de la performance

La performance fait partie des mots préférés dans l'entreprise. En marketing, la performance a le droit à son propre domaine : **le marketing de la performance**. Il est apparu avec le digital qui permet d'évaluer les résultats d'actions marketing, comme **l'emailing, l'affiliation** ou **l'achat d'espace publicitaire**, avec des indicateurs précis et fiables.

i

On parle généralement de marketing de la performance lorsque l'annonceur rémunère le support publicitaire ou marketing en fonction des résultats des campagnes.

L'optimisation est à la fois importante et constante : chaque résultat est scruté et amélioré. Cette pratique d'optimisation est au coeur de toutes les stratégies de marketing à la performance et se poursuit indéfiniment :

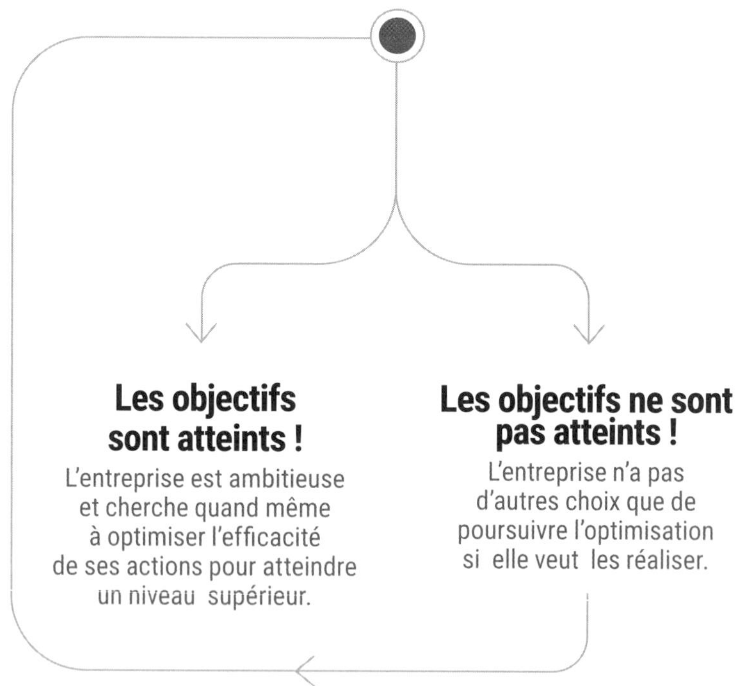

Pour optimiser ses résultats et ses efforts marketing, l'entreprise peut recourir à **l'A/B testing**. Cette pratique consiste à proposer deux options, à comparer les résultats après un certain temps, pour déterminer laquelle est la meilleure. Par exemple, un A/B testing peut être effectué sur la couleur d'un bouton d'un site web ou sur l'objet d'un email.

Faire de l'A/B testing est très répandu, car non seulement les tests sont réalisables sur une infinité de paramètres, mais aussi ils ne nécessitent pas beaucoup de moyens. L'A/B testing permet d'obtenir un retour rapide et concret sur ce qui fonctionne le mieux.

L'A/B testing est généralement effectué à l'aide d'outils analytiques pour évaluer les résultats. Les solutions de Web Analytique et d'envoi d'emails proposent souvent cette fonctionnalité.

Un marketing en mouvement : le marketing mobile

L'ampleur prise par les mobiles dans nos vies, y compris pour effectuer des recherches ou des achats en ligne, est une manne que les marketeurs ne pouvaient ignorer.

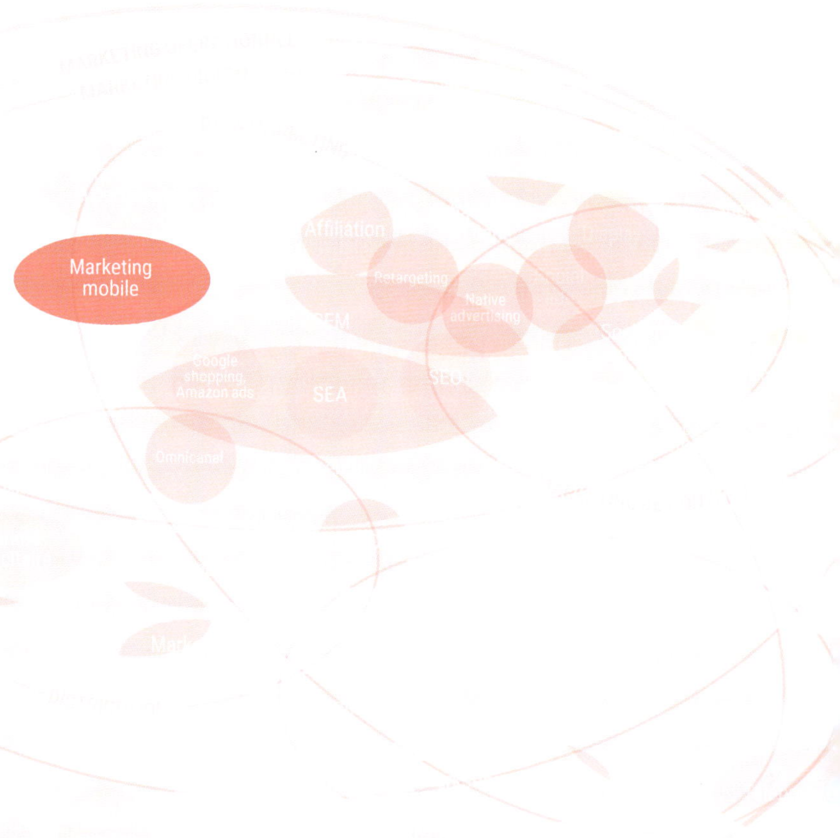

On parle alors de **Marketing mobile** ou m-marketing pour désigner la branche du marketing dédiée aux utilisateurs de terminaux mobiles (téléphones portables et, en particulier, smartphones).

Depuis quelques années, les téléphones portables offrent pléthore de fonctionnalités : du sms à la géolocalisation, le smartphone est devenu un véritable outil à tout faire ! C'est notamment avec le développement d'Internet sur tous les téléphones que le marketing mobile s'est développé.

Compte tenu de l'utilisation massive des terminaux portables, une entreprise a tout intérêt à instaurer une stratégie de marketing mobile pour être en accord avec les attentes des consommateurs !

Comme toute branche du marketing, le marketing mobile exploite plusieurs moyens

Opter pour le web mobile/ mobile-first

C'est concevoir un site en privilégiant la version mobile, puis en l'adaptant pour des écrans plus larges comme les tablettes.

Créer une application mobile

Sur les applications mobiles, les actions marketing peuvent prendre la forme d'annonces publicitaires (bannières, pop-up).

Faire de l'ASO

L'ASO ou Application Search Optimization est le SEO des apps sur les stores. Il prend en compte des critères comme le nom, la catégorie, la description, les mots-clés éventuels, le nombre de téléchargements et la note de l'application.

Mettre en place des notifications Push

Elle permettent d'envoyer des messages à l'utilisateur (réduction, promotion) mais doivent être judicieusement exploitées, au risque de voir l'utilisateur les désactiver.

Faire des SMS, MMS et messages vocaux

c'est un des premiers moyens de marketing sur mobile ! Les SMS, MMS et messages vocaux informent les consommateurs sur les offres spéciales et les réductions. Cet échange contribue d'ailleurs au marketing relationnel !

[FOCUS] Inbound Marketing & Growth Hacking

L'Inbound Marketing ou comment devenir son propre média et convertir son audience en client

Pour faire simple, **l'Inbound Marketing** c'est faire venir les clients vers soi plutôt que d'aller les chercher comme le fait l'Outbound Marketing. L'Inbound Marketing repose sur différents leviers, parmi lesquels le content marketing, le SEO ou référencement naturel, le Social Media et le Marketing Automation.

Initié aux États-Unis par l'entreprise Hubspot et en France par l'agence 1min30, l'Inbound Marketing a été ensuite repris par d'autres agences qui ont contribué à sa popularité.

Nous aimons comparer l'Inbound Marketing à la séduction : alors qu'une approche outbound consiste à faire le premier pas et prendre des initiatives, adopter une attitude Inbound, c'est avant tout savoir attirer les personnes à soi naturellement grâce à sa beauté, sa personnalité, sa popularité, etc.

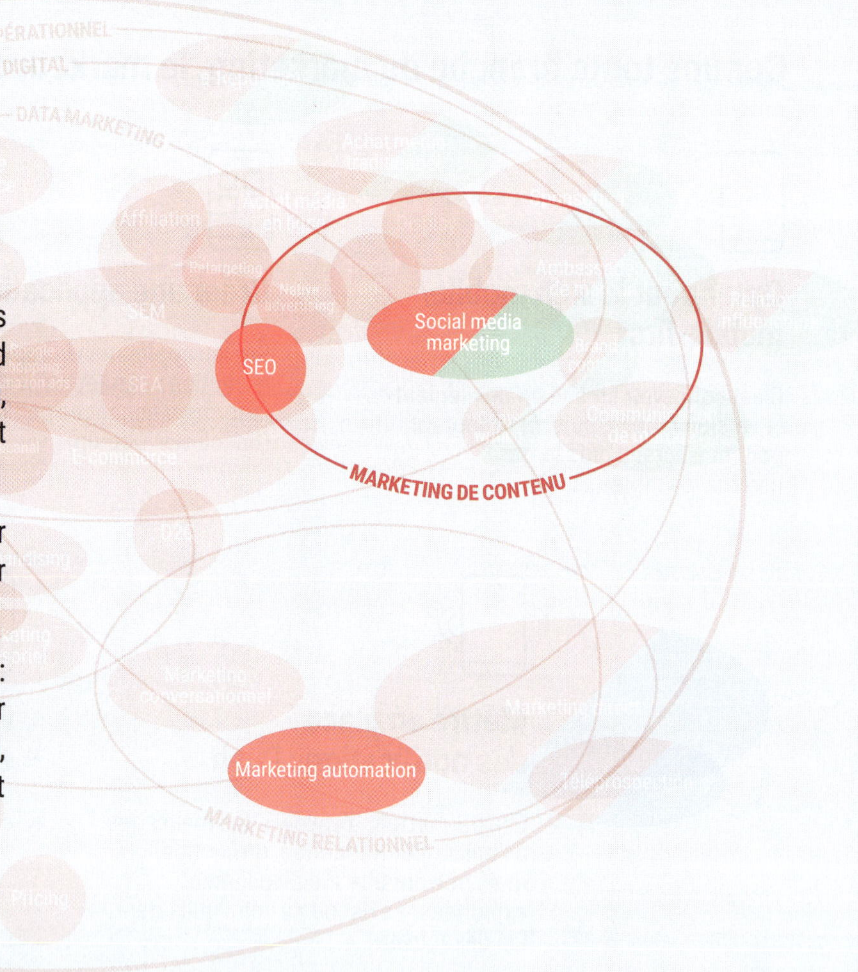

Le Growth Hacking pour croître de manière rebelle

Le Growth Hacking signifie "pirater sa croissance" en français. Il englobe toutes les astuces pour donner un coup de boost à sa croissance. Pour ce faire, le growth hacking fait appel à de nombreuses pratiques et repose sur la méthodologie AARRR qui est l'acronyme de Acquisition, Activation, Retention, Revenue, Recommandation. À chaque étape, diverses actions sont menées pour faire progresser le client dans l'entonnoir ou funnel de conversion.

La démarche du Growth Hacking se décline en 4 étapes : **l'identification d'une opportunité** (amélioration des conversions, grande audience exploitable), **l'exploitation de celle-ci** (manuellement, automatiquement), **le test** (utile ? réussi ?) et enfin **l'industrialisation** (réduire au maximum l'effort, améliorer la performance).

La philosophie du growth hacking repose essentiellement sur la recherche de raccourcis, toujours dans la limite de l'acceptable. Par exemple, l'automatisation de certains procédés vous fait gagner du temps, mais cela ne peut se faire au détriment de la qualité relationnelle avec le client.

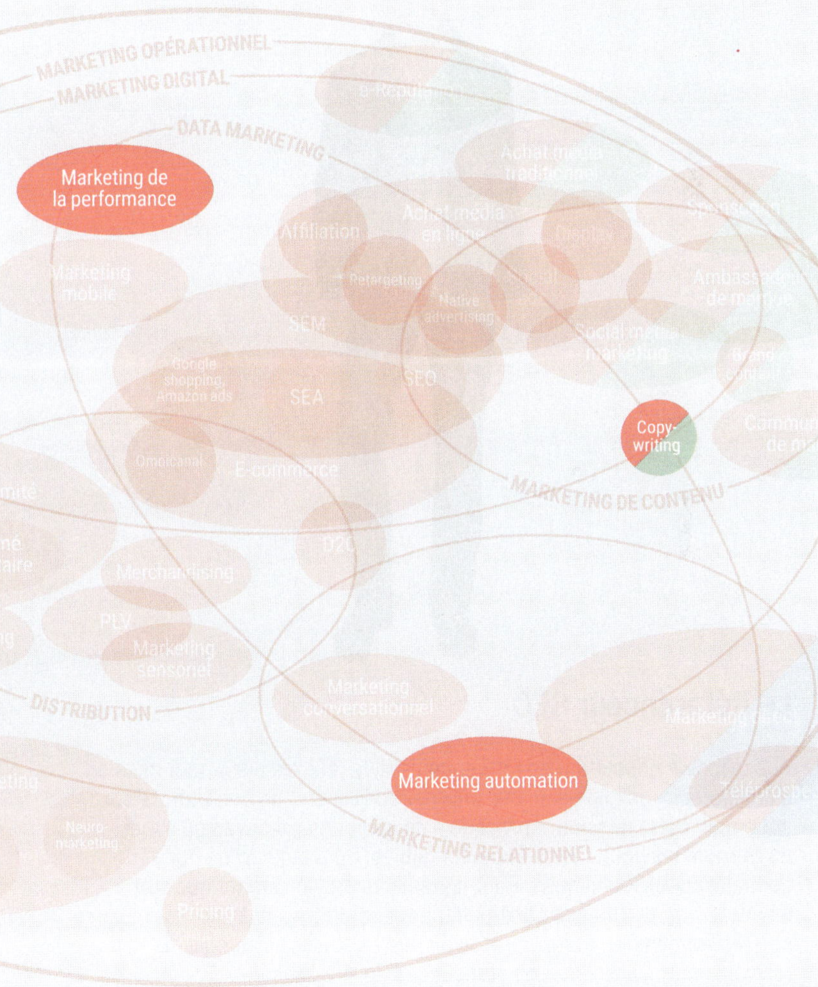

Les métiers du marketing digital

Le Référenceur SEO

Aussi appelé consultant en référencement, le référenceur a pour mission d'améliorer la visibilité d'un site Internet et d'assurer un bon trafic. Pour accomplir cette mission, il procède à un audit des sites web où il met en exergue les points forts et points faibles. Cela requiert de bonnes connaissances techniques. Puis, il établit le champ sémantique sur lequel le site web doit se positionner pour accroître son trafic et améliorer son référencement. Enfin, après avoir mis en place la stratégie de référencement, il analyse les statistiques du site dans le but de proposer des améliorations.

Le Community Manager

Le Community Manager gère les communautés d'une entreprise : les réseaux sociaux, le blog, les forums. Il doit rapprocher l'entreprise des consommateurs. Il est le porte-parole de la marque et a un rôle d'intermédiaire entre l'entreprise et les consommateurs : il communique les messages de l'entreprise aux consommateurs et remonte les plaintes, remarques et critiques de ces derniers vers l'entreprise. Très souvent, il se charge de répondre aux critiques et plaintes des consommateurs et a donc un rôle important pour l'image de marque de l'entreprise.

Le Growth Hacker

Le growth hacker a pour mission de développer la croissance de l'entreprise et de développer la visibilité des produits et services proposés. Il doit posséder de bonnes connaissances en marketing et des compétences technologiques pour manier les outils numériques lui permettant d'atteindre ses objectifs.
On parle aussi de "T-shape" Growth hacker, car il doit connaître l'ensemble du spectre du marketing digital tout en ayant une expertise profonde sur des domaines essentiels à l'activité comme le SEO, le développement, les publicités. Il s'occupe de l'acquisition de leads, l'activation, la rétention, l'engagement et la monétisation, qui sont les étapes de la vie du client.

Le Content Manager

Il est chargé de la création de contenu de l'entreprise. Son profil est à la fois éditorial et digital, à mi-chemin entre la fonction de Community Manager et celle de responsable éditorial. Il assure la veille concurrentielle et analyse l'évolution du marché et le comportement des consommateurs. En suivant les tendances, il peut élaborer une liste de sujets qui lui permettent de créer de nouveaux contenus. Le Content Manager collabore avec les différents services de l'entreprise ainsi qu'avec les partenaires externes. Il doit gérer le budget qui lui est dédié et suivre les indicateurs de performances des contenus produits.

Le marketing relationnel pour être en bons termes avec vos clients et prospects

Il ne suffit pas seulement d'avoir un bon produit ou service pour vendre et fidéliser, il faut également prendre en compte la relation avec ses clients. Développer, renforcer et entretenir la relation avec ses clients et les fidéliser, c'est l'objectif du **marketing relationnel**.

Il vise également à développer la relation en dehors des moments de consommation ou d'achat. Qui dit relation avec le client, dit relation personnalisée. Le marketing relationnel s'inscrit donc dans une démarche de "one-to-one" plutôt que "one-to-many". L'objectif est d'individualiser au maximum la relation avec le client, pour qu'il se sente unique et apprécié.

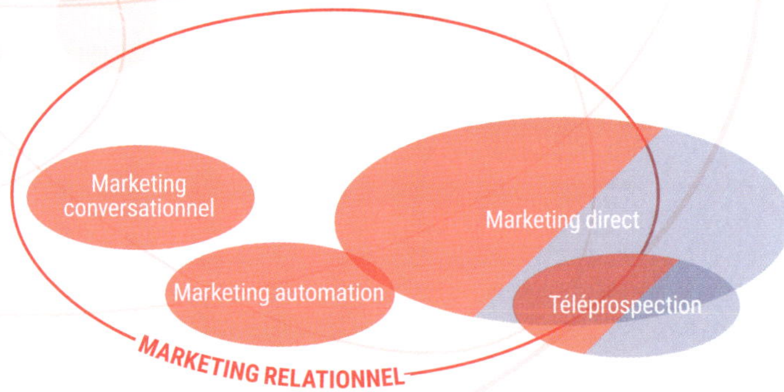

Le marketing relationnel s'oppose en cela au marketing de masse, sur lequel repose la stratégie des médias traditionnels. Cette exigence de **"one-to-one"** a fortement été favorisée par l'avènement du digital qui a permis la récolte et l'utilisation de données. Le marketing relationnel s'inscrit donc dans les notions de marketing digital et comportemental.

Le Marketing Direct est une technique marketing et commerciale qui consiste à envoyer un message avec une offre personnalisée à une cible identifiée, afin de l'inviter à réagir.

Les canaux exploités

E-mail, mailing, télémarketing, SMS, retargeting, display, SEA…

- Il reçoit des messages personnalisés par email.
- Il reçoit des messages personnalisés par courrier.
- Il se fait appeler et découvre de nouvelles offres.

Les KPIs

Mesure des résultats d'une campagne (ROI) : taux de réponse, taux de transformation, nombre et montant des commandes…

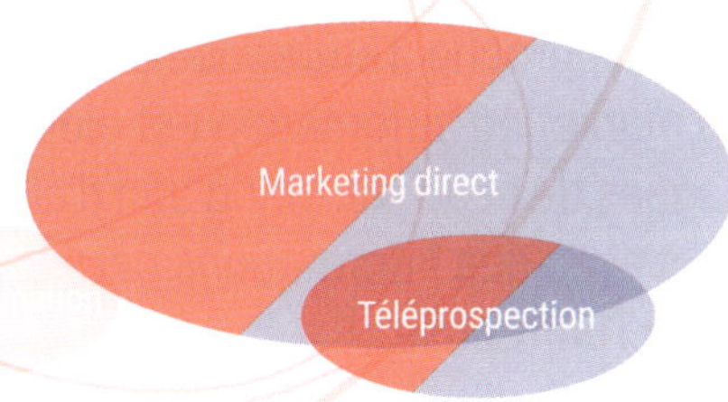

Le marketing automation : ses avantages et dangers

Le marketing automation consiste à utiliser des logiciels et services Web pour exécuter, gérer et automatiser des tâches marketing. Par exemple, l'envoi d'emails personnalisés en fonction du comportement de l'utilisateur.

Ces envois d'emails conditionnés par les comportements de l'utilisateur sont en réalité des scripts ou "scénarios" dans lesquels sont préenregistrés différents mails.

Commes ces scénarios sont conditionnés par le comportement de la personne, le contenu est plus adapté.

Dans un cycle de vente long, il est peu probable que le prospect approche l'entreprise lors du premier contact. Le rôle du marketing automation est alors de mettre en place des campagnes de Lead Nurturing afin d'alimenter régulièrement le prospect avec des informations pertinentes, jusqu'à l'amener à contacter l'entreprise.

Dans les campagnes d'emailing, le marketing automation permet d'envoyer un grand nombre de mails sans effort, tout en ajoutant une petite dimension personnalisée en prenant en compte l'identité du destinataire.

Attention à l'usage du marketing automation. S'il s'avère très pratique et fait gagner du temps, il peut présenter certains risques.

Tout d'abord, **l'automatisation n'offre pas la même qualité relationnelle** qu'avec une véritable personne. Par exemple, les chatbots sont très pratiques pour répondre aux demandes simples. En revanche, lorsque la demande devient plus complexe et nécessite un savoir-faire, les moyens automatisés ne suffisent plus. Dans ces cas-là, la technologie montre ses limites et rend l'intervention humaine indispensable !

Autre point, la présence massive des moyens automatisés conduit à une certaine déception des clients lorsqu'ils prennent conscience de cette sur-automatisation. Le gain de temps et l'efficacité peuvent alors parfois se faire au détriment de la perception des clients et de la qualité de la relation entretenue avec eux.

Enfin, une campagne d'emailing automatisée comporte toujours le risque d'arriver dans la boîte "spam" de vos clients !

D'où l'importance d'avoir une semi-automatisation. Par exemple si le premier message d'invitation peut être envoyé sur LinkedIn par outil de growth hacking, la réponse suite à l'invitation se doit d'être manuelle. Pour un chatbot c'est le même principe, en proposant une escalade vers un conseiller dès une incompréhension

Quelques scénarios de marketing automation : le cas B2B

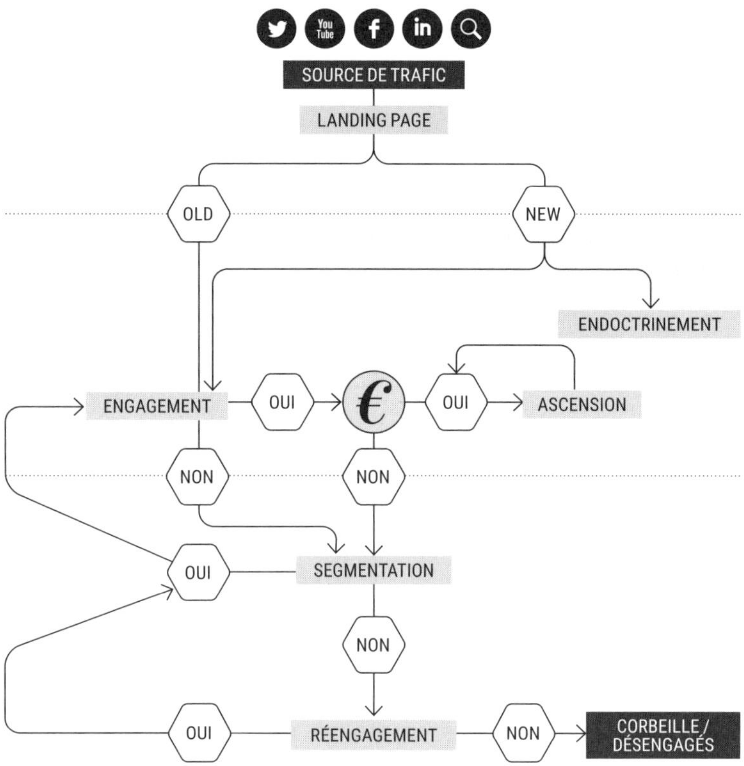

Scénario : la machine à vendre

À travers 5 phases, ce scénario automatise le processus de vente, tout en prenant en compte les cibles et les valeurs de l'entreprise.

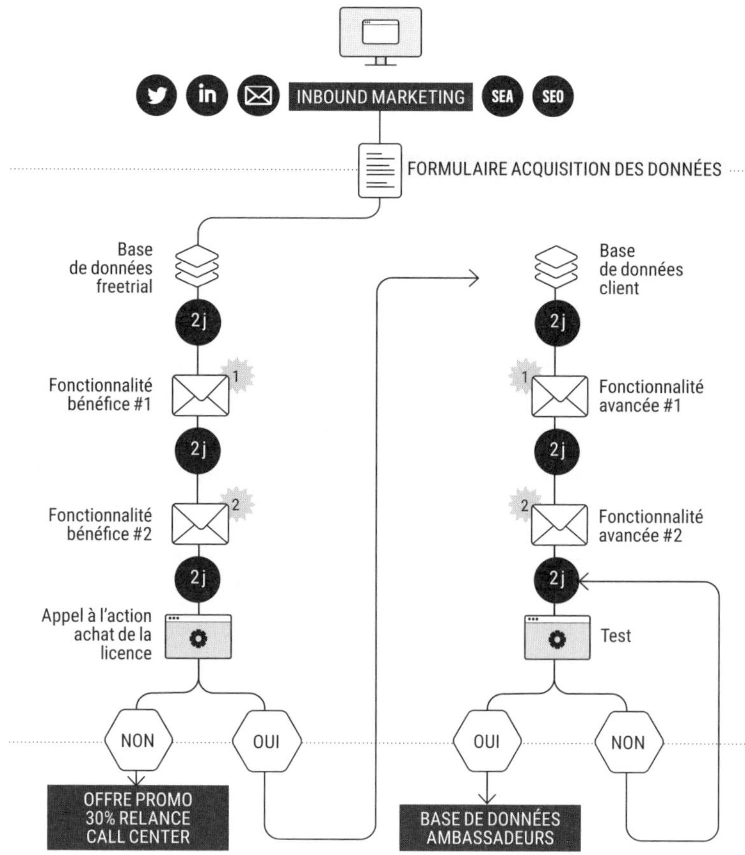

Scénario : l'Onboarding Client

Il consiste à faire du nurturing après la vente pour maintenir l'empathie du client et valider la bonne prise en main de la solution.

Plus de scénarios détaillés dans le livre **« MARKETING AUTOMATION »** en scannant le QR Code ci-dessous

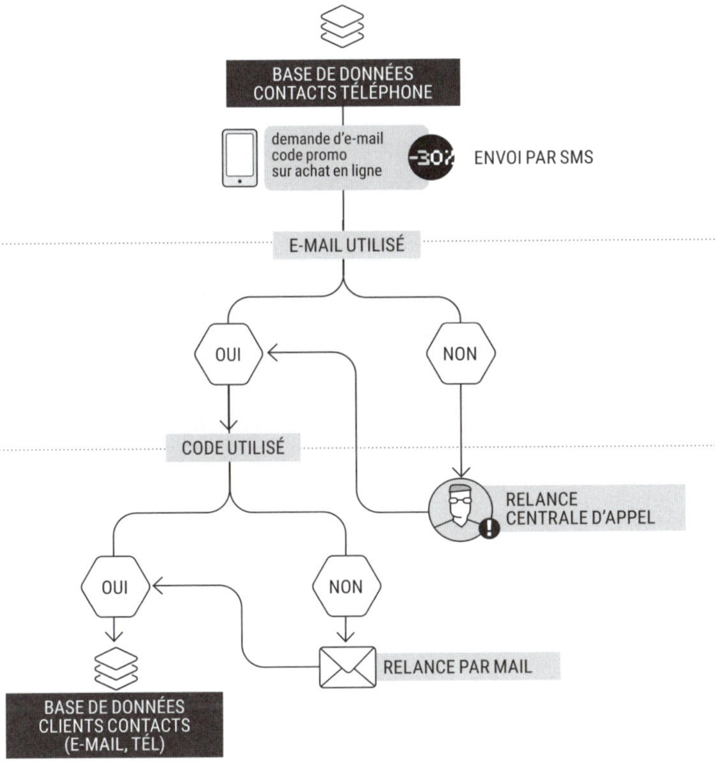

Scénario : Promotion événement

Avant de vendre, il faut au préalable recueillir un minimum de données (segmentation, qualification de leads). Ici, l'usage d'un code promo permet de récolter l'email.

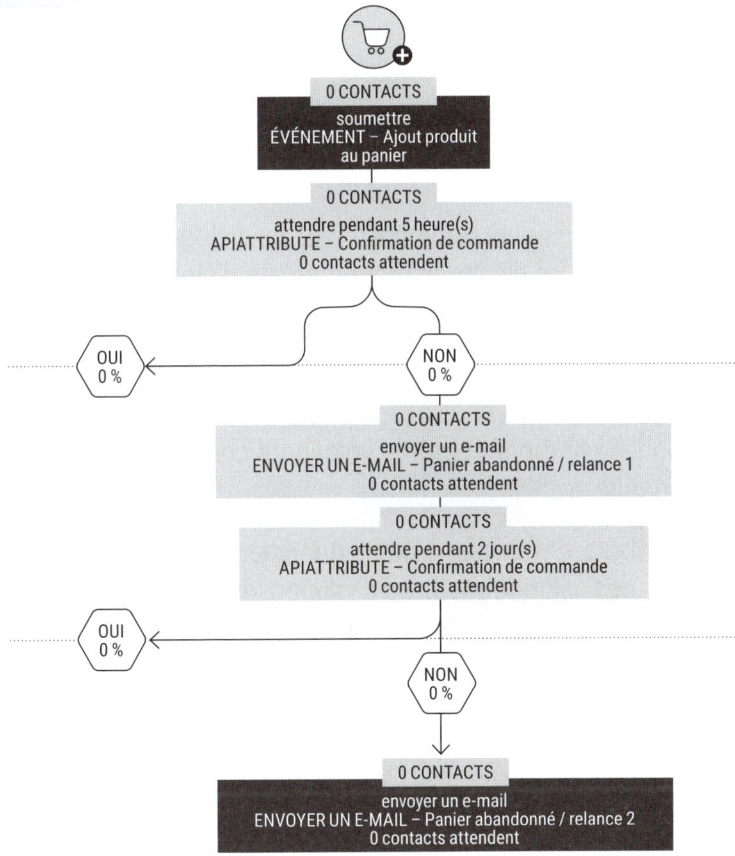

Scénario : Abandon de Panier

A pour objectif de convaincre le visiteur de reprendre son panier pour finaliser l'achat. Un objectif à court terme
pour lequel le marketing automation est très efficace.

Le marketing conversationnel pour dialoguer avec vos clients

Le marketing conversationnel crée un dialogue continu ou ponctuel avec les clients et prospects. Ce dialogue a pour but de travailler la qualité de la relation et de mieux connaître le client.

Il fait également référence à l'ensemble des moyens techniques comme les chatbots et autres voicebots construits autour de l'intelligence artificielle.

Les chatbots envahissent notre quotidien : de plus en plus utilisés, ces algorithmes sont supposés répondre à nos éventuelles questions. Ils nous orientent de manière limitée dans notre recherche, sont exploités en 1er niveau avant de rediriger vers un conseiller si besoin, ou encore servent à faire de la préqualification.

À NOTER : ils remplacent de plus en plus souvent les formulaires.

Bien qu'il n'existe pas encore de marché concret pour les voicebots, leur développement progresse. **Le Google Home** et **Alexa d'Amazon** en sont des exemples.

Ces dispositifs technologiques sont des outils d'assistance qui utilisent la reconnaissance vocale et l'intelligence artificielle. Avec un simple "ok Google" ou "Alexa", ces machines peuvent répondre à nos demandes : commander un article sur Internet, diffuser une musique, etc. Pratique, non ?

On retrouve également le fameux Siri de Apple. Selon son père fondateur, Luc Julia, Siri aurait été intentionnellement programmé pour avoir un côté un peu «idiot» pour le rendre plus humain. Vous savez, quand Siri ne sait pas quoi répondre, il répond à côté ! (comme vos amis éméchés en boîte de nuit). Julia affirme que ses limitations ont facilité l'acceptation de Siri dans les foyers...Comme quoi !

S'il y a 20 ans on considérait les voicebots intelligents d'aujourd'hui comme l'avenir, à quoi ressemblera le futur ?

La vente

« À chacun
son outil de travail :
au footballeur
le pied, au masseur
la main, au vendeur
l'oreille. »

MICHAEL AGUILAR

La vente ou l'étape ultime pour concrétiser l'acquisition

Qu'est-ce que la vente en entreprise ?

Dans une entreprise, **la vente** rassemble une multitude de personnes, de la force de vente sur le terrain en passant par les commerciaux spécialisés. Ils sont réunis autour d'un objectif commun et partagé : vendre, vendre plus et vendre bien.

Le département commercial a pour mission de développer et de générer des bénéfices par les actions de vente.

Les objectifs et les stratégies de vente sont appuyés par le département marketing, qui informe, oriente et conseille les départements de vente.

HORS ACQUISITION

La gestion des comptes n'est pas détaillée dans ce livre. Elle s'apparente plus à de la revente et de la fidélisation qu'à de l'acquisition.

Les nouvelles organisations tendent à rapprocher de plus en plus le marketing et la vente.

L'utilisation des nouvelles technologies et du contenu dans les techniques de vente (CRM, Réseaux sociaux, Inbound Marketing, Growth marketing...) a créé cette dynamique. Ce qui implique que les équipes commerciales collaborent avec les équipes marketing plus étroitement et a même amené la création de nouveaux métiers comme les SDR (Sales Development Representative).

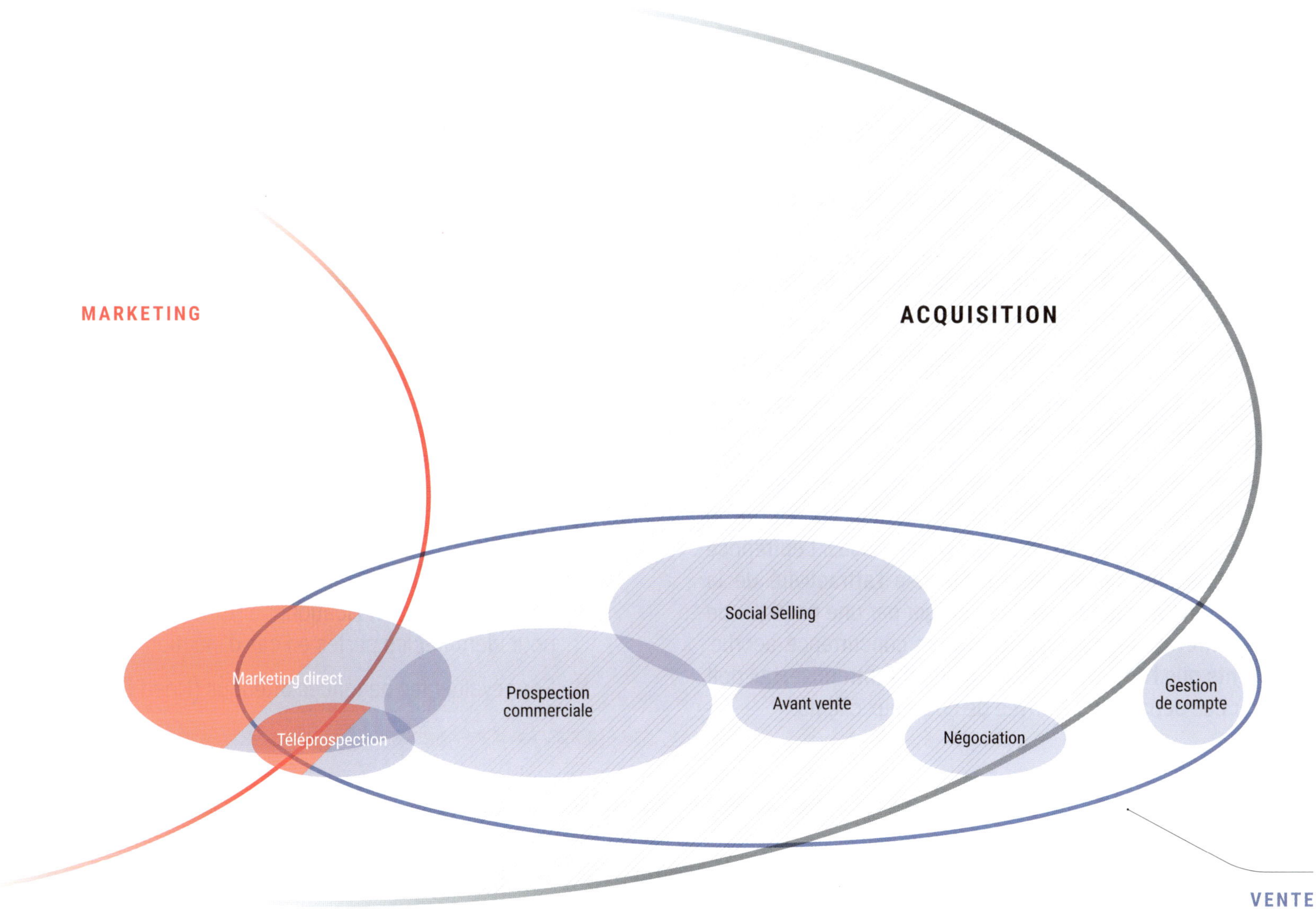
MARKETING
ACQUISITION
Social Selling
Marketing direct
Prospection
commerciale
Avant vente
Gestion
de compte
Téléprospection
Négociation
VENTE

La prospection commerciale ou l'art de séduire vos prospects et clients potentiels

La prospection commerciale est vitale pour l'entreprise et consiste à aller à la rencontre des prospects et clients potentiels, et non des clients déjà acquis.

Quel que soit le secteur d'activité, une entreprise subit le phénomène d'attrition. Les entreprises perdent en moyenne 50% de leurs clients tous les 5 ans*.

Il y a deux types d'attrition : la naturelle et la concurrentielle. La naturelle concerne les cessations d'activités, les dépôts de bilan, les changements de stratégie d'entreprise... L'entreprise ne peut pas agir. La seconde est liée à l'attractivité de la concurrence. L'entreprise peut se corriger par une politique de fidélisation et de ré-acquisition. Avec la concurrence accrue, des clients que l'on croyait fidèles quittent l'entreprise, qui doit combler ces départs par l'arrivée de nouveaux clients.

Le SPIN Selling, une technique de vente alignée avec l'Acquisition Strategy Design

Le SPIN Selling, inventé par Neil Rackham, consiste à faire une découverte approfondie du client avant de présenter son offre à travers 4 types de questions :

- **S** Les questions de situation pour comprendre le contexte du client
- **P** Les questions de problèmes pour cerner les difficultés
- **I** Les questions d'implication, pour identifier les pertes en cas d'inaction
- **N** Pour évaluer les bénéfices attendus (Need-Payoff)

Ces questions sont finalement assez proches de celles du Canvas d'Acquisition. Elles sont formulées pour être directement posées au client lors des échanges avec lui. L'idéal est de les préparer en concertation avec les équipes marketing.

Les méthodes et les techniques ont subi de profonds changements avec l'évolution des moyens technologiques. Nous sommes passés d'une prospection traditionnelle à une prospection qui contient un volet digital afin d'une part de doter les commerciaux d'outils pour les aider à être plus efficaces, mais aussi pour exploiter les leviers digitaux. Voici les moyens déployés sur les réseaux physiques et virtuels.

Prospection traditionnelle

Faire du cold calling
pour nouer un premier contact avec une personne qui ne vous connaît pas.

Faire de la prospection terrain
pour être directement en contact avec son marché.

Faire de la prospection
dans les salons pour rencontrer des professionnels.

Prospection digitale

Faire de l'emailing personnalisé
pour adresser un message différent à chaque destinataire.

Utiliser les réseaux sociaux professionnels
pour se connecter avec les acheteurs potentiels.

Être rappelé par son CRM
pour faire des relances ou contacter des prospects chauds ayant été identifiés sur le site web de l'entreprise (lead scoring).

L'avant-vente pour préparer au mieux le succès de ses ventes

Avant de fêter la signature d'une vente, de nombreuses étapes sont nécessaires.

On parle alors **d'avant-vente**, qui regroupe toutes les étapes préalables à la conclusion : de l'identification d'un besoin à la sortie d'un cahier des charges en passant par le transfert d'informations vers les équipes de production. L'avant-vente correspond à l'apport d'une proposition sur-mesure basée sur une étude en profondeur des besoins du client.

C'est une étape qui peut prendre plusieurs jours, plusieurs semaines, voire plusieurs mois. L'avant-vente est au final un moment essentiel, car elle conditionne la réussite de la vente, en fonction de la pertinence des solutions proposées pour répondre au besoin.

Généralement ce terme est réservé au B2B dont le processus de vente est complexe et long. Il se rencontre peu en B2C ou dans les cas de processus de vente simples et rapides.

Voici quelques actions qui composent l'avant-vente *

Analyser les besoins du prospect
pour parfaitement comprendre la demande et pouvoir y apporter la meilleure réponse.

Faire une démonstration du produit ou service
pour le mettre en valeur et donner au prospect envie de l'acquérir.

Répondre aux appels d'offres
pour proposer une solution aux besoins du prospect.

Identifier les critères de rentabilité et de faisabilité
pour se lancer en toute certitude.

* Pour s'assurer que le prospect est en mesure d'acheter, la qualification BANT est fréquemment utilisée. Elle permet de vérifier si le prospect dispose bien du Budget en adéquation avec le produit ou service vendu, s'il a l'autorité pour valider l'achat, s'il a un réel besoin (Need en anglais) du produit ou service, et enfin si le timing d'achat est compris dans des délais raisonnables. Si au moins une réponse est négative, il faut alors creuser ou mieux se concentrer sur le prospect suivant !

La négociation commerciale pour finaliser la vente

Le mot négociation tire son origine du latin “negotiatio” qui signifie commerce. Il traduit donc les différents entretiens qui forment la vie commerciale.

Toutefois, ce terme a évolué et fait maintenant plutôt référence à la résolution de conflits. Dans le cadre d'un accord commercial, **la négociation** a pour but d'arriver à une entente entre les parties et idéalement à leur satisfaction totale.

Pour bien vendre, vous devez savoir bien négocier ! Avec la variété de résultats suivants :

Perdant / Gagnant

Dans cette situation, le résultat n'est pas à la hauteur de vos attentes mais l'autre partie est pleinement satisfaite.

Gagnant / Perdant

Vous avez atteint le résultat attendu, ou avez fait mieux que prévu. Vous avez gagné la négociation mais l'autre partie n'est pas comblée.

Perdant / Perdant

Aucune partie n'a accepté de compromis et la négociation s'en trouve bloquée. L'accord n'est pas conclu.

Gagnant / Gagnant

Les parties sont pleinement satisfaites de l'accord et tout le monde est heureux dans le meilleur des mondes : c'est la situation idéale.

Cette situation peut s'avérer utopique face à un interlocuteur irrationnel et obsédé par ses propres intérêts. Dans un tel cas, vous viserez la situation Gagnant / Perdant.

La négociation commerciale est un art : elle requiert un véritable savoir-faire et de l'expérience. Toutefois, quelques conseils peuvent vous aider à réussir une négociation et à atteindre vos objectifs.

Ancrez l'autre partie à des prix élevés

En définissant un point de départ élevé par rapport à ce que vous pouvez accepter, votre marge de manoeuvre est plus grande.

Défendez chaque concession

Montrez à votre interlocuteur que vous ne lâchez rien facilement. Argumentez pour chaque concession réalisée.

Exigez une contrepartie à chaque concession

Ne cédez rien facilement ou sans retour ! Si vous cédez, l'autre doit aussi céder, c'est plus juste non ?

Faites de petites concessions et ne lâchez rien d'un coup

Négociez à petits pas, accordez les plus petites concessions. Allez-y doucement pour garder une certaine marge de manoeuvre.

Maintenez la négociation sous contrôle

C'est vous qui menez la danse ! Gardez la tête froide, soyez sûr de vous, et élancez-vous vers votre objectif !

Le Social Selling pour construire son réseau et l'exploiter

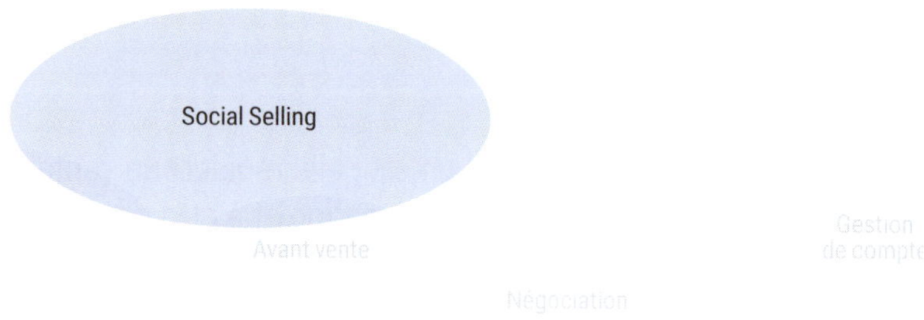

Le Social Selling est surtout considéré comme la vente à travers les réseaux sociaux. Mais en réalité c'est un concept plus large qui s'appuie sur diverses notions comme **le personal branding**, **le content marketing**, **le storytelling**, et **le networking**.

Le Social Selling commence par la création d'une marque professionnelle par les commerciaux. En montrant leur expertise dans leur domaine d'activité, ils instaurent la confiance. Ensuite, le Social Selling se fonde sur le partage de contenus à valeur ajoutée pour raconter des histoires, susciter des émotions et créer du relationnel. Pour être efficace, le réseau social sur lequel les commerciaux agissent doit être aussi étendu que possible.

Le digital a changé les modes opératoires sur les réseaux sociaux : fini le "cold calling" ! Les réseaux sociaux professionnels offrent des approches bien plus personnalisées, en se basant sur les informations du prospect et sur la construction d'une relation.

Une stratégie de social selling réussie se base sur 4 piliers

Écouter et rechercher

Les vendeurs peuvent mener des recherches d'entreprises cibles qui sont facilitées par les fonctionnalités de certains réseaux sociaux comme LinkedIn.

Ces réseaux peuvent également servir à faire de "l'écoute sociale" : les consommateurs et acheteurs B2B expriment leurs besoins et aspirations sur les médias sociaux. C'est donc un bon moyen pour déceler des tendances

Impressionner et intéresser

Les réseaux sociaux sont un bon moyen pour générer de l'intérêt et des interactions. En partageant des informations de qualité, les commerciaux attirent l'attention et suscitent la curiosité des visiteurs.

Ces derniers peuvent alors consulter le profil, d'où l'importance de l'optimiser pour "impressionner" et être perçu comme un partenaire potentiel fiable et crédible !

Collaborer

La stratégie de social selling est vraiment réussie lorsque les équipes Vente et Marketing travaillent main dans la main.

Les commerciaux s'occupent de sonder le marché, identifier des décideurs et détecter les signaux d'achats, tandis que les marketeurs élaborent des stratégies de contenu adaptées au social média.

Engager ses contacts

Sur les réseaux sociaux, il est très facile d'établir un contact avec une autre personne. Les commerciaux et marketeurs peuvent s'en servir pour créer un contact avec les prospects.

La démarche, peu coûteuse et rapide, permet d'exploiter de véritables opportunités commerciales.

Enfin, en plus de nouer un relationnel, le social selling peut faciliter le passage à l'action en créant l'événement.

L'Account Based Marketing pour se concentrer sur les bons profils à forte valeur ajoutée

Les marketeurs cherchent constamment le meilleur moyen pour atteindre leurs objectifs et augmenter les ventes. L'ABM ou **Account Based Marketing** est un de ces moyens.

Avec l'ABM, le message marketing est fondé sur les attributs et les besoins du compte clé ciblé. L'objectif de l'ABM est de cibler les comptes à forte valeur ajoutée qui sont générateurs de revenus plus importants et qui sont stratégiquement signifiants ou influents sur le marché. Car si vous vous adressez à un marché composé de centaines de consommateurs potentiels, en oubliant les plus "importants", vous risquez de passer à côté d'une partie du business. De ce fait, en les traitant de manière individualisée, en leur adressant un message unique et personnalisé, votre campagne est plus performante qu'avec une approche généraliste.

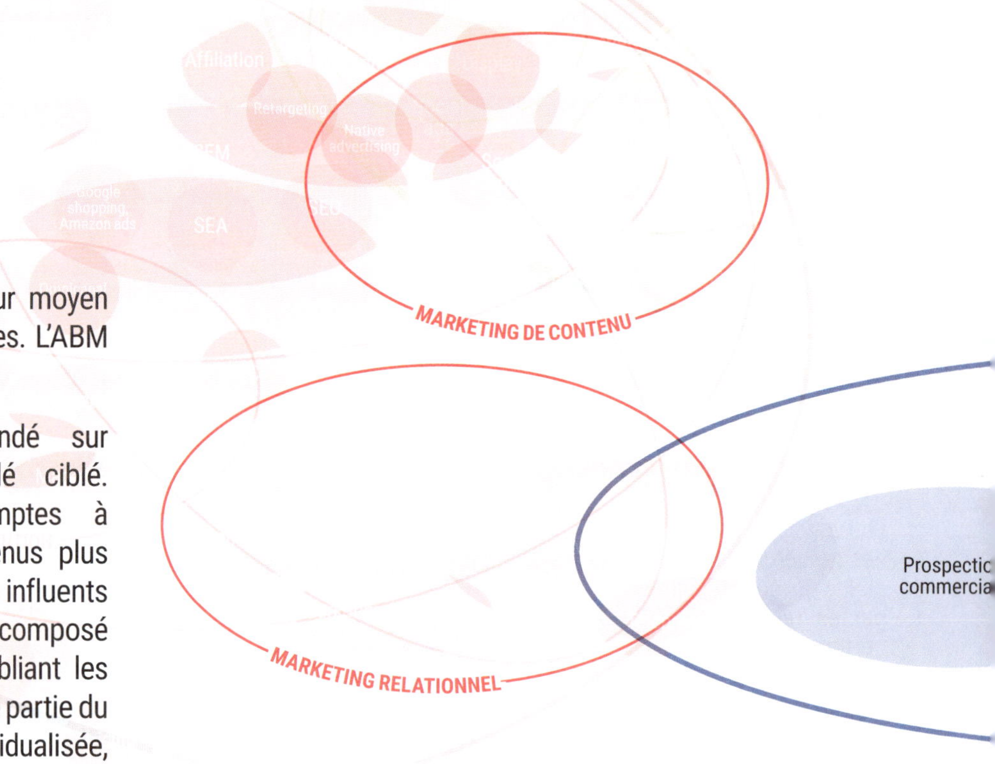

L'ABM est une approche stratégique du marketing B2B qui consiste à concentrer ses ressources et ses efforts commerciaux et marketing sur un ensemble défini de comptes clés et à élaborer des campagnes personnalisées, en accord avec chaque compte. Dans cette optique, il y a une individualisation des contenus proposés et des relations : les comptes cibles bénéficient d'un interlocuteur dédié tout au long de leur relation avec l'entreprise.

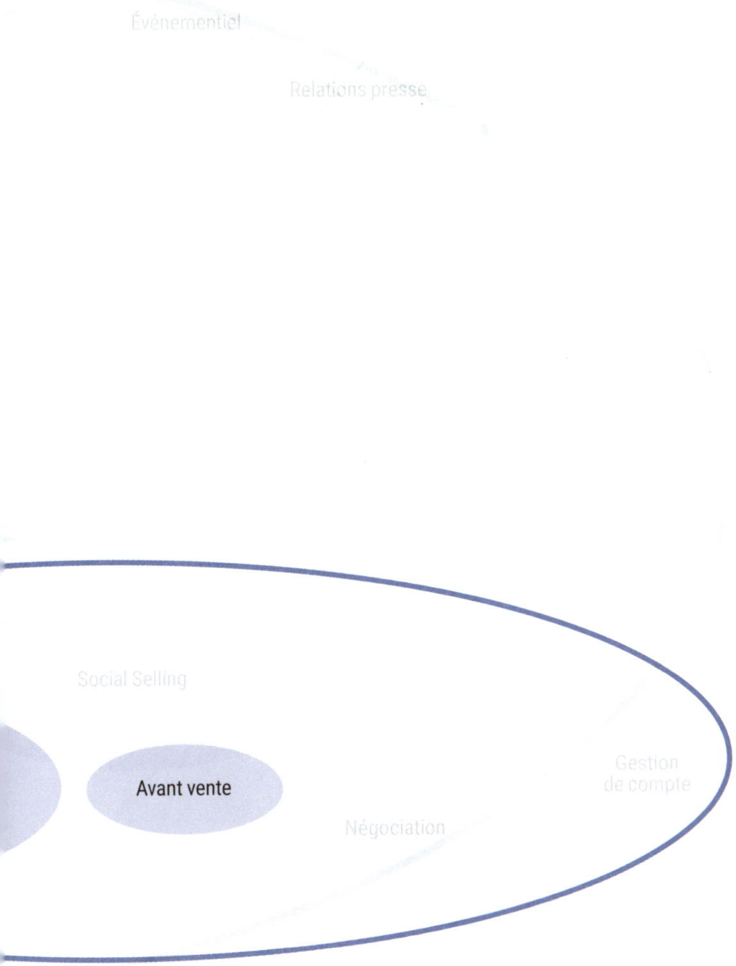

L'ABM est aussi risqué : si on se trompe de cible, si la cible n'est pas intéressée ou réactive, tous les efforts sont ruinés. Il faut donc mettre en place cette stratégie en complément des autres

Les bénéfices de l'approche ABM

Comment la vente s'inscrit dans le parcours d'achat

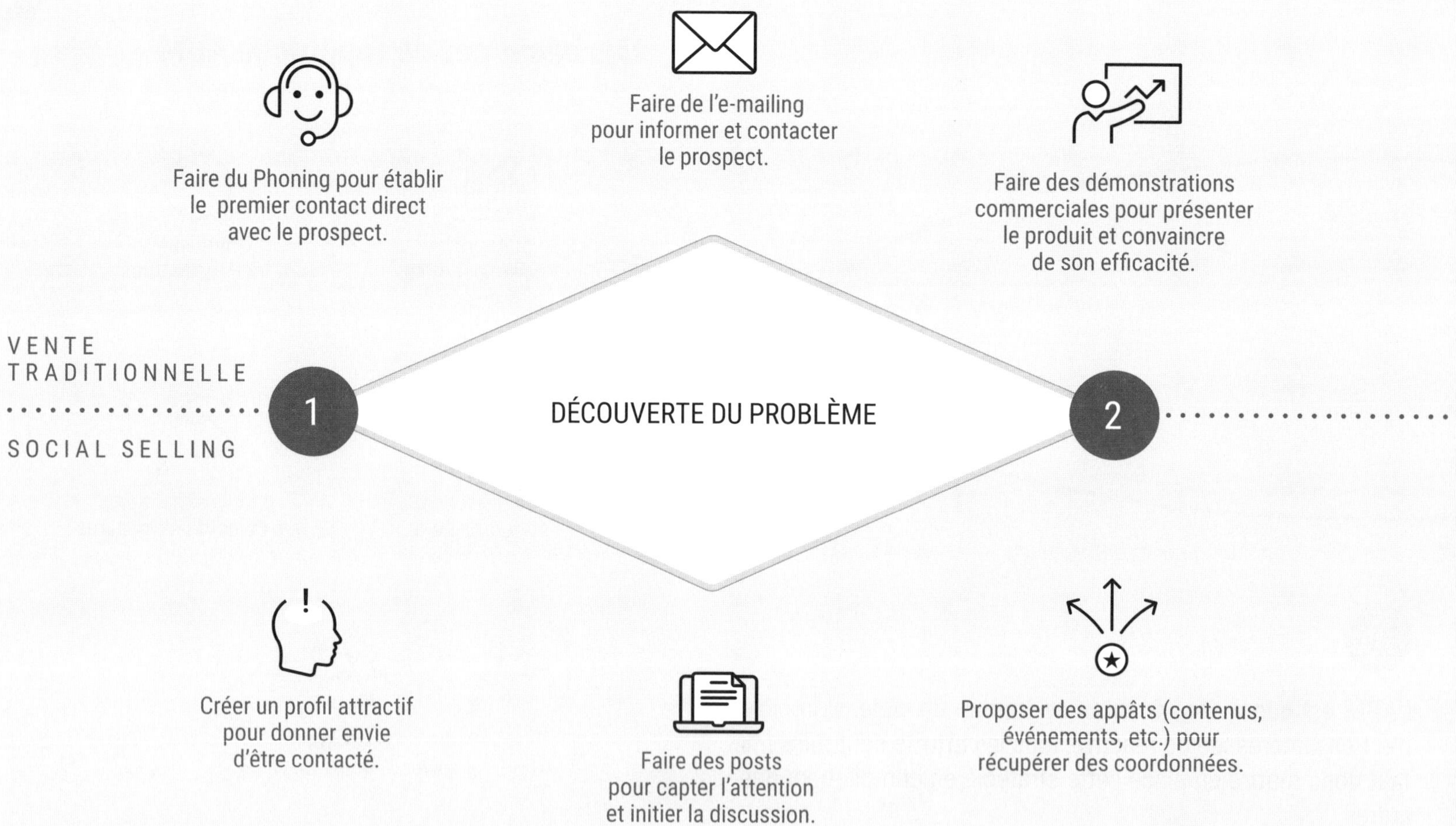

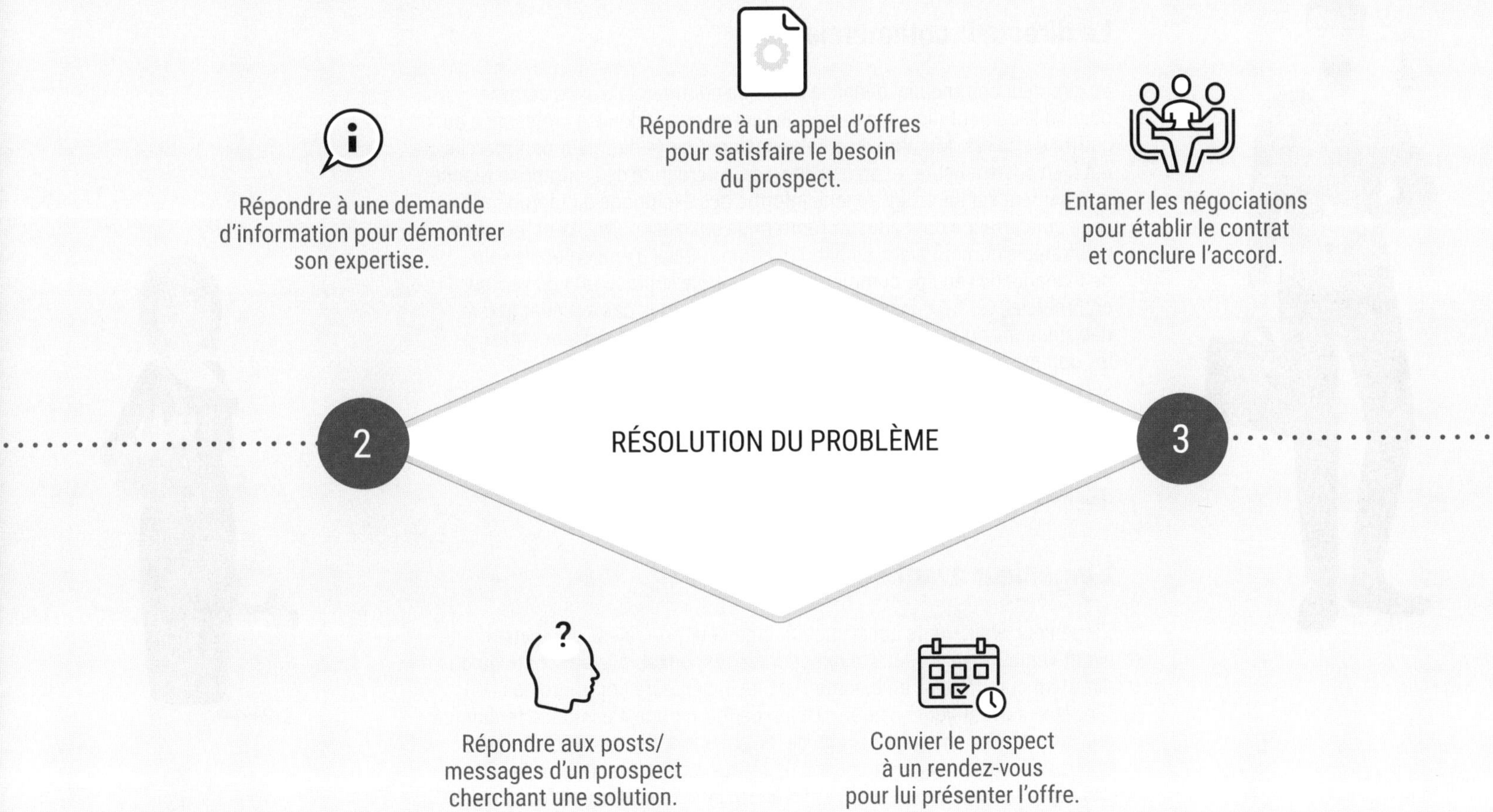
Répondre à un appel d'offres pour satisfaire le besoin du prospect.
Répondre à une demande d'information pour démontrer son expertise.
Entamer les négociations pour établir le contrat et conclure l'accord.
2
RÉSOLUTION DU PROBLÈME
3
Répondre aux posts/ messages d'un prospect cherchant une solution.
Convier le prospect à un rendez-vous pour lui présenter l'offre.

Les métiers du marketing digital

Le directeur commercial

Le directeur commercial définit la politique commerciale avec comme objectif l'augmentation des ventes de l'entreprise et donc la croissance du chiffre d'affaires. Membre du comité de direction, le directeur commercial est à un poste à haute responsabilité, car la pérennité de l'entreprise repose grandement sur lui. Il doit se tenir informé des évolutions du marché et de la concurrence pour adapter l'entreprise aux changements et modifier sa stratégie commerciale. Le directeur commercial a également le rôle de manager de l'équipe commerciale. Il contrôle les résultats du secteur commercial, vérifie si les objectifs sont atteints, et le cas échéant trouve des solutions pour atteindre les résultats voulus. Il doit s'assurer que les commerciaux traitent correctement les prospects générés par le service marketing, auquel il fait un feedback sur les actions commerciales réalisées. L'alignement Marketing et Vente est essentiel pour la réussite de l'entreprise. Le directeur commercial travaille en étroite collaboration et en parfaite harmonie avec le directeur marketing, qu'il peut impliquer lors des réunions commerciales.

L'ingénieur avant-vente

L'ingénieur avant-vente aussi appelé “ingénieur pre-sales” ou “consultant avant-vente” travaille, sous la direction du responsable avant-vente ou du directeur commercial, en binôme avec les ingénieurs commerciaux (IC). L'ingénieur avant-vente a pour mission de fournir une assistance technique aux ingénieurs commerciaux afin de les aider lors de la négociation des contrats. Il apporte également son expertise aux IC lors de la rédaction des réponses aux appels d'offres en analysant concrètement les besoins exprimés par le client. En outre, il assure également une veille sur les évolutions des marchés ciblés et le suivi de la concurrence.

L'équipe de vente parfaite en B2B ?
Deux SDR pour un Account Executive !

Le Sales Development Representative

Le Sales Development Representative ou SDR agit en amont du cycle de vente autour de plusieurs missions. Il génère des leads qu'il partage avec l'Account Executive. Il mène des actions d'outbound comme l'emailing et le phoning pour établir des listes de prospects. Il gère les leads entrants générés par les équipes webmarketing. Ensuite, le SDR a une mission de qualification : il récolte un maximum d'informations sur ses prospects et doit identifier les plus aptes à devenir clients. Enfin, il passe le relais à l'Account Executive une fois sa mission de qualification accomplie. C'est ce dernier qui va être chargé de closer et signer le client.

L'Account Executive

Les nouvelles organisations commerciales prônent la spécialisation des vendeurs. À ce titre l'Account Executive (AE) est en charge de la finalisation d'une vente dont la qualification a été faite par un SDR ou un MRR (Market Response representative). Il a notamment la responsabilité d'organiser un rendez-vous physique ou une démonstration du produit, de réaliser une proposition commerciale, de conduire la négociation et de clore la vente. Si l'objectif du SDR est de qualifier au mieux les prospects, celui de l'AE est la signature d'un maximum de contrats !

La Vache Pourpre et ses relations avec les distributeurs

Le travail sur notre image de marque et l'ouverture de nos boutiques physiques et en ligne ont été payants ! Nous avons désormais plus de notoriété et avons diversifié nos canaux de vente.

Le département de la communication a assuré la promotion de chaque évènement, c'est un plaisir de voir les retombées !

Nos ventes sont en croissance pour la réussite de l'entreprise ! La force de vente a joué un rôle clé dans le concept store !

Dites donc vous deux, ne vous attribuez pas tous les mérites ! N'oubliez pas que le département marketing a été très important dans ces opérations !

Oui tu as raison Lee ! Mais il faut à présent améliorer nos relations avec nos distributeurs, car compte tenu de la taille du marché, les distributeurs vendront plus de téléphones que nous. Il faut donc que nous réfléchissions aux moyens à mettre en place pour qu'ils vendent plus de nos téléphones !

Et si nous appliquions la méthodologie de l'Acquisition Strategy Design aux distributeurs ?

C'est une bonne idée ! Car en soi les distributeurs sont nos clients !

N'attendons plus et lançons-nous alors !

LA VACHE POURPRE

Dans le Canvas d'Acquisition, nos produits sont sûrement découverts par un membre de la direction !

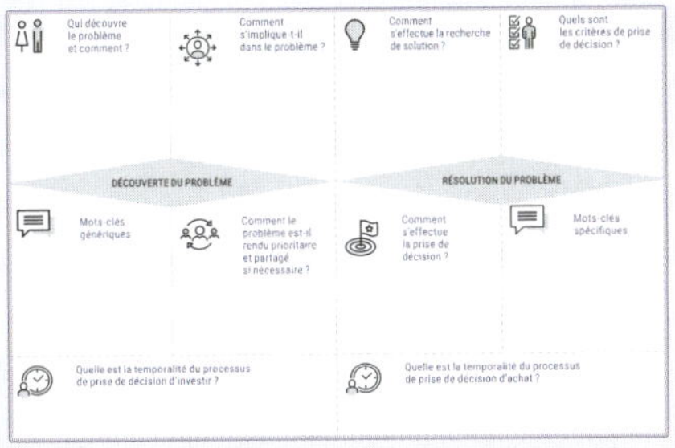

Dans le parcours d'achat il y a l'étape de maturité "jusqu'à la vente des produits la Vache Pourpre" !

étapes de maturité	étape 1				étape 2					étape 3			étape 4	
actions du client	action 1	action 2	action 3	action 4	action 1	action 2	action 3	action 4	action 5	action 1	action 2	action 3	action 1	action 2

Dans la matrice d'acquisition, nous devrions sûrement faire de la promotion du marketing relationnel !

	étape 1	
canaux de diffusion	canal 1	canal 2
actions d'acquisition	actions d'acquisition 1	actions d'acquisition 2
indicateurs intermédiaires	indicateurs intermédiaires 1	indicateurs intermédiaires 2
organisation	organisation 1	organisation 2
outils et supports	outils et supports 1	outils et supports 2

	étape 2				
canaux de diffusion	canal 1	canal 2	canal 3	canal 4	canal 5
actions d'acquisition	actions d'acquisition 1	actions d'acquisition 2	actions d'acquisition 3	actions d'acquisition 4	actions d'acquisition 5
indicateurs intermédiaires	indicateurs inter-médiaires 1	indicateurs inter-médiaires 2	indicateurs inter-médiaires 3	indicateurs inter-médiaires 4	indicateurs inter-médiaires 5
organisation	organisation 1	organisation 2	organisation 3	organisation 4	organisation 5
outils et supports	outils et supports 1	outils et supports 2	outils et supports 3	outils et supports 4	outils et supports 5

	étape 3		
canaux de diffusion	canal 1	canal 2	canal 3
actions d'acquisition	actions d'acquisition 1	actions d'acquisition 2	actions d'acquisition 3
indicateurs intermédiaires	indicateurs inter-médiaires 1	indicateurs inter-médiaires 2	indicateurs inter-médiaires 3
organisation	organisation 1	organisation 2	organisation 3
outils et supports	outils et supports 1	outils et supports 2	outils et supports 3

	étape 4	
canaux de diffusion	canal 1	canal 2
actions d'acquisition	actions d'acquisition 1	actions d'acquisition 2
indicateurs intermédiaires	indicateurs inter-médiaires 1	indicateurs inter-médiaires 2
organisation	organisation 1	organisation 2
outils et supports	outils et supports 1	outils et supports 2

Le plan d'action regroupe donc toutes les sortes d'actions ! Mais maintenant cher lecteur, c'est à vous de jouer !

	Actions d'acquisition	Objectifs	Indicateurs intermédiaires	Organisation	Deadline	Étapes de maturité	Diagnostic

Melanie, CEO

Arthur, responsable de communication

Emma, responsable commerciale

Lee, responsable marketing

La Vache Pourpre rencontre le succès...

LA VACHE POURPRE

Melanie, CEO

Arthur, responsable de communication

Emma, responsable commerciale

Lee, responsable marketing

La méthode Acquisition Strategy Design a finalement été très simple à suivre !

Et je dirais même qu'elle nous a permis d'apprendre de nouvelles choses !

J'ai été surprise de tous les domaines qu'elle recouvre ! C'est une méthode complète qui ne laisse rien de côté pour notre plus grande satisfaction !

Je suis d'accord avec vous tous. Si cette méthode fonctionne pour nous, je ne vois pas pourquoi elle ne pourrait pas s'appliquer à d'autres entreprises !

Quelle que soit votre entreprise, si vous souhaitez construire une Stratégie d'Acquisition, découvrez comment 1min30 peut vous aider à la mettre en place !

Si vous ne souhaitez pas vous lancer tout seul...

...faites appel
à 1min30
pour vous aider
à mettre en place

votre stratégie d'acquisition

En quelques mots, 1min30 c'est...

Avec nos méthodes marketing innovantes basées sur l'intelligence collective et nos 4 métiers complémentaires (agence, conseil, formation, édition), nous vous aidons à relever vos différents challenges :

→ **concevoir sa stratégie d'acquisition client**

→ **organiser et aligner ses équipes Marketing, Communication et Ventes**

→ **définir et prioriser ses actions et ses investissements d'acquisition client**

1min30 au service de l'acquisition

Travailler avec l'agence 1min30, c'est bénéficier de l'expérience des meilleurs spécialistes de l'acquisition.

Depuis sa création en 2012, l'agence est son propre laboratoire et s'applique à elle-même ce qu'elle propose à ses clients.

Elle est devenue son propre média avec son blog qui accueille plus de 300 000 visiteurs par mois et sa propre maison d'édition.

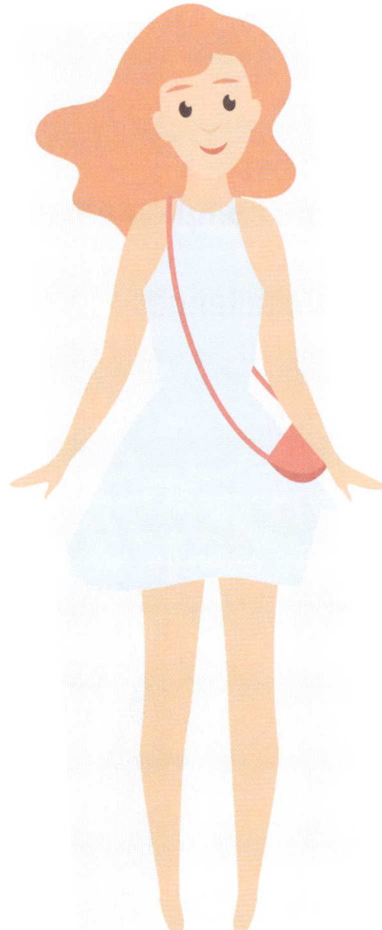

Cela fait maintenant plusieurs années qu'elle perçoit les limites de l'Inbound Marketing et la nécessité d'aborder l'Acquisition de façon systémique et dans son ensemble...

...comme un bon généraliste aborde son patient !

Elle a donc développé ses propres méthodologies pour travailler sur la marque, sur l'acquisition et sur l'expérience, que l'on s'adresse à ses clients, ses candidats ou à ses collaborateurs.

Découvrez en détail
LA MÉTAPHORE DU BON GÉNÉRALISTE

L'offre d'1min30 pour l'acquisition

Conseil

1min30 challenge et accompagne les organisations **par des ateliers d'intelligence collective,** pour réaligner les équipes autour de leur plan d'acquisition.

Agence

1min30 met à disposition de ses clients **son expérience et savoir-faire dans la réalisation des plans d'acquisition.**

De la créativité, des méthodes de travail éprouvées, des talents, et des outils pour mettre en œuvre et faire réussir vos stratégies.

Formation

1min30 propose des formations par des experts de ses méthodes, **pour les consultants et les entreprises.**

Pour penser et déployer agilement le plan d'acquisition.

Conseil

L'atelier Acquisition Strategy Design

L'atelier Acquisition Strategy Design est le point de départ de votre nouvelle stratégie d'acquisition. Celle qui marquera un nouveau départ de votre croissance.

QUOI ?

- **1 atelier d'intelligence collective** d'une journée inspiré du Design Thinking réunissant vos équipes, marketing, communication et vente
- **1 méthode structurée,** inventée par 1min30, qui s'appuie sur la compréhension des parcours d'achat

POURQUOI ?

- Améliorer votre ciblage et mieux comprendre vos clients
- Organiser et aligner vos équipes Marketing, Communication et Vente
- Définir et prioriser vos actions et vos investissements d'acquisition client

Un atelier co-créatif en 4 temps

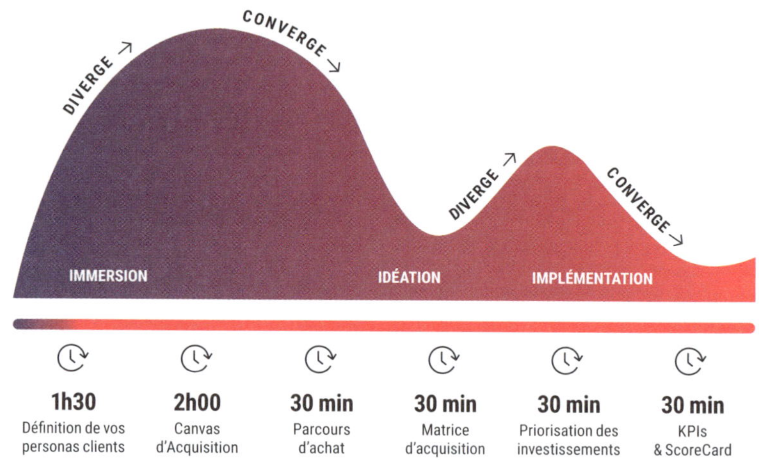

L'ATELIER ACQUISITION STRATEGY DESIGN
Plus d'infos en scannant le QR Code ci-contre

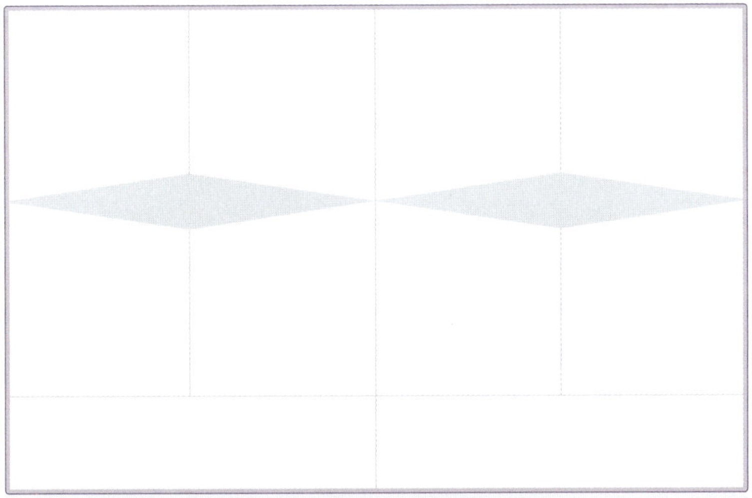

1 → Immersion Posez-vous les bonnes questions avec l'Acquisition Canvas

L'Acquisition Canvas est un pilier de la méthodologie, vous apprendrez avec lui à vous mettre à la place de votre client. Il vous incite à détailler le parcours d'achat et à vous mettre réellement dans la peau de votre client pour comprendre son chemin et les étapes à franchir vers l'achat de la solution.

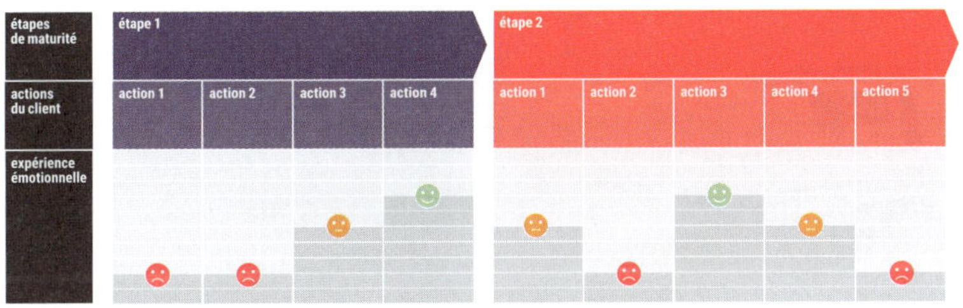

2 → Vision Mappez le parcours d'achat de votre client pour mieux vous y adapter

Dans le Parcours d'achat, vous formalisez en détail les étapes et actions clés menées par le client. C'est à vous de vous y adapter ensuite, tout part d'un besoin puis d'un comportement… à vous d'y apporter vos solutions.

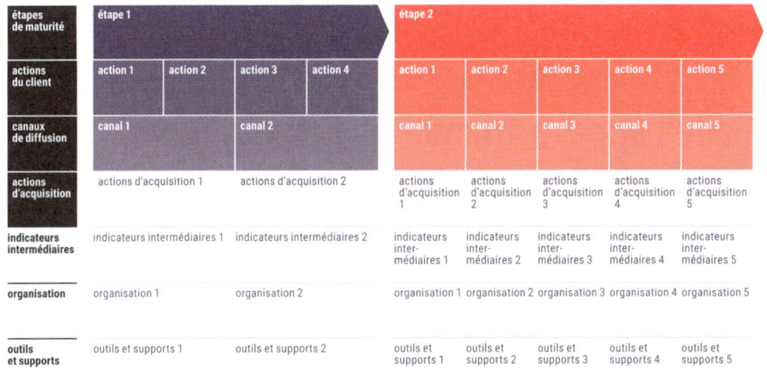

3 → Idéation Choisissez les bons leviers avec la matrice d'acquisition

Avec la Matrice d'Acquisition, vous assignez des leviers en fonction des actions du client. Vous comprenez donc bien que si le parcours client n'est pas parfaitement établi, cette étape est complexe !

4 → Implémentation Priorisez vos investissements avec le Plan d'Acquisition

La Priorisation des investissements vous aide à vous concentrer sur ce qui doit être accompli en premier. Il n'y a plus qu'à construire votre plan d'action marketing, communication, vente et à les aligner.

Conseil Travaillons ensemble à vos stratégies internationales

Faites appel à 1min30 pour vous aider à mettre en place votre stratégie d'acquisition internationale

1re étape → Think global

- Définition de la stratégie d'acquisition globale de l'entreprise.

2e étape → Act local

- Adaptation du plan pour prendre en compte les différences culturelles, la maturité des marchés, les spécificités clients, les ressources par pays…
- Priorisation des investissements & optimisation des performances.

Vous travaillez pour des marques internationales ? Vous êtes installé aux USA ? Vous rêvez de travailler sous le soleil australien ?

La méthodologie de l'Acquisition Strategy Design, par son approche systémique, ne craint pas les frontières. Si vous souhaitez rejoindre notre organisation, nous sommes ouverts aux collaborations. En particulier, nous serons ravis de discuter avec vous si vous souhaitez devenir consultant 1min30 hors de France ou devenir agence partenaire dans le cadre de notre expansion sur les marchés internationaux.

Agence

L'offre 1min30 de localisation semi-automatique

Pionniers de l'Inbound Marketing, nous avons toujours associé contenus et technologie.

Soucieux d'apporter des solutions complètes à nos clients nous avons testé et sélectionné la solution de gestion multilingue de contenus nous permettant de localiser tous les contenus que nous produisons !

Et même ceux que nous n'aurions pas produits !

Internationaliser la production de vos plans d'acquisition ?

- Toucher plus de prospects et s'adresser à eux dans leur langue natale pour maximiser l'efficacité de votre action, et prendre des places à la concurrence en particulier en référencement naturel.
- Améliorer votre collaboration avec les équipes locales en leur apportant un service qui profite également à la marque, grâce à une augmentation de la densité et de la qualité des réalisations.
- Réduire vos coûts et augmenter votre ROI, en centralisant vos traductions pour avoir une négociation globale au volume. Et en augmentant l'audience exposée aux contenus déjà produits… on fait ainsi baisser leur coût par contact touché.

Réduire ses coûts et augmenter sa qualité de traduction, utopiste ?

Avec un système de gestion multilingue du contenu, chaque nouvelle traduction validée enrichit la mémoire de traduction. Ainsi, à la traduction du document suivant, un plus grand nombre d'expressions sont reconnues par la machine et ne sont plus à traduire… cela vous garantit ainsi une parfaite cohérence de vos traductions et une diminution des coûts.

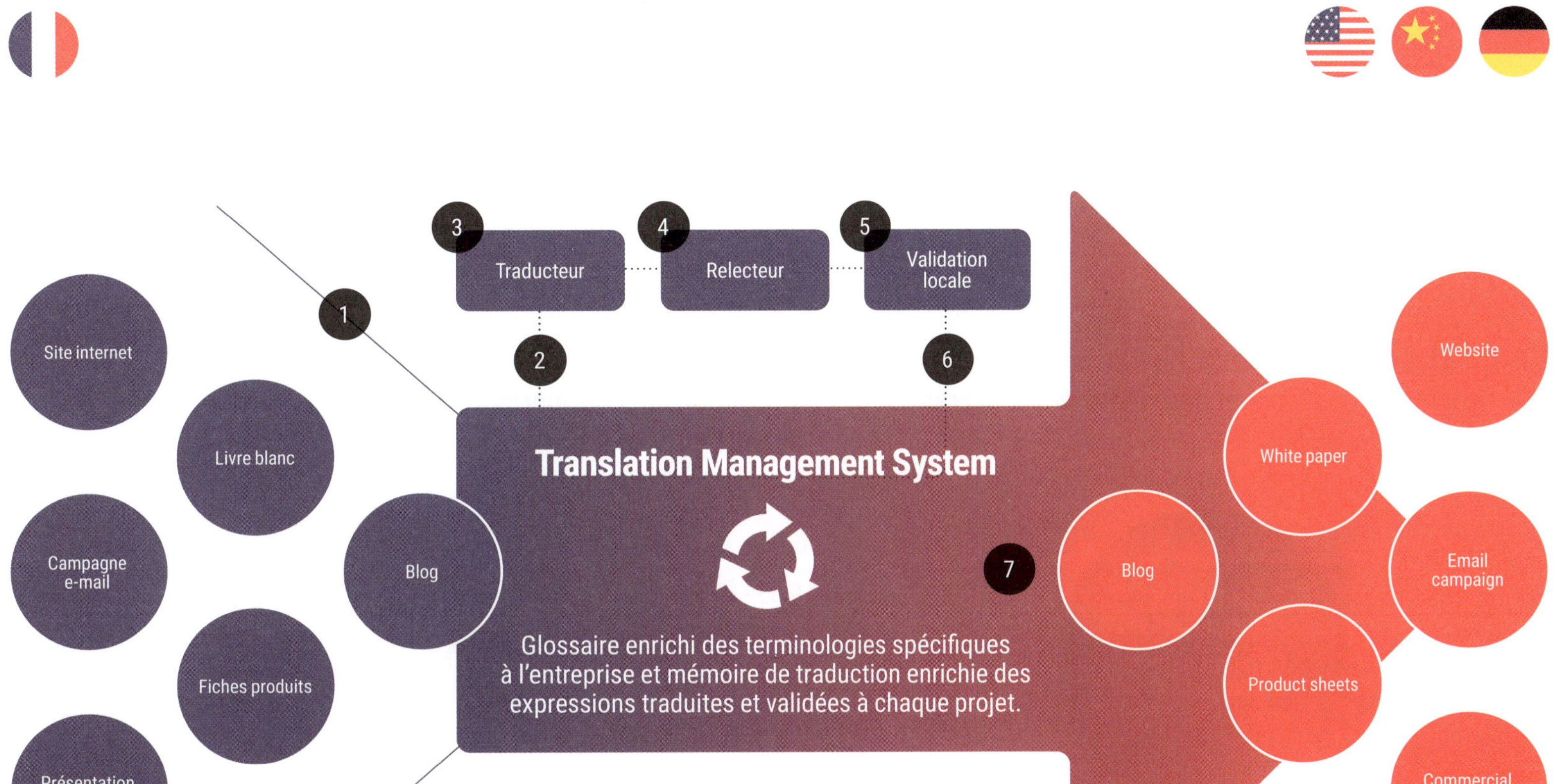

1. Upload des données
2. Identification des segments de mots connus par la mémoire de traduction/glossaire et première traduction automatique incluant les segments reconnus
3. Transmission au traducteur ou choix d'utiliser la machine de traduction
4. Transmission au relecteur (optionnel mais conseillé)
5. Validation locale
6. Sauvegarde des traductions dans la mémoire de traduction
7. Export du fichier dans sa forme originelle et application automatique des modifications de la mémoire de traduction aux autres supports au choix

Agence

Le Creathon : une alternative aux compétitions d'agence

La méthode complexe Dans la réalisation d'un projet créatif, une entreprise peut faire appel à des agences pour qu'elles lui soumettent des concepts et des idées. Ces dernières sont en compétition pour remporter l'offre. Les compétitions d'agences sont des procédés complexes à organiser, car elles nécessitent une préparation importante, et beaucoup de temps de chaque côté.

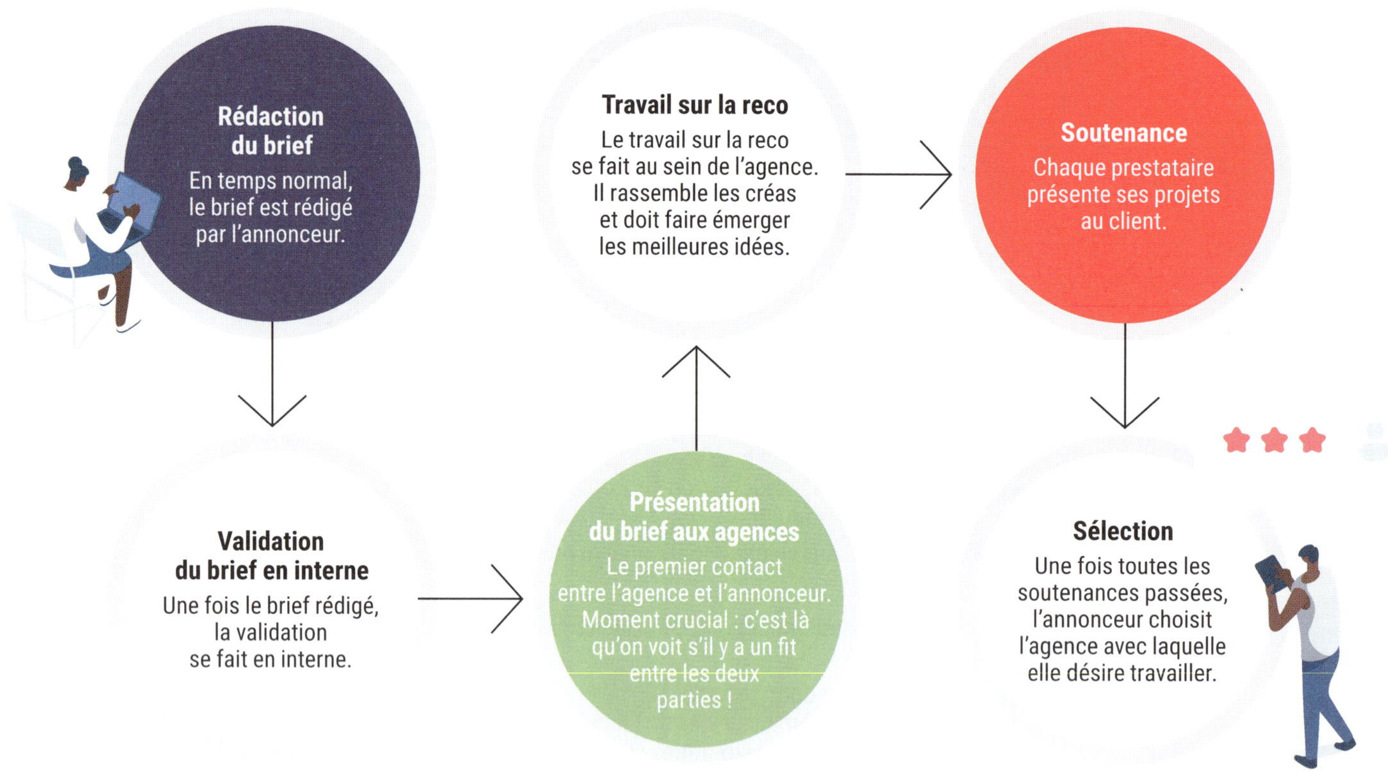

La méthode 1min30 en trois étapes

Le Creathon est un nouveau format de compétition qui a pour objectif de produire **un concept visuel en seulement 48h !** Il met en compétition des créatifs, et non plus des agences, qui donnent le meilleur d'eux-mêmes pour répondre à la demande du client dans le cadre d'un travail co-créatif.

1. **Co-rédaction** du brief créa
2. **Battle** des créatifs
3. **Élection** de la création gagnante

creathon®

Ses 6 bénéfices

- ✦ Il est plus facile à organiser
- ✦ Il est plus juste
- ✦ Il garantit le respect du brief de l'annonceur
- ✦ Il est plus rapide
- ✦ Il est moins coûteux
- ✦ Il est co-créatif

Plus d'infos en scannant le QR Code ci-dessous

Agence Des programmes pour mettre en œuvre votre stratégie

Nos programmes à 360° sont **agiles et itératifs**.

Lors de réunions stratégiques, animées par les consultants, les clients peuvent revoir et finaliser les livrables en cours, ajuster la stratégie en fonction des résultats obtenus afin de planifier de nouveaux livrables.

Chaque mois, et selon leurs investissements, les clients bénéficient **d'un nombre de points qu'ils peuvent convertir en lots.**

Ce système de points leur permet **d'adapter en permanence leur stratégie** en restant dans l'enveloppe définie au départ.

NOTRE DISPOSITIF D'ACCOMPAGNEMENT
Plus d'infos en scannant le QR Code ci-contre

La gestion de projet est centralisée sur la Plateforme Plus d'1min30, accessible par le client, le consultant, les talents, les commerciaux et les chefs de projet.

Elle vous permet de

- suivre l'avancée du projet
- fluidifier la gestion de campagnes
- contrôler la production de contenus
- faciliter l'utilisation de notre système de points.

Cette gestion méthodique, suivie par un chef de projet en interne, vous offre une visibilité et une transparence totales sur les projets en cours !

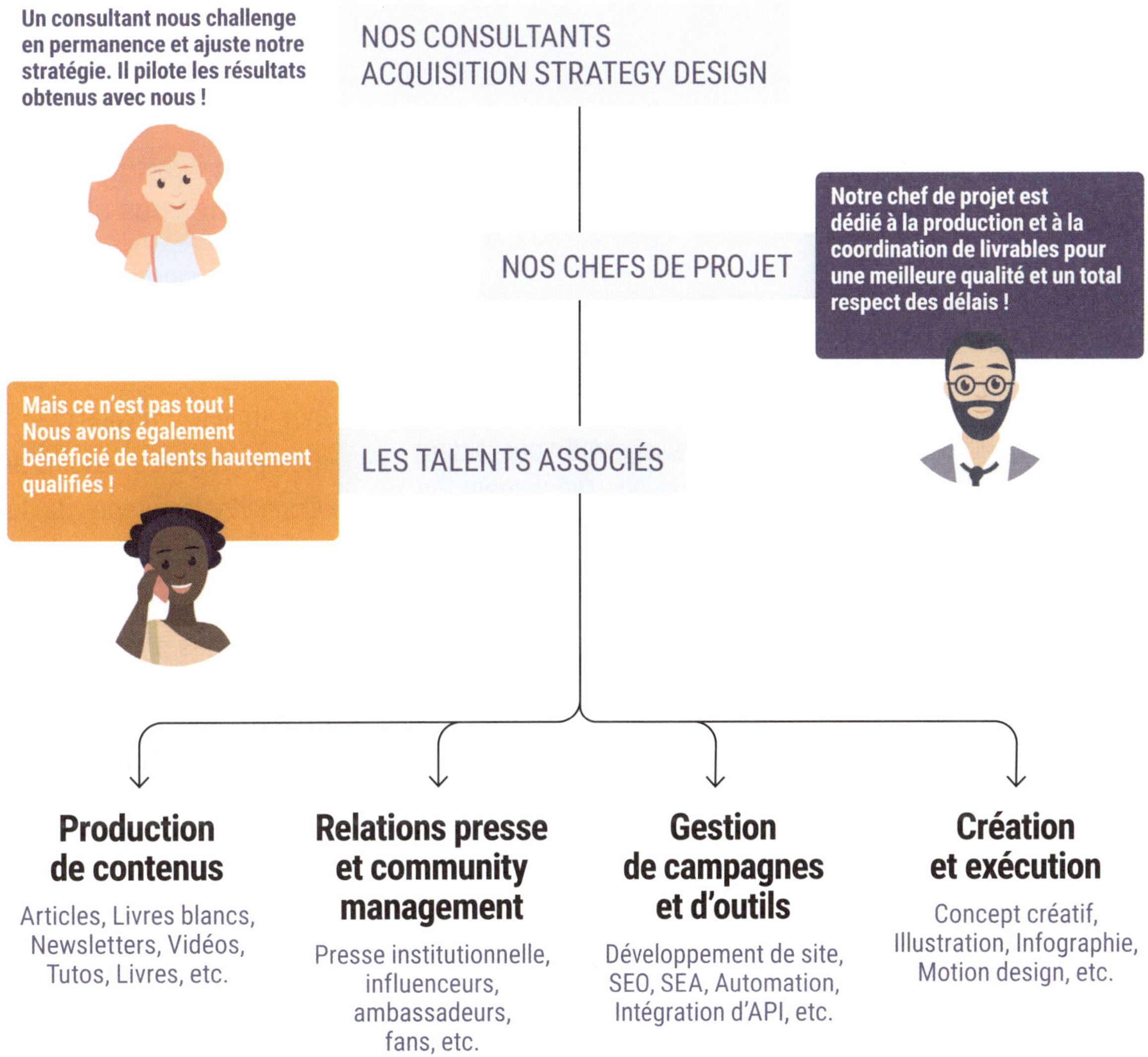

Formation

Acquisition Strategy Design

Découvrez les secrets d'une méthode unique et novatrice

« Il suffit de deux jours pour faire la différence auprès de vos clients »

Le ton est donné. Cette formation de 14 heures, réalisable en 2 jours seulement, est un apprentissage qui vous aidera à concevoir votre stratégie d'acquisition rapidement et efficacement. L'objectif ? Définir un plan marketing performant, qui inclut le marketing, les ventes et la communication, en quelques heures seulement !

Sharing is caring : zoom sur ce que vous allez apprendre

Garder le secret de notre méthode d'Acquisition Strategy Design ? Très peu pour nous. Quand l'efficacité est avérée, le mieux est de partager !

Chez 1min30, on vous donne les clés pour :

- Comprendre les besoins de vos personas
- Connaître les étapes de décision pour passer à l'achat
- Identifier les actions d'ores et déjà effectuées
- Réfléchir à de nouvelles actions et étoffer les existantes
- Émettre des priorités sur les premiers quick win à mettre en place
- Sélectionner les KPI qui permettront de décider les étapes suivantes

LA FORMATION ACQUISITION STRATEGY DESIGN
Plus d'infos en scannant le QR Code ci-contre

Pour qui ?

Salariés, consultants, directeurs marketing ou commerciaux… Nos apprenants viennent de tous les horizons. La raison ? Nous sommes convaincus que chacun peut apporter sa pierre à l'édifice.

Les bénéfices de notre formation

L'Acquisition Strategy Design est une méthode conçue par 1min30, après plusieurs années à chercher la solution optimale pour faciliter l'acquisition de nouveaux clients. L'atelier que nous proposons est efficace si vous souhaitez :

- Affiner le ciblage et la compréhension client ;
- Organiser et aligner vos équipes Marketing, Communication et Ventes ;
- Définir et prioriser vos actions et vos investissements d'acquisition client.

Avec l'atelier Acquisition Strategy Design, vous allez pouvoir construire une stratégie sur mesure et efficace en un temps record.

Les méthodologies 1min30

3 méthodes marketing pour les RH

La méthode ultime pour une marque employeur et une expérience collaborateur qui attirent et retiennent les meilleurs talents.

Parce que vos collaborateurs sont des clients comme les autres, ils méritent d'être étudiés et compris avec la même attention que vos clients… C'est dans ce but que nous avons rassemblé, formalisé et réinventé **3 méthodes marketing pour les RH**. Elles vont vous permettre de :

- mettre en place une marque employeur forte au sein de votre entreprise ;
- construire votre parcours candidat pour aligner les équipes RH, communication, marketing et vente ;
- définir et prioriser vos actions et vos investissements en Marketing RH.

LA MÉTHODOLOGIE :
Plus d'infos en scannant le QR Code ci-contre

Customer Experience (re)Design

La méthode pour faire vivre une expérience mémorable aux clients que vous voulez fidéliser

Customer Experience (Re)Design est une méthode simple et structurée, centrée sur la réinvention de votre stratégie d'Expérience Client, pour construire pas à pas votre plan d'expérience client.
Cette méthode a été conçue pour vous permettre :

- de fidéliser vos meilleurs clients ;
- d'aligner vos équipes Opérations, Marketing, Communication, Vente et Service Client ;
- de définir, prioriser vos actions et vos investissements en expérience client.

LA MÉTHODOLOGIE :
Plus d'infos en scannant le QR Code ci-contre

Q2C Selling

Le processus de vente nouvelle génération

Q2C Selling est une méthode simple et structurée pour construire pas à pas votre processus de vente optimal et créer une expérience de vente efficace pour vos prospects.

Cette méthode à été conçue pour vous permettre de :

- Convertir plus et plus vite grâce à un processus de vente efficace ;
- Mieux piloter votre activité commerciale et identifier ses éventuelles lacunes ;
- Former plus efficacement vos équipes et réduire l'impact du turnover.

LA MÉTHODOLOGIE :
Plus d'infos en scannant le QR Code ci-contre

Et les autres …

- **Challenger son organisation**
- **Construire sa marque**
- **Définir son offre**
- **Développer son marketing international**

Remerciements

Un grand merci à toutes ces personnes pour leurs idées et contributions pertinentes

Frédéric Abecassis,
directeur d'agence de communication,
pour ses contributions sur l'achat média

Michaël Aguilar,
conférencier, pour ses citations

Frédéric Canevet, product manager
et blogueur, pour sa relecture et ses nombreux
commentaires à forte valeur ajoutée

Benjamin Chrétien,
consultant marketing et communication,
pour ses relectures et contributions

Philippe Deliège,
Social Seller, pour ses contributions sur la vente

Jérémie Dornbusch,
directeur marketing d'1min30
pour la coordination du projet

Julia Drupt,
directrice d'agence de communication
pour ses contributions sur la communication

Chloé Duval,
pour sa contribution
à l'établissement de la méthode

Antoine Générau,
consultant marketing, pour ses relectures
approfondies et ses suggestions

Bertrand Grousset,
graphiste, pour son formidable
travail de mise en page

Philippe Guiheneuc,
directeur marketing,
pour sa relecture et ses conseils

Un grand merci également à ma femme Céline
et à mes 2 enfants Nina et Ariel

Hervé Kernevez,
directeur commercial pour sa contribution
sur l'alignement des équipes marketing vente

Christophe Kuhner,
consultant marketing, pour son travail
de formalisation initiale de la méthodologie

Patrice Laubignat,
directeur d'agence marketing,
pour ses contributions sur les émotions

Samuel Levine-Parisi,
directeur e-commerce
pour ses contributions sur l'e-commerce

Coralie Mesnard,
directrice marketing,
pour ses relectures et conseils

Alain Muleris,
coach de vente,
pour ses contributions sur la négociation

Éric Robin, consultant
stratégie & formations commerciales,
pour ses relectures et suggestions pertinentes

Yann Schimmer,
éditeur d'1min30 Publishing
pour la coordination du projet

Raphaël Théron,
chef de projet marketing, pour son énorme
travail de rédaction et de synthèse

Sébastien Tortu,
consultant DNVB, pour ses
contributions sur le sujet

Valérie Vax, consultante marketing
pour ses contributions sur le data
marketing et le marketing relationnel

Virginie Vivier, consultante marketing,
pour ses contributions sur le Design Thinking
et en particulier sur le double diamant

Récapitulatif des actions d'acquisition

ACTIONS D'ACQUISITION			EN AMONT DU DIAMANT	PREMIER DIAMANT		DEUXIÈME DIAMANT	
ACTION	**DESCRIPTIF**	**PAGE**		**DÉBUT**	**FIN**	**DÉBUT**	**FIN**
Créer des événements publics	pour attirer les journalistes	155		●	●	●	●
Organiser des voyages de presse	pour séduire les journalistes	155		●	●	●	●
Rédiger un communiqué de presse	pour informer les journalistes d'un évènement d'entreprise	155		●	●	●	●
Faire des études de produit	pour mettre en avant ses caractéristiques et son fonctionnement	155		●	●	●	●
Mettre à disposition un press kit	pour faciliter la démarche des journalistes	155		●	●	●	●
Acheter un publi-reportage	pour avoir une publicité qui s'apparente à un contenu éditorial	159					●
Faire un placement de produit	pour toucher une audience	162		●	●	●	●
Faire des posts sponsorisés	pour améliorer sa visibilité	162		●	●	●	●
Faire un guest posting	pour profiter de la notoriété de l'influenceur	163		●	●	●	●
Organiser des meet-up	pour communiquer via les influenceurs	163		●	●	●	●
Sponsoriser des événements sportifs et e-sportifs	pour profiter de la notoriété de l'événement	165		●			
Sponsoriser des événements d'associations	pour améliorer sa réputation	165		●			
Sponsoriser des événements culturels	pour améliorer sa réputation	165		●			
Surveiller sa présence en ligne	pour contrôler son e-réputation	167	●				●
Travailler sa marque employeur	pour attirer les nouveaux talents	167	●				
Avoir une stratégie de référencement	pour être en haut des résultats de recherche	167	●	●	●	●	●
Dispositif d'avis en ligne	pour permettre aux clients de s'exprimer	167	●				●
Prévoir un plan d'action en cas d'avis négatif	pour contrecarrer la situation	167	●				●
Organiser des événements client	pour leur accorder un moment privilégié et renforcer la relation	169		●	●	●	●
Organiser des matinées thématiques	autour d'un petit-déjeuner pour un moment utile et convivial	169		●	●	●	●

ACTIONS D'ACQUISITION			EN AMONT DU DIAMANT	PREMIER DIAMANT		DEUXIÈME DIAMANT	
ACTION	**DESCRIPTIF**	**PAGE**		**DÉBUT**	**FIN**	**DÉBUT**	**FIN**
Co-organiser un événement physique	avec une autre entreprise pour rassembler plus de personnes	169		●	●	●	●
Faire du networking	que l'entreprise n'a pas organisé pour rencontrer des gens et élargir son réseau	169		●	●	●	●
Faire des webinaires	pour présenter une nouvelle offre à distance et susciter l'intérêt	169		●	●	●	●
Faire un roadshow	pour promouvoir un produit et se rapprocher des partenaires	169		●	●	●	●
Participer à des salons	pour rencontrer des prospects et promouvoir ses produits et services	169		●	●	●	●
Participer à une conférence	pour exposer une problématique	169		●			
Faire de la publicité à la télévision	pour toucher une grande audience	173		●		●	●
Faire de la publicité à la radio	pour générer du trafic en magasin	173		●		●	●
Faire de la publicité dans la presse	pour avoir un ciblage contextuel	173		●		●	●
Faire des affiches publicitaires	pour combiner mass media/media local	173		●		●	●
Faire des études marché et études clients	pour déterminer les tendances et être garant de la connaissance client grâce à des entretiens qualitatifs	188	●				
Former la force de vente	pour la rendre plus performante	188	●	●	●		●
Rédiger des textes produits	pour détailler les caractéristiques du produit	188	●				
Concevoir de nouveaux produits	et suivre leur évolution sur le marché pour s'assurer de leur succès	188	●				
Briefer les équipes créa et com'	pour assurer la bonne promotion des produits	188	●				
Créer le packaging	pour mettre en avant le produit	188	●			●	●
Faire des études quantitatives	pour collecter un maximum d'informations afin d'élaborer des tendances ou des moyennes sur un échantillon représentatif d'une population. Ces études portent sur des données quantifiables (poids, âge, taille…) et util isent des outils de collecte de données comme les questionnaires et les sondages.	192	●				

Récapitulatif des actions d'acquisition

ACTIONS D'ACQUISITION			EN AMONT DU DIAMANT	PREMIER DIAMANT		DEUXIÈME DIAMANT	
ACTION	**DESCRIPTIF**	**PAGE**		**DÉBUT**	**FIN**	**DÉBUT**	**FIN**
Faire des études qualitatives	pour comprendre en profondeur les consommateurs, les raisons de leur comportement, leurs émotions. Ces études reposent principalement sur des entretiens individuels ou collectifs.	192	●				
Offrir un cadeau	pour créer une réciprocité	193				●	●
Respecter vos valeurs et vos engagements	pour être cohérent dans votre promesse	193	●				
Adopter une communication positive	pour être apprécié	193	●	●	●	●	●
Éditer un livre	pour montrer son expertise et son autorité	193	●				
Créer des éditions limitées	pour donner de la rareté	193	●			●	●
Générer des avis positifs	pour avoir une preuve sociale	193	●				
Utiliser les outils digitaux	pour élargir ses points de contact avec les clients et pouvoir recueillir de la donnée	196	●				
Déposer des cookies	pour récolter des données des usagers	196	●				
Mener des enquêtes et sondages	pour récolter des informations et les avis des clients	196	●				
Créer des cartes de fidélité	pour récolter des informations sur les achats des clients	196	●				
Être présent sur les réseaux sociaux	pour crawler les tendances, créer une communauté et interagir avec les membres	196	●	●	●	●	●
Être à l'écoute des clients	pour répondre à leurs questions et réclamations via le service client	196	●				
Analyser le comportement des consommateurs sur Internet	(mouvement de la souris, navigation, heatmap, etc.)	196	●			●	●
Utiliser un CRM ou CDP	pour rassembler les données clients	197	●				●
Analyser ses clients	pour connaître leur profil socio-démographique, leur comportement d'achat, leur réponse aux sollicitations commerciales (médias, offres, fréquence de communication), leur valeur et rentabilité	197	●				

ACTIONS D'ACQUISITION			EN AMONT DU DIAMANT	PREMIER DIAMANT		DEUXIÈME DIAMANT	
ACTION	DESCRIPTIF	PAGE		DÉBUT	FIN	DÉBUT	FIN
Segmenter, cibler ses clients	pour augmenter l'efficacité des actions marketing et proposer une meilleure expérience client	197	●				●
Faire de la communication de proximité	pour cibler la clientèle proche du magasin	208		●		●	
Faire des imprimés publicitaires	pour informer la clientèle	208		●		●	
Distribuer des tracts	pour informer et promouvoir la sortie d'un nouveau produit ou d'un magasin	208		●		●	●
Faire du street marketing	pour susciter l'intérêt des passants et améliorer sa notoriété	209		●		●	
Mettre en avant les produits en vitrines	pour attirer les consommateurs	209		●		●	●
Faire de la PLV	pour attirer l'attention des consommateurs sur certains produits	209				●	●
Créer des offres promotionnelles publiques	pour favoriser les ventes sur plusieurs types de produits	217		●	●	●	●
Créer des offres promotionnelles privées	pour favoriser les ventes sur un certain type de produits	217		●	●	●	●
Se positionner sur les mots-clés recherchés par le client	pour apparaître dans les résultats	224		●	●	●	●
Mettre en place des filtres et catégories	pour simplifier la recherche des utilisateurs	224	●			●	
Présenter le produit	avec des visuels attractifs	224	●			●	●
Renseigner le prix du produit	pour informer de sa valeur	224	●				●
Réassurer les clients	en mettant en avant les avis clients positifs	225	●				●
Créer et optimiser les fiches produits	à travers la pratique du product content pour informer les utilisateurs et mettre en valeur les produits	225	●				●
Établir le cocon sémantique	pour se positionner sur des mots-clés précis	250	●				
Construire le maillage interne	pour faciliter la navigation	250	●				
Créer des landings pages optimisées	pour favoriser le bon référencement	251				●	●

Récapitulatif des actions d'acquisition

ACTIONS D'ACQUISITION			EN AMONT DU DIAMANT	PREMIER DIAMANT		DEUXIÈME DIAMANT	
ACTION	DESCRIPTIF	PAGE		DÉBUT	FIN	DÉBUT	FIN
Créer son local SEO	pour favoriser son référencement dans les recherches géographiques	251				●	●
Créer des Social ads	pour faire apparaître une annonce ciblée sur les réseaux sociaux	263		●		●	
Mettre en place des Natives advertising	pour donner à la publicité l'apparence d'un contenu éditorial	263		●		●	
Mettre en place des Display ads	pour afficher une publicité sur un site web	263		●		●	
Mettre en place des Search ads	pour faire apparaître une annonce en haut des résultats de recherche	263		●		●	
Faire du retargeting	pour cibler des internautes ayant déjà visité un site web	263				●	●
Mettre en place des actions d'affiliation	pour s'afficher sur d'autres canaux de vente	263		●	●	●	●
Faire de l'AB testing	pour déterminer la meilleure configuration	271	●				
Créer une application mobile	pour proposer une nouvelle expérience d'achat	273	●				
Mettre en place des notifications push	pour informer l'utilisateur	273	●				
Opter pour le web mobile/mobile first	pour capter une audience plus large	273	●				
Faire de l'ASO	pour améliorer son référencement dans les boutiques d'applications	273	●	●	●	●	●
Envoyer des sms, mms, messages vocaux	pour partager des informations	273	●				
Faire du cold calling	pour nouer un premier contact avec une personne qui ne vous connait pas	291, 300		●			
Faire de la prospection terrain	pour être directement en contact avec son marché	291		●		●	
Faire de la prospection dans les salons	pour rencontrer des professionnels	291		●		●	
Utiliser les réseaux sociaux professionnels	pour se connecter avec les acheteurs potentiels	291		●	●	●	●
Faire de l'emailing personnalisé	Pour adresser un message différent à chaque destinataire	291, 300		●	●	●	●

ACTIONS D'ACQUISITION			EN AMONT DU DIAMANT	PREMIER DIAMANT		DEUXIÈME DIAMANT	
ACTION	**DESCRIPTIF**	**PAGE**		**DÉBUT**	**FIN**	**DÉBUT**	**FIN**
Être rappelé par son CRM	Pour faire des relances ou contacter des prospects chauds ayant été identifiés sur le site web de l'entreprise (lead scoring)	291				●	●
Analyser les besoins prospects	pour parfaitement comprendre la demande et pouvoir y apporter la meilleure réponse	293					●
Identifier les critères de rentabilité et faisabilité	pour se lancer en toute certitude	293					●
Faire des démonstrations commerciales	pour présenter le produit et convaincre de son efficacité	293, 300			●	●	●
Répondre à un appel d'offres	pour satisfaire le besoin du prospect	293, 301					●
Créer un profil attractif	pour pouvoir être contacté	300	●				
Faire des posts	pour capter l'attention et initier la discussion	300		●	●	●	●
Proposer des appâts	pour récupérer des coordonnées	300		●	●	●	
Répondre à une demande d'information	pour démontrer son expertise	301			●	●	●
Répondre aux post/messages d'un prospect cherchant une solution	pour créer une opportunité commerciale	301			●	●	●
Entamer les négociations	pour établir le contrat et conclure l'accord	301					●
Convier le prospect à un rendez-vous	pour lui présenter l'offre	301			●	●	●

Index des concepts

Index des concepts

Imprimerie Pulsio
ISBN ISBN : 978-2-37774-032-1
Dépot légal Juin 2021

Création graphique Bertrand Grousset
Diffusion CED
Distribution Daudin

PUBLISHING

75 rue de Belleville
75019 Paris